U0111705

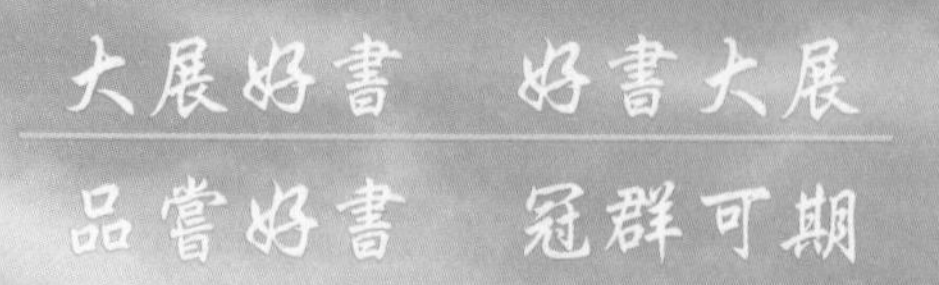
大展好書　好書大展
品嘗好書　冠群可期

大展好書　好書大展

品嘗好書　冠群可期

武術特輯

78

心意拳練功竅要

馬琳璋 著
馬天巧 整理

大展出版社有限公司

馬琳璋先生照

李廣財先生題贈條福

與國內著名書法大師李廣財先生合影

與國內齊派畫家林萍先生合影

與上海八極拳名家王長典合影

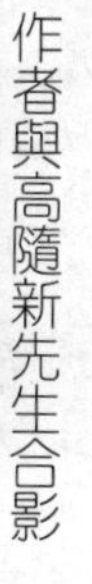

作者與高隨新先生合影

蚌埠市武術協會贈予作者的錦旗

2	1
	3

①與徒弟小龍（李華讓）合影

②與徒弟樊西軍合影

③與徒弟張文藝合影

齊派畫家林萍先生特作「十大眞形圖」

（一）龍　形

（二）虎　形

（三）蛇　形

（四）熊　形

（五）馬　形

（六）猴　形

（七）鷹　形

（九）雞　形

（八）鷂　形

（十）燕　形

序　一

心意六合拳有三百多年的歷史，是中國武術的精品，由山西浦州姬際可先生所創。姬師精於槍法，以槍化拳，善搏殺、益防身健身，拳短精湛，缺乏美觀，是中國武術內家拳的瑰寶。

安徽省蚌埠市心意拳枝系，由袁鳳儀老先生弟子宋國賓開創。宋與上海盧嵩高大師是金蘭之交的結拜弟兄，由盧介紹拜在心意大師袁鳳儀門下。後社會上形成河南周口四傑：尚學禮、盧嵩高、宋國賓、楊殿青。

馬琳璋師兄之師褚衍玉與我師李文彪同是宋老先生的愛徒及嫡傳弟子。馬琳璋先生與我是同門師兄弟。馬琳璋師兄是褚衍玉老師嫡傳弟子及愛徒，並一度到上海，得到上海幾位心意六合拳名家親傳，精於心意六合拳及文武理論經典，爲心意六合拳做出了巨大貢獻，更爲蚌埠市心意六合拳的推廣與發揚做出了不可磨滅的成績。第三次出書，是愛好心意六合拳者的福音，我表示祝賀。

蚌埠心意六合拳總會秘書長　徐雲階

序　二

我們結拜的兄弟13人，自小都喜愛武術，經常在一起舞槍弄棒，相互學習。可是我們學得很雜，可以說是花拳繡腿，沒有學到眞實的東西。直到1962年，經本鄉的武師丁懷堂老先生介紹，拜蚌埠心意拳開山大師宋國賓的愛徒褚衍玉爲師。

因褚老師家住安徽省嘉山縣，離蚌埠很遠。當時我們的經濟條件差，每天還要下地幹活，沒有時間。因此商量，我們兄弟湊合部分現金由二哥馬琳璋去學。因爲他當時在公社工作，比較有時間，而且又爲人忠厚誠實，性格豁達開朗，學武悟性高，又講義氣，我們兄弟信得過。

拜師後，由於他本人尊師敬友，勤學苦練，得到褚老師的眞傳，我等也受益匪淺。

1974年，由於褚老師去世，師兄馬琳璋又到上海拜心意拳大師盧嵩高的徒弟解興邦爲師，繼續深造。又多次拜訪心意拳名家馬孝凱、八極拳師王長典，並向他們求教，得到他們的指點。

師兄馬琳璋學藝並不是一帆風順的，不過由於他自己的虛心好學，刻苦鑽研，取得可喜的成績。

爲了弘揚光大心意六合拳，造福於人民，他不畏辛苦，打破保守的傳統思想，慷慨解囊，連續出版了《心意拳》和《心意拳眞諦》兩部專著。在出版第三本《心意拳練功竅要》之際，我代表我們師兄弟表示祝賀。

蚌埠心意拳研究會副秘書長　葉玉超

自 序

中華民族是優秀的民族，是偉大的民族，也是有尚武精神的民族。在五千年的歷史長河中，我們的先祖創造了燦爛的傳統文化，也包括武術文化在內。這是對人類的貢獻，也是對世界文化的貢獻。

歷代的統治階級爲了鞏固自己的統治地位，害怕老百姓習武造反，曾對傳統武術進行過壓制和打擊。因此，傳統武術就像一棵野草一樣，被壓在石頭下自生自滅。可是，我們的民族精神是頑強的，不屈不撓的，越是惡劣的環境，越是堅強、越是奮進，也就越能造就人才。隨著歷史的前進步伐，傳統武術仍然茁壯地成長並發展到今天。

心意拳是中華傳統武術中的優秀拳種，近年來隨著心意拳人的無私推廣和弘揚，已經逐步受到廣大人民群衆的歡迎和喜愛。心意拳的推廣必將促進人類的健康，爲增強人民的體質起到一定的作用和貢獻。

現在，我們處在國家富強、人民安定的大好時代，因此，我們要弘揚和推廣國粹，弘揚民族優秀的傳統武術以及武術文化。

我從年輕時代起就熱愛武術，也特別喜愛搜集和整理武術文化方面的東西，在這方面我花了很大的心血。特別是有關心意拳的古籍古譜，那是我利用出差的機會從全國各地花錢購買來的。我練習心意拳有年，對心意拳情有獨鍾，爲了貢獻人類，我願將自己所學所會總結出來，出書傳播。對於手中的古籍古譜，經過我辛辛苦苦、一點一滴、嘔心瀝血的整理，終於在2001年和2003年，出版了《心意拳》和《心意拳眞諦》。我能爲熱愛心意拳的人做一點貢獻，心裡感到特別高興。

《心意拳》《心意拳眞諦》給讀者帶來了有血有肉、有功有理有法的內容，受到廣大讀者的青睞。很多讀者來信反映：此書出得好，解決了很多我們常年困惑和不解的問題。這兩本書的出版，在武術界、心意拳愛好者和廣大讀者中引起很大的反響。

心意拳界的朋友和讀者對我的書籍評價不錯，很多人寫信來，要求我能繼續給大家多寫一些這方面的書籍，我也很樂意。

有的在信中說：「馬老師，您已經60多歲，練了一輩子心意拳，身體還這麼健壯，在比賽中還拿大獎，這說明你心意拳練得好。心意拳是好拳種，好的東西、有價值的藝術爲什麼不能介紹出來造福大衆！有益社會呢？」於是，我重整旗鼓，拿起筆來，將自己平常練功中所參照的古籍、古譜，加上體悟和認識作一總結，這就是《心意拳練功竅要》。

書稿出來了，一些朋友反覆對我說：「要出書，一定要找有實力、有影響、有權威的出版社出版。」考慮再三，於是我將書稿帶到北京，交給人民體育出版社，請他們審閱，請他們出版此書，以傳教給更多愛好心意拳的人們，讓它有益於人民，有益於國家。

回憶自己一生所學，惟與心意拳有緣，只能學它寫它。自己膚淺，恐貽笑大家，也惟恐誤人子弟，若有不妥處請大家給予指正。也願有名家高手出山，共同匡扶、弘揚心意拳，把心意拳推向世界、推向全人類，讓更多的人享受健康、強健、幸福，多好！

馬琳璋　於蚌埠十棵松

目 錄

第一章
走進心意拳

第一節　心意拳武術文化與佛家思想

趙樸初先生說：「佛教對中國文化發生過很大的影響和作用，在中國歷史上留下了燦爛輝煌的佛教文化遺產。」而佛家思想對心意拳武術文化的影響，也同樣是十分深刻的。

一、佛家思想對心意拳武術文化的影響

1. 關於「心與意」認識的統一性

二千五百多年前，釋迦牟尼在印度創造了佛學。佛說：「萬法惟心。」佛家認為，「心」是大自然宇宙中神秘的產物。這個「心」，只有在修行中「一心不亂」「明心見性」，才能煥發出無窮的智慧。

六合心意拳祖師姬隆豐早年積極投身於抗清復明活動。明朝滅亡後，他到處打探復明的組織和義軍的消息，

他投奔終南山，就是聽說有明朝的後裔在終南山。到終南山以後，他創編了六合捶（六合心意拳的前期名稱）。後來又聽說登封少林寺有抗清義軍和仁人義士，他又不辭勞苦到少林寺。據說，姬三進三出少林寺，「與寺僧及武師切磋技藝，並從由武技高強的僧眾們把守的古剎山門三進三出，安然無恙，一時遠近震驚，昔日絕技，至今仍在傳頌」。本來他是尋找抗清義軍的，義軍沒找到，他倒成了少林寺的武師。

姬隆豐在少林寺前後約 10 年。他在少林寺除了教授僧人武功以外，還向佛家學習、借鑒少林拳法的精華，進一步完善了心意拳法。他所著的《六合拳譜》中要求「心與意合，法與一貫」便是最好的體現。

心意拳的另一重要傳人馬學禮也曾經到過少林寺。有文獻記載說：「某年河南知府征民工修中岳廟，學禮參加整修中岳廟。知府亦愛武，聽說學禮精武藝，對他甚為器重，命其掌管建築材料……中岳廟竣工後，知府帶學禮回洛陽途中，經少林寺，有意試學禮武藝，即入少林寺觀看，見小僧練頭功，命學禮與僧人比武。僧人也不甘下風，一僧以頭撞學禮，至時人已不見，僧頭正撞在一石碑上，碑斷，此時學禮已騰身飛在屋樑上。僧人不服，再比，將屋內撒滿豌豆，人在豌豆上比武，僧人料學禮必定滑倒，誰知學禮腳到處豌豆皆碎。二僧從左右向學禮齊進手，學禮用左右手同時向二僧肋下一按，二僧肋骨被打斷，二僧拜服。」至今心意拳中還有「以首叩碑」（鷹形）的式名，就是由此而來。

由於姬隆豐和馬學禮都到過少林寺，所以，他們不可能不受佛家思想的影響。而他們的心意拳武術，以及思想和言行也影響了佛家的僧人們。

心意拳要求練時做到「心與意合，法與一貫」，所以，在練習中必須堅持「心與意合，意與氣合，氣與力合，手與足合，肘與膝合，肩與胯合」。外表的變化，使練習者的身體內部心、肝、脾、肺、腎以及身體內的骨骼、經絡、氣血都有變化。如果練習心意拳的人意念再加上形體的動作，其內外形體都會有明顯的變化。

佛說：「諸法惟心造。」佛家認為，「心是宇宙間最大的能量，大而無外，小而無內，無有一物超越心量之外」。心意拳亦如此。1962 年我到老師家拜師，老師對我說：「你還年輕，跟我學心意拳吧！」我問：「為什麼？」老師說：「將來萬法都要歸心意！」可見，心意拳與佛家思想是有淵源的。

現在科學已經證明，凡人類眼睛看不到的東西（物質），用科學則能檢驗出來。如現在的 X 光，它不光存在，而且還能穿透人體，但當 X 光穿透人體的時候人有感覺嗎？除此以外還有無線電波、紫外線、紅外線、伽瑪線、核子輻射線等等，都是人類的眼睛看不到的，你能說他們都不存在嗎？

心意拳注重講究「心力」的作用，而佛家也是講究「心力」的。現代科學對心力的認識認為：心力是由大腦內的非物質超微波發出來的，心力的速度是立即的，人人都有潛在的心力，而心力則是人的意念由靜入定的方式在腦波中的感應。心意拳要求「心與意合」正是鍛鍊這種「心力」的。心意拳練久了，練功者就有了心力。

心意拳的《拳譜》中寫道：「惟我六合者，心與意合，法與一貫，風吹草動，有觸即應，亦不自知其所以然也。」這就是心意拳的心力的作用。心意拳前輩們早就給人體科學下了結論，可是後來學習心意拳的人，有的用封建、保守、愚昧思想來對待心意拳術，給這顆璀璨的明珠蒙上了一些灰塵和污垢。

2. 練心意拳的人愛護動物和佛家的「不殺生」

學習心意拳的十大真形，是學習動物的靈性和行為本能。學習的同時我們也樹立了一種觀念：愛護動物、保護動物。我們要和同在一個地球的動物平安共處。世人認為：動物與人一樣是生命，動物也是有靈性的。所以，學習心意拳就要以動物為師，學習它們的長處。

佛家要求「不殺生」，他們認為：殺生太多就不可避免要引起戰爭，會招致兵荒馬亂。

3. 關於心意拳的自衛搏擊與佛家之「善」

心意拳模仿動物捕食時的凶狠動作，目的是自衛。心意拳在實戰搏擊時「出手狠毒」，但這都屬於自衛還擊的範疇。凡學練心意拳的人都知道，心意拳是以「防守為能」和「以顧為打」的，所以，這種「出手狠毒」並不是「不善」，而是制止壞人對我的傷害，這是善行。

佛家講善，但並不反對懲罰壞人。佛家在「修行進德」中說「習不成就，人有兵杖不能戰鬥則有愧」；主張「用兵杖戰鬥」。所以，心意拳的講「打」和佛家「用兵杖戰鬥」並不矛盾。心意拳為善講打，尤其是打擊壞人，為社會除害，這是真正的善。

二、心意拳「形與靈」的辯證關係

心意拳是以自然界的諸多動物為模仿對象的，這是一種「仿生」和「超仿生」。我們知道，心意拳是以龍、虎、鷹、鷂、熊、雞、馬、燕、蛇、猴十大真形和它們的真性和靈意為真諦的。姬隆豐多次進少林寺，在少林寺中教了僧人「六合拳法」。

但佛家是講東、西、南、北、東南、西南、東北、西北，加上上方、下方共為十方。佛家以十為滿，認為十是圓滿的數字。由於受到佛家思想的影響，心意拳格外注重十大真形和十大靈法。

心意拳在練習十大真形時，是仿其真、悟其靈。我們已經知道，自然界的動物都有其自然的靈性。在科學非常發達的今天，有些自然現象如自然災害，人類只有用科學儀器才能預測出來，可是，有些動物依靠自身的靈性卻能預測出來。

譬如地震將要發生前，一匹被拴住的馬，會拼命掙斷拴住它的繮繩，並逃出危險區，這就是馬的靈性。還有蛇類、虎類等，甚至螞蟻這麼小的動物，它們一樣能預知地震的發生而及早脫離災難。

人類學習心意拳的目的，不光是用之增強身體的健康，更主要的還要透過心意拳的學習和鍛鍊來激發人類自身的靈性、靈根和靈識。當然，有許多動物的靈性仍是人類永遠達不到的。如鴿子有一雙敏銳的眼睛，當它飛到

800公尺高時，能望到100公里遠的地方，這是人類自身的眼力達不到的。豹子奔跑的最高時速可以達到140公里，也是人類達不到的。

眾生都有「靈識」。這個「眾生」也包括動物在內。我們知道，所謂「靈識」是由靈根發出的，比如鸚鵡能學說人話，就是因為鸚鵡是有「靈根」的，它經人教授以後就有靈識而會說人「話」。

練習心意拳十大真形就是要仿其形、思其意、悟其靈！也就是要激發人類的靈識，調動人類的潛能，即啟智開慧。

三、心意拳的心理暗示和佛家的認識相合

人類欲追求健康長壽，心理暗示的作用也是十分重要的。心意拳的「心意合一」觀念，心意拳訓練時「面前無人似有人」及用時「面前有人似無人」，就是一種心理暗示法的鍛鍊。

有人在這方面曾做過一個實驗：把一個膠囊交給一名患高血壓的病人，並說：「這是目前最有效的治療高血壓的藥。」其實，膠囊裡裝的是澱粉。但病人吃完這個膠囊，第二天血壓就降下去了。這裡面就有心理暗示的作用。

在心意拳學練者中有這樣一種情況，有些癌症患者被醫生診斷為絕症，但這些癌症患者在一起透過心意拳的鍛鍊，他們說說笑笑，思想開朗，精神愉快，結果他們又活了十幾年。為什麼呢？

這就是癌症患者聚在一起，大家相互之間就疾病來說不分高下，從而產生心理平衡，並由此帶來積極的生理效應。實踐證明，心理平衡的人，生理也就平衡。

心意拳反覆強調「心與意合」，其實是很好的心理平衡的做法。如在練習心意拳時，老師要求徒弟首先要做到「手與足合，肘與膝合，肩與胯合」。這時的心理暗示是「面前無敵似有敵，面前有敵似無敵」。這是一種「形無形，意無意，無意之中有真意」的鍛鍊。

心意拳的內裡要求做到「心與意合，意與氣合，氣與力合」，並且在練內五行時要求「心動如火焰，肝動如飛箭，肺動成雷聲，脾動大力攻，腎動快如風」。由這種心理暗示的鍛鍊，人的精神面貌就會大大改觀。

還有，心意拳的找勁，要求練習者練「恨天無柄，恨地無環」，練習者經過反覆的練習，就覺得全身氣壯如虎，力大如熊，覺得有用不完的力氣，這就是心理暗示的作用。透過心理暗示，心意拳的練習者不光是身體外觀有明顯改變，就是內裡的心、肝、脾、肺、腎也會得到鍛鍊而變得健壯。心意拳的這種心理平衡運動給鍛鍊者也帶來了生理上的平衡，這就是心意拳的「心與意合」的心理暗示療法的作用。

心意拳的這種暗示，和佛家的心理暗示做法是相通的。如果一個人悲觀地看世界，你天天都有氣可生，相反，如果你心情開朗，在工作之餘練練心意拳，一切煩惱都會去掉。有了好心情，樂觀地看世界，樂觀地去生活，你就會健康長壽。

四、心意拳武術文化與人類的健康長壽

自古以來，人們不論貧富，都有一個共同的願望，那就是既健康又能長壽。人類的各種運動形式包括武術在內都是追求這一目標的手段。

人能否健康和長壽取決於諸多因素：

1. 遺傳。

2. 合理的營養。

3. 科學的鍛鍊。

有專家研究得出，一個人是否長壽，遺傳因素要占30%～50%。這種由遺傳基因決定的東西雖然不是絕對的，卻說明遺傳基因對人類生命質量的影響是相當大的。除了這個主要因素的制約，關乎人體鍵康的重要因素就取決於合理的營養和科學的鍛鍊了。

練習心意拳的人認為，青少年在壯肌肉、長骨骼時期，對心意拳的鍛鍊要堅持以剛為主的整勁練習。中年人的骨骼基本成形，肌肉粗壯，鍛鍊時要求剛柔相濟。老年人處於生命的退化期，精、氣、神開始衰敗，骨骼老化、肌肉消瘦，所以鍛鍊要以柔為主，要多養少練。

五、心意拳武術文化和佛家思想的相融相濟

心意拳武術文化中除有道家思想、儒家思想、醫家思想、兵家思想外，還融進佛家思想，使心意拳武術文化更充實、更豐富、更發展。

大家知道，凡寺廟中必有佛祖、菩薩、羅漢、金剛等塑像在內。姬隆豐雖然在少林寺多年，但其所傳的心意拳並沒有模仿他們的動作造型，也沒有用他們的名字為己用，而其使用的絕大多數是動物的名字，可見心意拳是以崇尚動物為準繩的。同時也說明，心意拳不講迷信，是科學、實用的拳術。

心意拳對武德非常崇尚。《心意拳譜》中說：練拳之人要常存孝順之心、要常存公道之心、要常存慈悲之心。並且說：可喜忠孝廉節禮義之人，學藝之事無狂妄之氣。心意拳在收徒傳藝時就對學員規定：孝悌忠信者可教，有情有義者可教，靈通機變者可教；對學員要有「不可背毀有德」的教育。這些要求對學習心意拳的人的武德教育都有很好的借鑒。

佛家講求「心定生慧」，而心意拳的《拳譜》中也寫到：「先定心，心定神寧，神寧心安，心安清淨無物，無物氣心，氣心絕象，絕象覺明，覺明心氣神相通，萬氣歸根合成一氣。」

由此可見，心意拳武術文化中含有佛家思想，這也是姬隆豐從佛家思想中借鑒並將其融進心意拳武術文化的特徵和表現。心意拳武術文化和佛家思想都認為人生是宇宙的一部分，我們祖先創造的「天人合一」，就是對宇宙人生的統一性的高度認識和實踐。

人類文化發展是一個連續不斷的過程，傳統文化和現代文化不可能完全割斷。我們要汲取傳統文化中一切有價值的精華，來充實和發展社會主義的民族新文化。

350 年前，心意拳創始人姬隆豐能夠虛心地向佛家學習，用佛家思想來充實和提高心意拳武術文化。我們是心意拳的繼承者，要認真學習傳統文化，努力發展現代文化，為建設我們強大的國家服務，這就是我們學習心意拳和提高心意拳武術文化的目的。

第二節　心意拳武術文化與諸葛亮軍事思想

在以前的文章中我已經闡述過心意拳武術文化與中華傳統文化的淵源，心意拳武術文化不但汲取了中國道家、儒家、佛家思想，也從歷代軍事家的思想中汲取養料來充實和提高自己。在此將這一史實作進一步的闡述。

我們知道，心意拳武術文化中不僅會有道家和儒家思想，而且多處引用了兵家學說。這其中，三國時期的著名軍事家諸葛亮的軍事思想在「六合心意拳譜」中多次被引用，以致需要專門來研究諸葛亮的軍事思想對心意拳武術文化的影響。

心意拳在創立的過程中，為了充實和提高六合心意拳譜的知識水準和理論水準，用以完善心意拳的實用性和科學性，先賢們不能不參看前代兵家聖賢的著作和思想，從中汲取營養，諸葛亮就是其中一位。諸葛亮（公元 181～234），字孔明，琅琊陽都（今山東沂南縣人）。他是三國時期的杰出的政治家、軍事家，歷史上他被人民視作智慧的化身，著有《諸葛亮兵法》等著作。

我們回過頭來再看《六合心意拳譜》，就可以發現，《拳譜》中多處引用了諸葛亮軍事著作中的原文和思想。

一、關於「天人合一」的思想

中華傳統文化中，道家、儒家、兵家都非常重視「天人合一」的思想，心意拳武術文化也是一樣。《六合心意拳拳譜》中也有「天為一大天，人為一小天」的理論。

諸葛亮軍事思想中非常重視「天人合一」的理論。他曾經說過：「用兵之道在於人和。」並說：「夫行兵之勢有三焉，一曰天，二曰地，三曰人。」（《兵勢篇》）作為三國時期著名的軍事家，諸葛亮知道，一定要有天時、地利、人和的基本知識才是為將之道，不懂天文，不識地理，不知人事怎麼能取得戰爭的勝利呢？

作為具有傳統文化內涵的心意拳從養生的角度來說，人的身體就是一個「小天地」，這個「小天地」一定要與宇宙中的大天地相合，這樣才能「提挈天地，把握陰陽」。只有人體與天地相合，人的陰陽才能得到均衡，修練者的身體才能健康。

從搏擊的角度來說，一個心意拳的練習者也要知道人體的上、中、下即天、地、人三盤的整體性，因而會利用自己的頭、肩、肘、手、胯、膝、足等部位有效地打擊敵人。另外，一個心意拳練習者還要在搏擊實戰之前知道當時的天氣、所處的地理環境，敵人個兒大還是個兒小，身寬體壯還是身體瘦弱，然後知進則進，知退則退，這樣「知己知彼」才能「百戰不殆」。

所以《六合心意拳譜》中說：「夫武藝者，言其法式和合也，而和合之中智勇俱焉。」

二、關於「剛柔相濟」的思想

心意拳是陰陽互補，剛柔相濟的拳術。這在心意拳的「十四要則」中講得非常清楚：「用意不用力，尚柔不尚剛。」《拳譜》中說：「能去能就，能弱能強，能進能退，能柔能剛。」可見，心意拳是要求「剛柔相濟」的拳術。

諸葛亮的軍事思想也特別強調用兵之道的「剛柔相濟」。他說：「養將者，其剛不可折，其柔不可捲，故以弱制強，以柔制剛。純柔純弱，其勢必削，純剛純強，其勢必亡，不柔不剛，合道之長。」（《將剛篇》）

諸葛亮的軍事思想認為：一個好的將領，要知道剛與柔的關係，當剛的時候不能不剛，但當柔的時候又不能不柔；這種剛，是剛強、猛烈，但不能固執己見；這種柔，是在溫和而柔順的時候不是軟弱無能，這樣才能「剛柔相濟」。

他還認為：戰爭要麼不打，要打就要勇猛、快速，這是取得戰爭勝利的首要條件。

心意拳也特別強調「剛柔相濟」。心意拳認為，只有剛柔相濟才能以柔制剛、以弱勝強。在實戰搏擊中，敵方用強力攻來，我若以剛對之，必造成「兩敗俱傷」的結果。心意拳不是這樣，心意拳是以柔對剛，避過敵人的凶狠攻勢，以柔對之，以弱化之。當敵方的攻勢已過，我則聚力而擊之，使敵防不勝防。

三、關於「動與靜」的思想

心意拳既然是陰陽互補，剛柔相濟的拳術，所以要求拳術中要有虛實、動靜、進退、顧打等戰略戰術的運用。《六合心意拳譜》曰：「不動如山岳，難知如陰陽；無窮如天地，充實如太蒼；浩瀚如江海，炫耀如電光。」並教導學練的人「以此較技，無不善矣」！

諸葛亮軍事思想認為：有動有靜，才能取得戰爭的勝利。所以他在《將誡篇》中說：「靜如潛魚，動若奔獺……擊崩若摧，合戰如虎。」他還說：「善戰者不怒，善勝者不懼。」

他認為，一個好的將領，在靜的時候要像深藏水底的魚，不發出一點聲響，在動的時候就要像水獺一樣突然躍出水面向對方發起攻擊，又快又猛。向敵人進攻時要有摧枯拉朽的氣勢，使自己像虎一樣凶猛，只有這樣才能戰勝敵人。

心意拳也要求在實戰搏擊中要「手起是猛虎，腳起不落空」。在實戰搏擊時手足並用，勇猛得像老虎一樣撲擊敵人。

《拳譜》中還說：「天地交合，雲蔽日月；武藝相戰，蔽住五行。」所有這些理論都和諸葛亮的軍事思想的道理是一致的。心意拳講究剛柔相濟、動靜結合，練兵用武的道理一樣。心意拳只有掌握了動靜，才能「明瞭四梢不知息，閉住動靜永無凶」。

四、關於實戰與養生的思想

心意拳是養生與搏擊實用的拳術。在整個心意拳武術文化中，雖然認為「拳術技擊乃末技也」，但同時也可以認為，養生和實戰並重才是心意拳的真正內涵。心意拳武術文化認為，「打和鬥」只是暫時的，而「和」才是永久的，因此，心意拳要求學練者少鬥多養，只是在需要自衛還擊時才鬥。

心意拳在養練時要求「行幼女之事，丟去虎狼之威，凡事無理自己悔，保住身體現全福」。但是光養生，當遇到壞人怎麼辦？當壞人侵犯我時，就不能不講打了。當與壞人打鬥時，一定要「氣與心意隨時用，硬打硬進無遮攔」「拳打三節不見形，設若見形不為能」。

心意拳強調在動意時「眼要毒，手要奸，腳踏中，滿力鑽」，在戰術上要「乘其不備而攻之，由其無意而出之」，在養與練上都是以打為用的，養練出來的功夫要「好鋼用在斧刃上，將它打磨快如風；時時考練己身心，斷了它永無禍生，成為人中之美人」。

因此，心意拳在平時是以養生為主的，而在自衛和還擊時要有勇猛向前、戰則必勝的信心，用心意拳的上乘技法戰勝敵人。

心意拳從歷代軍事家的軍事思想中汲取了豐富的營養，故在心意拳武術文化中含有很深的兵家學問，練習心意拳的人都知道：「學藝之事，無狂妄之氣，遇敵之日，思謀所學，可以動則動，可以止則止，凡事皆得其中和美。」「知進者必勝，知退者必不辱。」

諸葛亮的軍事思想是「善戰者不怒，善勝者不懼」（《治軍第九篇》），並且在攻戰時要「猛若熊虎，捷若騰猿」（《三賓篇》）。並且說：「夫善攻者敵不知其所守，善守者敵不知其所攻。」

諸葛亮並不僅是一位軍事家，還是一位開明的政治家、思想家。由於他一生繁忙，只活了54歲，但他卻體悟認識到養生的重要，他在給他的兒子的書信中說道：「靜以養身，儉以養德，非澹泊無以明志，非寧靜無以致遠。」（《誡子書》）他對他的外甥說：「夫志當高遠，慕先賢，絕情欲，棄疑滯。」可見他知道生命質量對於人的重要性。

諸葛亮在談到治國之道時說：「治國如治身。」他說道：「治身之道，務在養神，治國之道，務在舉賢，是以養神求生，舉賢求安。」（《舉措第七》）他的思想是：治國的道理就像一個人的修身。

修身的關鍵是保持一個良好的精神狀態，治理國家的關鍵是任用賢能，這樣用養神求得健康長壽，用舉賢薦能而求得國家的安定。

心意拳武術文化中的養生思想也是從諸葛亮軍事思想中借鑒過來的。《拳譜》中說：「精養靈根氣養神，養功養道見天真；丹田養就千日寶，萬兩黃金不與人。」說明心意拳的養生對人類自身的重要。

心意拳武術文化中在引用諸葛亮的軍事思想時，是古為今用的，養生養神是習武練武必然要具備的素質和條件。

五、關於「智與勇」的思想

練習心意拳，從小的作用來說，可以強身健體，從大的意義來說，可以強國強種。一個上乘武術家也就是能領兵打仗而成「萬人敵」的將軍。所謂「萬人敵」，就是《拳譜》內說的「智」與「勇」也。《六合心意拳譜》內說「武勢者，其實貴和，和者，智與勇合也」。一人敵則是自身之武藝也，萬人敵則是領兵為將之道也。所以，《六合心意拳譜》內反覆教導學習者：「學藝之事，無狂妄之氣，遇敵之日，思謀所學，可以動則動，可以止則止，凡事皆得其中和美。」

在平常的練功過程中要知道「好鋼而多掛，能柔而成鋒，知進者必勝，知退者必不辱。」在實戰搏擊的過程中，一定要「眼要毒，手要奸，腳踏中，滿力鑽」。要知道戰術乃「乘其不備而攻之，由其無意而出之」。所有這些都是總結前人特別是諸葛亮的智慧中所得而充實心意拳武術文化的。

諸葛亮在論述「智與勇」時還說道：「能柔能剛，能弱能強，能存能亡。疾如風雨，舒如江海。不動如泰山，難測如陰陽。無窮如地，充實如天，不竭如江河，終始如三光，生死如四時，衰旺如五行，奇正相生，而不可窮。」（《治軍第九》）

意思是說，一個好的統帥，在戰爭的過程中要做到剛柔相濟、強弱皆能，能伸能屈；發動進攻時要像暴風驟雨一樣迅猛，統率三軍要像平靜的江海一樣，擺開的陣勢要像泰山一樣穩固，軍事行動要像陰陽的變幻一樣讓敵人難以預測，軍隊的力量就像天地一樣的充實，像江河的流水一樣的無窮，後浪催前浪，滔滔不絕，軍事的規距要像日、月、星辰一樣的有始有終，像一年的四季一樣雖然有變化，但有它一定的規律，在戰術上要有奇襲和常規打法相互配合，有奇有正，這樣才能取得戰爭的勝利。

同樣，心意拳要求練習者在與敵人實戰搏擊時，一定不要光拼體力、拼匹夫之勇，而是用頭腦、用心意合一去與敵人進行戰鬥，依靠智慧和勇敢去戰鬥，直到取得勝利。

六、關於培養人才的觀點

心意拳在培養人才時，非常強調對傳授人的選擇。心意拳在培養人才時有「三教三不教，三懼三不懼」之說。「三教」：孝悌忠信者可教，有情有意者可教，靈通機變者可教。「三不教」：愚魯之人不可教，淺情偷盜者不可教，忘恩負義之人不可教。「三懼」：有服尊長者可懼，氣高有德者可懼，耍笑頑童者可懼。「三不懼」：稍長者不懼，力勇者不懼，藝高者不懼。

因此，心意拳反覆教導學習者，凡學習心意拳的人，要遵照《拳譜》的教誨反覆體悟。正因為心意拳好學難精，故《拳譜》曰：「豈其使藝之不類與人諒，以為未得其真正，故差之毫厘，謬之千里。」

後人在評論諸葛亮時，都說他一生用兵謹慎。他的軍事思想中反覆論證了培養和造就軍事人才的重要性。諸葛亮要培養的軍事人才是能打勝仗的人，這種人才要具備一些條件。如在他的軍事著作中對「智與勇」的關係是這樣論述的：

「夫將才有九。道之以德，齊之以禮，而知其饑寒，察其勞苦，此之謂仁將。事無苟免，不為利撓，有死之榮，無生之辱，此之謂義將。貴而不驕，勝而不恃，賢而能下，剛而能忍，此之謂禮將。奇變莫測，動應多端，轉禍為福，臨危制勝，此之謂智將。進有厚賞，退有嚴刑，賞不逾時，形不擇貴，此之謂信將。足輕戎馬，氣蓋千夫，善固疆場，長於劍戟，此之謂步將。登高履險，馳射若飛，進則先行，退為後殿，此之謂騎將。氣凌三軍，志輕強虜，祛於小戰，勇於大敵，此之謂猛將。見賢若不及，從諫如順流，寬而能剛，勇而多計，此之謂大將。」（《論將篇》）這就是諸葛亮對將才的要求。

《六合心意拳譜》中有關「將才」的論述，完全引用了諸葛亮的《論將》篇。心意拳武術文化中認為：「天下人多君子少，世間師眾名師稀，太平我重其人語，將心服與他吧，不可背毀有德。」否則，對來學習心意拳的人就會「解勸世人莫習武（藝），凶多吉少也難知，丟財惹禍在眼前，不如息氣養身卻自然」。

意思是說，對於一個來學習心意拳的人，一定要考察他的人品道德如何，開始應盡量勸他不要學習心意拳，不然，人品不好的人，學了心意拳只會危害社會，不會給人類帶來好處，對於這樣的人還是不教為好。

第三節　心意拳的練習程序

心意拳的練習，一定要有科學性，這是幾百年來心意拳先輩們認真總結的經驗，只有按照這些科學的訓練程序，才能練出上乘武功。老師只有按照這些程序才能教出好的徒弟。

為了使學習心意拳的人少走彎路，我將多年練習心意拳的一些理解和體會貢獻出來，如果能對大家練習心意拳有幫助，這就是我的心意。

一、練拳的時間、地點和次數

1. 練功時間

練習心意拳要掌握天地陰陽，以便在練功時能吸天地之靈氣、自然之真氣，來培補人類自已身體，以達到事半功倍的效果。

所以，練功時間夏天以早晨 5～7 點、冬天以早晨 7～9 點為好；下午 4～6 點可以增加一次練功，以增加功效；晚上 7～9 點，但不能超過 10 點半休息。有人喜歡夜裡練拳，但要注意不能太過。

以上都是按照天地陰陽的「天人合一」的學說，即早吸天地自然日精真陽之氣，培補自身的純陽之氣；晚吸天地自然月華真陰之氣，來培補自身的純陰之氣；而下午黃昏時則取天地陰陽的中和之氣。

這就是早吸「天」、晚吸「地」、中吸「人」的天地人三才之三氣為我所用也。

2. 練功地點

古老的傳統方法，一般是在室內練功。學心意拳的人經濟條件不同，條件好的可有練功房，在屋裡練功效果較好；沒有這樣條件的，可以在山上松柏林間或者河、湖旁清靜一點的地方練功。

有一點要注意：在室內練功要背風開窗；在室外練功要穿練功服。出汗不得當風解衣，「避風如避箭」。

3. 練功次數

上面已經說過，每日 3 次，每次練功時間不得少於 1 小時，但又不能「練過」，過度就會疲勞，不但不出功，還會練傷身體。一定要視自己的體質量力而行。

二、練習順序

1. 每天早晨洗漱過後，到練功場地，必須先面向太陽，用鼻深吸新鮮空氣，然後再用嘴吐出肺中隔夜的濁氣，這樣，一呼一吸計 7 次；再閉口，舌頂上腭，用鼻吸鼻呼計 9 次。這樣「吐故納新」，與天地大自然進行有益的交流，從大自然中吸取新鮮空氣來清洗肺部，再做心意拳「內功功法」鍛鍊。

2. 練完內功後進行心意拳的雞步踩腿運動，然後再按次序進行十大真形的鍛鍊。

3.內功、拳法練習過後，如時間允許可進行盤樹練習。

三、幾點說明

隨著心意拳的知名度愈來愈高，現在練心意拳的人也愈來愈多，同時介紹心意拳的文章和資料鋪天蓋地而來，難免有「魚目混珠，龍蛇混雜」的現象，加上有些人乘機造假、賣假，一般初學心意拳的人難辨真偽。為對我的弟子負責，現將幾個容易造成誤導的地方指出，以免我的弟子被誤導。

1.所謂「『知心意拳拳名正宗』則功已過半」是騙人的鬼話。當然，正宗的明師肯定不會把拳名叫錯，也不會胡編亂造假名，但心意拳的功夫是練出來的而不是叫出來的，所以，凡我弟子一定要肯下苦功，多流汗，一定要按科學的方法去下工夫才能練出好的功夫，不要認為會背幾個心意拳的名字就能「武功天下第一」。那樣只會自欺欺人，到頭來還是騙自己、誤自己。

2.關於雞步的「曲脛摩踵」。不解決這個問題雞步是練不好的。古譜上所說：「脛摩脛，意響連聲。」今人很多解釋為，踩雞步時必須「兩脛相磨而行」。按理說，脛應是膝蓋骨和小腿這一段，可是這部分怎能相磨呢？因為心意拳的進法、退法要求是：進步低，退步高；腳發七寸。所以，在踩雞步時兩腳稍提，幾乎不離地面而行，在小腿這一段膝蓋骨和踝骨都高出脛骨，要相磨也是膝蓋骨或者踝骨相磨，而這是違反生理科學的。

我的理解此句應是「提踝磨脛」，或者是「提踵（腳後跟）磨脛」。有的人把「磨脛」解釋為「手摩內五行」，這就更不好理解了。

3. 踩雞步定勢時後腳跟離地。有很多練心意拳的人在踩雞步時都後腳跟離地，其步法像西洋人的拳擊步法，不知何因？有的人說這樣在發力時動作快。

我個人認為，後腳跟離地，在武術中叫「拔根」，這是傳統武術所不允許的。如果拔根，人的後腿韌帶得不到合理的鍛鍊，另外，腳掌不是全部落地，就不能足心向上，怎能做到「頂心向下，手心往回，足心往上」，也就是說不能達到「三心併」。再者，這樣的站法也不穩定。

4. 身法的「勢如背鍋」。心意拳要求含胸拔背，沉肩墜肘，但這與「勢如背鍋」不是一回事。含胸必然會拔背，這是合乎身體的生理科學的。但要「勢如背鍋」，會造成練心意拳的人天長地久形成駝背，不但練功不順，就是「有功」也發不出來。因為這不符合人體科學，並且，對於人的形體之美也「有礙觀瞻」。所以，凡我弟子堅決不能按此說法去做。

5. 有人說：「心意拳快攻直取，動意時只進不退。」這又是一個誤導。心意拳是內外兼修、剛柔既濟的拳術，它的動意要求是「有進有退，有顧有打，開合有度，動轉自如」。說心意拳快攻直取、只進不退是違反科學的。所以，凡我弟子不光在動意時要有進有退，就是平時練習都要帶著「敵情」練，這就是手與足合、肘與膝合、肩與胯合、心與意合、意與氣合、氣與力合的「六合」。這樣，練功日久就會習慣成自然，較手動意時身靈手巧步快。你還怕不能打倒敵人嗎？

練習心意拳，就要按照心意拳的拳理去練才行。心意拳是講究陰陽、虛實、進退、顧打、上下、左右等對稱的練習，因此，只進不退的說法是片面的。

四、關於《十大靈法》

1. 雞形練腿功；2. 馬形練崩翻；3. 燕形練輕靈；4. 蛇形練養氣；5. 猴形練靈巧；6. 龍形練束展；7. 虎形練威猛；8. 鷹形練抓攫；9. 鷂形練鑽穿；10. 熊形練雄壯。

以上為練十大靈法，至於每形的「真形」和靈意、多種練意，就要靠個人的理解和體悟了。

五、幾點應注意的地方

1. 練心意拳時不得赤身露體。穿衣練功後不得立即脫衣晾汗，不能飲冰、涼水。

2. 練功時不得打鬥、嬉戲；要認真下苦功練習。

3. 練心意拳者要注意盡量做到「清心、寡欲、葆真」。有恆心者還應注意不要酗酒，少抽煙，力爭改掉不良生活習慣，注意道德修養和規範，注意自身的形象塑造。

此材料平日專為我弟子所讀，不曾傳與外人。現在一併貢獻出來，望有意者作為練功的借鑒。

第四節　尊師重道是習武之本

尊師重道是中華民族的優良傳統，也是中華武術的優良傳統，武術的各門各派歷來都非常重視對尊師重道的傳統教育。

尊師重道是中華民族的美德，承認師承也是學武練武者具有良好武德的體現。我們希望武術界要形成一個尊重師承的良好風範。所以，我在這裡首先強調這個問題。還有，就是希望老師在傳授武術時一定要把師承關係介紹清楚，「師者，所以傳道授業解惑也」。尊敬師長要和尊敬父母一樣。尊敬師長也是對自己學習心意拳的重視。

所謂尊師就是尊敬老師，為什麼？因為老師是給你傳業、授道、解惑的領路人，是開智啟慧的先知者。一個學生就是一張白紙，現在老師找學生不好找，學生要找好老師也難找。老師是指路的，給學生指點方向，防止學習者誤入歧途。在中國，師道也就是孝道，師道是建立在孝道的基礎上的，孝道是我們中華各民族都崇尚的美德。尊敬師長是為了敬業，是為了敬學，是對自己所學的學業、拳術的尊重。

有人問：「什麼樣的老師才是好老師？」我們說，好的老師就是你自己心目中最仰慕、最敬佩的那個人，這個人就是你的好老師。

有時你可能遇到這種情況：拜了這個老師以後，你可能認為這個人的學問、道德不如另外一個人，可是，另外的一個人又怎麼樣呢？你沒有看起他，沒有重視他，所以，縱然這個人有學問、有道德，你跟他學習也是枉然，為什麼呢？因為一開始你就沒有誠心尊敬他，所以，你在他的門下也是得不到真東西的。這就是先哲們說的「投師如投胎」的道理。

所以，學生在拜老師時，一定要先考察、先打聽，要拜拜明師，要投投高友，只有這樣，對你的學業，對你的拳術才有提高、有長進！在這裡我再說一句：好老師是可遇而不可求的，真正的好老師，真正的有學問、有德行的人都非常謙虛，決不敢以老師的身份自稱。你要去向他請教，他會很謙虛地說：「我不行，你找錯人了。跟我學，恐怕你會失望的。」

當然，這是一個方面。另一方面，作為一個好的心意拳老師，在傳授武術的同時，還要加強對習武者的武德的教育，練武習武不能不重視武德。

學習心意拳的武德是：

一、習武練武者必須要有口德

習武者對人說話語言要謙和，不可隨便出口傷人，不要打擊別人抬高自己。《拳譜》曰：綠葉紅花白蓮藕，天下武術是一家。」「藝不親人親，和尚不親帽子親。」練武術者要謙虛，要善於學習別人的長處，不能認為自己的拳種優秀，天下少有，就看不起別的拳種。實際上我國武術有幾千年的歷史，每個武術門派、每種武術均有其優秀的地方和可取之處，高明的學武者總是在學習好自己的拳種的同時還要兼學別類旁派，「不可不知，不可全知，最好能夠全知」，這樣取長補短，才能成為一個全面的習武者。

二、習武者要有手德

練拳首先是為了強身健體，當練到技擊時，不能隨意動手打人，即使與別人較技切磋武技時也要先退讓三分，做到防守為能，以靜制動，彼不動則己不動，動起手來也要點到為止。不要對自己人或者武林朋友提什麼「出手見紅」「制敵必勝」，只有這樣，才能做到既交流了武技，又讓別人從內心佩服。

三、習武者做人一定要有品德

此為習武練武者的三德之首。練武習武之人要樂於助人，要與人為善，還要見義勇為，扶危濟困。習武練武者遇事要大度，大度是美德。要嚴於律己，寬以待人，這樣才能團結一大批武術人。《心意拳譜》曰：習拳者要「常存孝順之心，常存慈悲之心，常存公道之心」。學拳練武者具備了這三心，才能有愛心，才能不恃拳逞強，不凌弱霸道；才能不惹事生非，不會去危害社會，只有這樣才能成為一個武藝高強、武德高尚的習武練武之人。

願習武練武者常以此三德培養和造就自己，使自己成為一個尊師重教的武術上乘者。

第二章

心意拳拳理

第一節　心意拳的練習三階段法

心意拳雖然是內外兼修、陰陽互補的上乘拳法，但在練習時也要講究科學性，講究訓練原則，因此，要有正確的理論指導才行。只有正確的理論指導和科學的訓練，才能培養出好的弟子。

為了初學者能夠循序漸進，我將學習心意拳的幾個步驟粗略地介紹給大家，以求得大家的共識。

一、模仿階段

心意拳的學練，首先是學生對老師所教的動作要認真地模仿（一般是老師在前面教，學生在後面模仿），模仿老師的身形、身法、姿勢、形態。經過長期的模仿，老師的動作在學生頭腦中留下深刻的印象，老師的拳術也就被學生掌握了。

外三合學生模仿得對不對，身形順不順，首先是要勢子的順。學生的姿勢首先要求「合」和「順」。心意拳要求「六合」，即外三合「手與足合，肘與膝合，肩與胯合」；內三合「心與意合，意與氣合，氣與力合」。心意拳的動作、姿勢與人的一般行動有很多不同，而且練起來非常彆扭，所以，初學心意拳的人肯定感到不順和不合。即使外三合做到了，內「三合」要做到也不容易。況且，心意拳的合與順、威與猛、剛與柔、虛與實、進與退等等，要做到完整而完美，更非一朝一夕之功。所有這些，一定要老師親自教，親自給學生掰架子才行。

心意拳的勢子怎樣才叫順呢？心意拳所謂勢子順，是指在鍛鍊的過程中，首先做到身子要「看正而似斜，看斜而似正」，每動每勢，則要頭頂項豎、尾閭中正、含胸拔背、沉肩墜肘、閉口叩齒、舌頂上腭；下部要做到屈膝扣襠、穀道上提，行拳走勢要做到三尖相照、三彎相套。特別是要做到鼻尖、手尖、足尖在一個立體平面上。做到「三尖照」，是檢驗初學者模仿動作做得如何的一個重要標準。在此基礎上，才能進一步談到「以意化形」的問題。這種學習，則能把自身原來的拙力和僵勁化掉，增強自身的協調性，增加新的力量。

心意拳的第一步功夫，主要是對學生進行調養。這個階段主要練習站樁和進行「丹田功」的學練。透過學練，可以使學生氣血通暢，五臟和順，這樣學生才能走出「偽健康」。這一步功夫也就是「築基功」，主要要求學生能練出心意拳的「整勁」，也有的人把此步功夫說成是「明勁」。學生能夠骨骼健壯，內臟堅實，筋長力大。這是練習心意拳的階梯，如果不練好，到老都練不出心意拳的上乘武功。

所謂整勁，是指心意拳的每個勢子一定要做到雞腿、龍腰、熊膀、鷹爪、虎抱頭、雷聲六勢合一。按這種要求和規矩去學練，心意拳則更加威猛，發力整壯。加上丹田振動，聲出自口，聲震敵方，使得心意拳更加有整體力、穿透力。這個階段，從形上則是多練「雞步踩腿」，可以練出自己的靈活步法。

以意化形，要身隨步進，腳步貼地而行，步到身到，身到手到。如「虎撲」這個動作，兩掌前撲下落要有按勁，肩部下栽要有前撞勁；後腳支撐，前腳踩進，要如馬踏虎踐。身落、手按、足踩地「三動同一」發雷聲「噫！」

練易骨，其勁必剛，這種剛勁是威與猛，明示於外，所以易為人懼，但也易為人乘。從外表來看威猛形於外，然實質仍是練內，就是由外形的「猛」能將內部之經絡骨節拔開，這樣，骨節開放，氣血容易流通；氣血暢通，經絡則暢通，人身內部之氣，則容易聚納於丹田。

二、找勁階段

學練心意拳的第二步功夫是練找勁。所謂找勁，也就是盤練易筋功夫。心意拳的易筋功夫認為：筋長則力大。由易筋功夫的鍛鍊，就可以練氣化神。由易骨，骨節拔開，筋絡伸長，氣血容易貫通；氣血貫通內氣才能鼓蕩。這步功夫從表面是看不出來的，功是暗藏於體內的，也就是所說的暗勁。

我們可以從心意拳的勢子上來分析，如「雞步踩腿」。第一步功夫：兩腳相踩，全腳掌落地，落地要有聲。第二步功夫：踩步時前腳是腳跟先落地，然後腳前掌下踩，五趾如勾抓地，後腳立即跟上，落地而無聲，緊跟前腳，但較前腳有發卷地風上鑽之意。這步功夫仍是練丹田的斂、聚，其表現為：閉口叩齒，舌頂上腭，穀道上提。氣能聚而會運。在練的過程中，將丹田之氣運化，經心、肝、脾、肺、腎，過五關，通九竅，將全身經絡層層打通，全身之氣匯聚丹田，從丹田再下會陰，過夾脊而直上百會穴，過天頂再下印堂穴過華蓋穴，入膻中穴再入氣海丹田。這中間，中氣繞而復到胸，充於腰腹，盈於五臟，凝兩肋、四肢百骸，經元氣的鼓蕩而靈活異常，全身氣充才能有力發出。

學員可以把學過的一個一個動作或勢子再進行分類，哪一類的勢子是什麼勁，怎樣才能把此勁意練出來。如我們練習「挑領」，這把勁是從下往上的發力，就要從底下打「恨地無環」的勁。這把勁是說地上沒有環子，地上要有環子，我可以手領環子把大地領起來再拋向天空。而練「身落」這把勁時，是從上往下的發力，這就是「恨天無把」的勁，如果天空有把柄的話，我能雙手握住天的把柄把天拽下來。此階段一般是學員自己練習和摸索，即使老師指出此勁的來龍去脈，也要學員自己去認真體悟。

三、靈勁階段

所謂靈，首先是身法、手法、步法靈活，反應敏捷，意占敵先的意思。這個階段的練習，其實就是練實戰。這步功夫也有人稱為洗髓功夫，又為化勁階段。

所謂化勁，是指對手擊來，我並不是硬碰硬、僵對僵，而是很巧妙地將敵手輕輕化掉；敵方來拳我黏而化掉，或者讓開閃過，讓敵打不到我。有時敵方來手時，我不是等，而是主動出手與敵手相接，這樣，首先黏住敵手，隨敵手來勁後，讓敵手舊力過去，我即隨這種黏勁，乘機發力應敵，卻讓敵逃不脫，這種勁是隨敵方來手而應的，敵打不到我，我卻能擊到敵。

平常人容易把化勁理解為畫勁。畫勁雖然也能把敵來手畫掉，但畫勁是短勁。而化勁卻是化解，並且有短化勁也有長化勁。所謂畫是實畫，而化則是靈化，心意拳的化勁中是含有靈勁的。在與敵手相接手時，敵剛我柔，敵柔我剛。我出手時有剛有柔，有柔有剛，剛柔相濟，變化萬端，讓敵不可捉摸。

練化勁就是練神還虛，也就是洗髓的功夫。心意拳能把勁練到至柔至順，柔順已極之時，則可達到「拳無拳，意無意，無意之中有真意」的境界，即能達到化而靈勁階段。這也就是練神還虛、洗髓之功夫階段。心意拳譜說：「學拳容易得藝難，靈勁上身天地翻；六合相聚人難躲，出手好似弓斷弦。」

心意拳的三步功夫即練精化氣，練氣還神，練神還虛或明勁、暗勁、化勁，是由三步練法得來的，也就是說，是從模仿、找勁、練勁中得出的。要達到靈勁境界，即手足動作的「形無形、意無意」而有實作，周身全用其靈，知道真靈真意，再明心為擊技之本，意為擊技之用。再注意呼吸的配合，呼吸要達到若有若無，不聞其聲，不聽其息，腹內之氣自然會匯集丹田，聚氣成丹，有丹生神，有神而為靈。

拳術之道，有形者為架式，無形者為氣力，有架式則可運練氣力，無氣力則架式也無用也。然架式者，也要有動，這就是心意拳的起、落、鑽、翻。二者之間必須緊密配合才行。拳椿的最高境界要「尚德不尚力」。何謂「尚德不尚力」？古人云：「不戰而屈人之兵。」此之謂也。

這裡我們所說的主要是從心意拳的低級階段到高級階段。到了進修心意拳高級階段時，則為意在養神蓄靈了。就是要用神意合丹田的先天真陽之氣，來運化周身，調動周身的陰陽均衡，旋動全身的心意，則修練者可達上乘之「練虛合道」之境界了。

第二節　心意拳的三乘說

中華武術，源遠流長，歷史悠久，門類繁多，然而又各有千秋。綜觀武術之道，自古至今，無不以擊技與養生並重，這是中華武術的一大重要特徵。但心意拳的擊技之術，非有膽有識、有勇有謀、智勇雙全者不能成為上乘，做大事者，非智勇雙全難以成雄霸之業。

然心意拳之所謂勇者，是指練心意拳者的膽子要大而氣壯，神態威猛而要有志。我們所說的智者，是指心意拳的方術也，法度也。在拳術則曰有勇有謀、有法有術者，方能成武術之上乘者。

武術中有心意拳者，它是中華武術傳統中之上乘拳法，其拳術中的奧妙很多。今日試析之。

古人有曰：「拳術者，此為攻擊之術，殺人之方法也。」此攻擊之術、殺人之法，我國自古有之。心意拳者亦其一也。古時候，就連孔老夫子在教人時，也將「寓射於六藝」之中，且還有「齊人隆技擊」之說。可以這樣說：有人類始，為覓食、爭交配權，即有技擊發生。所以，技擊者，人類競爭存亡之道也。

然綜觀歷史，技擊一道，鬥智鬥勇，並非匹夫之所能為。但在擊技格鬥中，每見性急者失敗，心性沉著者勝利，什麼原因呢？因為性急者不能夠冷靜地觀察事物，不懂變化，所以在與敵方搏擊格鬥時不察虛實，不分陰陽，不懂動靜，缺乏戰術，匆忙應敵，有時可能誤入敵方的圈套，或者過早消耗體力，或者誤失戰機，此則皆是心意拳家應引以為戒的。

惟心意拳上乘者禦敵時，能夠不為聲色氣勢所動，不為威迫恐嚇所撼，即所謂泰山崩於前而色不變，視白刃而若不見，臨槍炮而不聞，神清膽壯，不屈不撓，大敵當前，不忙不亂，鎮定自若，再運動我的身手，先顧而後發。若能做到神清則氣足，氣足則應變有方，隨機生巧，視眼前敵人或者萬物皆入我心中，靜聽背後一靜一動皆入我腦海，此時則是心與意合，法與一貫，意占敵先，有感而先發，因此，才能算是心意上乘之技擊術！

當然，我不否認有先天生而有神力者，這種人身強力壯，與敵相較之時，對方雖習武有年，但缺少基本功的鍛鍊，雖運其手腳，但與這種人搏擊格鬥，總是拳不打力，不能取勝。我們說這種人並非是武功高強所致，而其為先天父母遺傳所得。這種人天生就是肺強者，而肺強氣必足，氣足之人其力必強。與天生肺弱之人相比，肺弱氣必微，氣微之人其力必弱。所以，兩者相比，當然肺強之人比肺弱之人要勝一籌。因此，我們練習心意拳非常強調練氣養氣。

還有一種情況，就是有的人也挾一技之長，以先天之力雄傲縱橫於世者，然此匹夫之勇，而非心意拳的智勇雙全也。所以，心意拳在譜中早已教導：「稍長者不可懼，力勇者不可懼，藝高者不可懼。」

心意拳的功夫有上乘、中乘、下乘之分，攻守時有智勇之別。練習心意拳有三種不同情況，這就是心意拳的三乘說。

1.心意拳之上乘者。練其術則不剛不柔，亦剛亦柔。修練時總是運柔而成剛，至大至剛，則威猛無限。如猝然遇敵，隨機而動，應敵有方，變化無窮。如此方為心意拳的上乘之道。

對於心意拳的剛，都好理解，但對於心意拳的柔，特別是「不剛不柔，也剛也柔」，則有些不甚明白。現我將心意拳的剛柔簡單地解釋一下：我們民間有種苘麻，苘麻一收下來非得在水中漚一下，隨之抽去麻稈，也就是去其中間的剛硬部分（心意拳要求去其身體內的僵勁）。漚好後再把麻胚梭開，這時麻已經變柔，再把鬆軟的麻胚搓成繩子，這種繩子就是「亦剛亦柔」的東西，我們稱之為「鞭子」。如果用麻繩做成的鞭子去抽打人身體，就有柔中有剛、剛中又有柔的勁在內。這種抽勁，就是至大至剛，其威力無比。人的身體若能像搓繩子那樣三搓三揉，自然也會像繩子那樣有剛有柔。當然，這是一種比喻。

心意拳之上乘者，與敵實戰搏擊之時，攔截敵人的出拳，自己身體能固若金剛，不會被敵人所傷，但對於敵方來說它反而早已被反傷。心意拳的上乘之動，捷若猿猴，活靈機巧也，靈勁上身天地翻，擊敵敵必倒，但敵方卻不知自己是因為什麼被擊倒的。這個時候，你才知道心意拳已經練到其拳術若神龍隱於雲間，搏擊格鬥時龍動之如出入水中也。

修練上乘拳法者，懂剛柔變化，知禪拳一體，此為練拳入道出。動練之後也有善於打禪之法的修練，打禪能修養靈魂，而光打拳者則只能修練軀殼。若能有幾分禪機，方能活潑鎮靜。

以上是為心意拳的上乘之術的修練。

2.心意拳之中乘者。其術偏剛而柔少，與別人搏擊格鬥時卻也認人，若見來人有怒形卻生畏懼之心，視其人橫蠻而生害怕之意；自己出手與之相較，雖一手一勢也有招有法，但一遇到對方是名家高手，稍一搭手，偶一相較，就像以雞蛋碰石頭一樣，不堪一擊。分析其原因，還是學習之初沒有拜真正的名師，有的人不謙虛，不受高師指點，只是自己蠻運氣力，徒死練手臂，而且不畏痛楚，朝朝夕夕瞎練蠻幹，運用之時終不能剛柔相濟，所以，只能練入中乘之境界。

這種人初學藝時投錯胎，拜錯師。所以古人云：「投師如投胎」，正是此說也。這種人，練藝時剛多柔少，然這其中若有師承、有流派者，遇敵之時卻也能進之有距，動之有術，能變化而求之。此其術若有師承者，雖也有技擊之術，但最終只能為心意拳術之中乘者。

3.心意拳之下乘者。這種人練拳術時只知道插沙打石，斷磚拔釘，磨拳擦掌，卻也練得兩臂雙腿粗壯，有幾分蠻野粗魯之力。但歸根到底，因為沒有師乘，不懂師法，容易驕傲自滿，固步自封，也不求益友，所以，其拳術練死了。到與敵人相較時動步全無規矩，動起手來，出手時不問虛實，不能手足並用，更不知心意相連，總想三拳兩腿就把敵方打倒，求勝心切。這種人一動藝較技時，貌若威猛，但其實沒動幾下，早已氣喘如牛，有的人雖也吼叫如驢，其實都是個空架子。

這種人初出手時也許能打人一下兩下，但那也是瞎貓逮個死老鼠，全憑機會，全無科學技擊方法可言。他們只知一拳，不知還有一腳，不懂心意拳有陰陽、有動靜、有虛實、有進退、有顧打、有左右、有上下。一句話，不懂拳理，不知拳法，沒有明白老師傳授，只是盲人騎瞎馬，這種人拳藝再高，也終算是下乘者。

練心意拳要想成為名家高手，必須要拜名師，訪高友，與有學問、有知識、有道德的人相交，必有益於自己。練心意武術要成為上乘者，必須要拜明師，記住明師教導。古人云：「明師一點，勝過苦練三年。」有了明師指點，苦練拳藝之後，在與敵方爭戰之時，且記住《拳譜》的拳理：

遇到身材高大之人，要攻其下而防其拳；遇矮小體輕之人，要攻其上而防其腿；遇肩寬胸厚同自己不相上下的人，要攻其上、中、下，防其肩、肘、胯。搏擊格鬥時要先撩擊敵手，以觀察對方的防守；有意退，則觀察其進攻，尋其短，用己長；故與敵人搏擊格鬥時，攻有虛實，守有真假；虛攻時，投石問路，識敵長，察其短，既知其化虛為實，手到發中。守者，要首先封住自己門戶，觀察敵方動向。故《拳譜》曰：「手打三分腳打七，勝敵全憑腳下疾。」「手是兩扇門，全憑腿贏人。」「上法須要先上身，手腳齊到方為真。」如果學習心意拳的人能在明師的指導下，多下工夫，熟讀《拳譜》，運用拳理指導自己，多實戰體悟，自己一定會有所進步的。

以上就是心意拳的三乘修練法則，望愛好心意拳的人認真學習，認真體悟，這樣方能提高自己心意拳的層次，登上心意拳的真正殿堂。

第三節　心意拳的內功和不動心

人從嬰兒到少年時期，貪慾少而思想簡單，但血氣充盛，陰陽平和，如果此時加強鍛鍊，就可以保持這種先天的率真。但人到了青壯時期，慾望就多了，思想也就複雜了，就會因多慾而出現血氣浮溢，身體呈陽盛而陰衰，但如果能堅持鍛鍊，還可以保持身體的陰平陽秘。人到了老年，身體就出現衰老，這時期的慾望雖多，但多為空想空談，終因身體的衰弱而大多不能成為現實。所以，老人的血氣虧虛，陰盛陽衰，身體就更差了，此時如能適當鍛鍊，還可以延緩自己的衰老。

所以，古人曰：「人之陽氣，自少而壯，至中年而日衰，所謂四十而陰氣自半也，起居衰矣。年五十而體重，耳目不聰明矣。年六十而陰痿，氣大衰，九竅不利，下虛上實，涕泣俱出矣。」

由心意拳的鍛鍊，可以使人從青少年一直到老年都保持身心健康。而這種鍛鍊，一定要從青少年開始，注重心意拳內功的養練，以增強自己身體的內壯和外強。因為心意拳是內家上乘拳法，它能改善人體的生理機能，能改善人體的神經系統的協調，能改變人的健康狀況。所以，我們一定要堅持心意拳的內功養練。

心意拳內功的養練首先是對氣的養練。「人活一口氣」，這是誰都知道的道理。可是氣是什麼？為什麼要注重氣的養練？古人曰：「夫志，氣之帥也，氣，體之充也。」孟子曰：「吾知言吾善養吾浩然之氣也。敢問何謂浩然之氣，曰難言也。真為氣也，至大至剛，以直養而無害，則塞於天地之間，其為氣也。配義與道，無是餒也。」這是古代人對養氣所提出的理論，但近代人譚嗣同說得好：「夫浩然氣，非有異氣，即鼻息出入之氣。」這句話說得非常明白，什麼是一氣呢？氣就是看不見、摸不著的東西，但它又是人類離不開的「鼻息出入」之氣，沒有這種鼻息出入，人類就無法生存。

心意拳強調氣沉丹田，呼吸要氣達到丹田，就是深呼吸。按照中醫的理論和說法，人之所以生病，就是因為「氣」所致，故有「百病生於氣」之說。因此，心意拳強調對氣的深呼吸，這樣，吸入身體內部的氣多，身體內部的氧氣就多，人的身體就好，就不會生病。

心意拳的理論是「有氣則有力」，所以，心意拳對氣的養練非常重視。

怎樣才能練好養好氣呢？我個人認為，養氣練氣的最好辦法就是「不動心」。所謂不動心者，在心意拳中就是「心意合一」，即專心致志、精神集中的意思。凡修練心意拳內功的人，不得三心二意，不能朝秦暮楚，不然就學不出來。《六合心意拳譜》中「心與意合，意與氣合，氣與力合」就是這樣要求的。古人對「不動心」也有更高的要求：「目不欲視不正之色，耳不欲聽醜穢之言，鼻不欲向膻腥之氣，口不欲嘗毒辣之味，心不欲謀欺詐之事。凡以上種種，皆辱神損壽也。人之處心，常能無欲無求，常清常靜，則情欲自淡，而真性自觀。」「不得欲言，勿求欲心，不得欲心，勿求欲氣。」

所謂「不動心」者，佛家也有一定的要求，佛家把「不動心」叫作「明心見性」，佛家淨土宗則謂「一心不亂」。我們平時常說「寧動千江水，不動道人心」即是也。

古人曰：「人的心之在體，君之位也，目不見色，耳不聞聲……夫正人吾求之也。故能虛無，虛無無形謂之道。」諸葛亮曾經在《誡子書》中說道：「夫君子之行，靜以修身，儉以養德。非淡泊無以明志，非寧靜無以致遠。」他在自己的茅廬中就掛著「淡泊以明志，寧靜而致遠」的對子作為座右銘，用來規範自己、約束自己。

《六合心意拳拳譜》裡有一段「投師貼」，說得非常明白：「拜師之後行事要端正，處直無私，凡非禮者勿視，非禮者勿聽，非禮者勿言，非禮者勿動，此之謂弟子之行為也。這個教誨，也就是「不動心」的要求，是對要求學練心意拳的人的正確的行為標準，是學練心意拳的基本東西。

所謂不動心，常能無慾無求，常清常靜，「去色慾則精氣全，精氣全則降龍伏虎，降龍伏虎則可採先天之一炁。所以，不動心者，關鍵在於去其慾心，慾心不去，潛念萌動，即使你住進深山，也無益處。如果不動心，情慾不生，即使男女近在咫尺，也不能動我的心，心之不動，氣固精全。

故古人曰：「斷缺淫根即是仙也。」因此，要想修練好心意拳，如能不思美女，不想金錢，不圖富貴，不追求名譽地位，這樣，當一個死神不敢管的活神仙多好。

我們知道，心意拳是講究內外兼修的上乘拳法，其實戰搏擊功能只是其拳術內容的極小一部分，而心意拳的更大作用是修練人的身心，改善人的品德，培養人的情操，使練習心意拳的人能夠開聰益智、祛病延年、返璞歸真、頤養天年。心意拳的最高境界是靈勁，而人類的智慧來自靈動，因此，練習心意拳就可以益智增慧。要想練好心意拳，要想練好心意拳的內功，就必須堅持凡事「不動心」。只有不動心，人才能沒有妄念，沒有妄念才能不貪。只有不動心，你才能平心靜氣地去修練，這樣才能出功，才能達到修練出上乘功夫的境界。

第四節　心意拳的練氣與養氣

《六合心意拳譜》中說道：「筋骨一氣，要以和天地。陰陽憑一氣，氣通皆通，萬事皆通，氣復萬物皆復，哪有痕跡，哪有阻隔，以和為始，以和為終。」這就是心意拳的「天人合一」的練氣與養氣之法。練習心意拳，研究心意拳，不懂心意拳的「氣」為何物，不懂得練氣養氣，怎麼能練好心意拳呢？

一、什麼是氣

心意拳的「氣」，說起來是既平常又很複雜的問題。我們知道，實際上，氣是無處不在的，但是，氣又是無形的，它看不見，摸不著。所以說，氣是平常的，但它又是神秘的。我們從平常的球類運動可以得知，如果球內沒有氣，你就拍不起來；如果球內充足氣，一拍球就能跳得很高，這就是氣的作用。還有，汽車或者架子車的輪胎如果無充足氣，就承載不了很重的貨物，這也是氣的作用。

我們人也一樣，如果人沒有氣，你就無精打采，無氣則無力；如果體內元氣充足，人就精神旺盛，步履矯健，身強力壯，從外看來也是紅光滿面的，這就是氣充血足的原因。

我前面說過，關於氣，是既平常又神秘的東西。我們說的平常，是知之則平常，不知者則為異常、神秘。而對於氣，知道這個道理的人就認為是有，不知道的人，則疑慮不信，就認為沒有。所以，古人說氣是「視之不見」。

當然，社會上有一些所謂的「氣功大師」打著氣功的幌子，利用迷信，故弄玄虛來招搖撞騙，這是應該取締的，但這與我所說的氣不是一回事。可是對於氣，就連很多練心意拳的人，卻不知氣，不懂得氣，也不知心意拳的練氣養氣方法，可以說對於氣一無所知。

現在我們來看看古人對氣是怎麼說的。古人曰：「鼻息管呼，呼吸閉欠，人人會得。」《廣韻》中也說：「氣，氣息也。」這是一種呼吸自然之氣。氣有多種多樣：在天之氣曰天氣、或者曰雲氣，在地之氣曰地氣，在水土之中曰水土之氣。在人身則為五臟之氣，人吃五穀以生氣，為穀氣，人生下來就有的為元氣。關於氣的學說，古人有很多論述。莊子說得更好：「人之生，氣之聚也，聚則為生，散則為死。」

二、心意拳與氣的關係

古人云：「一物兩體者，氣也。」既然世界是一氣而成，那麼，氣又與心意拳有什麼關係呢？古人在論述氣的問題時認為，「氣與心是合一的」，就連佛祖釋迦牟尼都同意這個觀點。故佛家認為：「一心為本。」還有「一心不亂」「明心見性」等語言。心意拳則認為；「心者，性之所生，而性在焉。」

佛家講心，認為佛法是「心外無別法」，說 「一切皆從心中生」，他們認為天地之元氣也是心之所變，後有身、口、眼、耳、鼻、意六識。儘管這種認識是唯心的，但氣的存在卻是真實的。心意拳是以中國道家的理論為主導的，「心意」一詞的出現，是在漢代或者更早的時期，比佛教傳入中國要早（這個問題，我以後會在《心意拳武術文化傳承》中再談）。練習心意拳的人要知道，氣與心意拳的關係起碼有三點：

1.古人說：「古所謂氣者，今所謂力也。」這是練習心意拳者首先要知道的。拳術一道，有「拳不打力」之說。所以，練習心意拳一定要知道學會運氣練找力，這個力從哪裡來？就是「氣」與「力」的合一，有氣則有力，只有「氣與力合一」才能產生心意拳拳術的功力。

所謂「氣力」就是這個東西。因此，練習心意拳，一定要懂得運氣發力，要懂得練氣、養氣才行。

2. 古人說：「百病生於氣。」練習心意拳的人更要懂得這一點。所謂「百病生於氣」有兩層意思。

其一是說，人的身體中有正氣，如果人身體內的正氣缺乏，人就會生病。連醫家都要求「扶正祛邪」，練心意拳的人更要扶正而祛邪。

其二是說，人不能生閑氣，生閑氣則會有病。故《素問》中有「怒則氣上，喜則氣緩，悲則氣消，恐則氣下，寒則氣收，炅則氣泄，驚則氣亂，勞則氣耗，思則氣結。」加強對心意拳和氣的養練，可以增強人體內氣，提高人體正氣運行，培補先天的元陽正氣來提高人體免疫功能。

3. 人體要健康，一定要多運動。

心意拳的氣沉丹田，說到底就是一種深呼吸運動（幾乎所有內家拳都是在練習深呼吸）。人的呼吸量越大，吸入體內的氧氣越多，身體就不會被疾病所侵蝕，可以改變人身體內的功能態。另外，人在呼吸過程中，吸氣時血管收縮，呼氣時舒張，白細胞進入血液循環，白細胞治性增高，有利於機體迅速識別癌組織而作出反應，調動身體內的免疫系統能力。大量的外氣可以激發胸腺t細胞，為增進身體的抵抗能力提供了可靠的保證。

還有研究者認為：人體內的氣就是電，有電就有電流現象產生，這種電流如作用於意守部位，可以進一步導致意守部位的生物電流加強，此時的感覺就是內氣的感覺。中華醫學認為：「氣血淤阻日久不散而成瘤。」因此，加速內氣運行，可以有效地疏通人體癌變部位。

所以，練氣養氣不光對於練習心意拳的人有很大的好處，就是對一般的人，多做深呼吸，多做一些練氣養氣運動都有好處。

練習心意拳，就是要在練拳中練氣、養氣，把通過「鼻息管呼」的自然之氣吸到肺部，經過過濾再運轉到丹田進行培養，經過丹田的培養，這種氣培養成「丹」。

《拳譜》說：「精養靈根氣養神，養功養道見天真；丹田養成千日寶，萬兩黃金不與人。」可見這種「丹」，就是我們練習心意拳的寶，人拿一萬兩黃金給我，我也不會賣給他的。

這種「丹」是無價之寶，練心意拳之人身內有了這種寶，就可以鬆筋活骨，就可以氣血通暢，陰陽就可以調和均衡，自然就會祛病強身。

「氣通萬事可通」，身體內的血管筋肪也就不會有阻隔，身體的各個器官、身體的各個部分都會得到協調，身體內就會氣血和順，那麼，身體自然就會健康強壯。有了強壯的身體，再有好的拳法技巧，不管是防身自衛，還是與人搏擊格鬥，都會運用自如、制敵有法、防身有術、悠然自得。

三、心意拳的氣與養生

心意拳講究氣沉丹田。氣對於練習心意拳的人非常重要。心意拳全名六合心意拳，其所謂有六合者，就有「六合一氣」的說法。古人云：「百病生於氣。」心意拳的練氣養氣，必須首先要調息，而調息必先調心。心安神靜，心定神寧，神寧心安，心安則清淨，清淨則胸中無物，無物則氣行，氣行則絕相，絕相則覺明，覺明則神氣相通，萬物歸根也。不要說是一個拳家，就是一般人，能練到這種程度也就不容易了。到此境界，你才能心思安泰，不患得失，自然就會心氣和調，自得元氣也。

六合心意拳要求在平常練習時要做到：心與意合、意與氣合、氣與力合之內三合；手與足合、肘與膝合、肩與胯合之外三合。內外六合是對心意拳的要求。我們在練習心意拳的十大靈法和四把捶等拳式和套路時，其實每招每式都是在練氣養氣上下工夫。

心意拳只有做到六合，才能內外兼備，只有內壯才能外強，沒有身體的內外強壯，要想身體健康那是不可能的，沒有身體的強壯，和別人格鬥更是一句空話。因此，心意拳要首先注重對氣的養練才行。

四、心意拳的養氣與實戰搏擊格鬥

《六合心意拳譜》中又說：「兵行詭道，搶奪如放箭，兵戰殺氣，拳上一氣，無不取勝；君與臣、將與兵合以氣，蓋乾坤並無反意。」這就是心意拳實戰搏擊格鬥對氣的重視的原因。心意拳所以重視氣，是因為有「三軍可奪氣，將軍可奪心」。「夫戰，勇氣也。一鼓作氣，再而衰，三而竭。」

心意拳的理論是「有氣必有力，無氣則無力」。人無氣則死，人有氣則生。《拳譜》說：「心為君來氣為臣，五行四梢要合全。」又曰：「有反心必有反氣，有反志必有反力。」因此，心意拳特別強調對氣的養和練。只有練者的內氣充足，只有練者的元神旺相，練者的功力才能上乘，再加上拳法精純，多進行實戰練習，將來在實戰搏擊時能視敵人如蒿草，也就是在戰略上藐視敵人，在戰術上重視敵人，這樣在與敵實戰搏擊中就一定會勝利。

第五節　心意拳的中和之道

我曾經在「習拳練武，中和為的」一文中說道：「中和是心意拳的最高境界。」可是，什麼是「中和」呢？為了使學習心意拳的人能對心意拳的「中和」之道有更進一步的認識，現在我再作一些說明。

所謂「中和」之道，乃陰陽和合也，陰陽均衡，二氣得調之謂。人在天地之間，能秉承天地之氣，則能得中和之氣。古人有「沖氣以為和」的說法，並且還說「天下萬物，同一和氣」。而人則是「天本諸陽，地本諸陰，人本中和」。意思就是天在上，地在下，而人居中間。人者，乃五行之秀氣，是天地清明純粹之氣所生，故人為天地萬物之靈秀。心意拳練的是「天人合一」，所以，練習心意拳一定要重視中和之道的修練。

武術中很多門派和拳種也都講究「中和」之道的修練，特別是心意拳，它含有很深的中華傳統文化底蘊在內，其拳學思想和文化都具有中華傳統文化的內涵。

中和的原意是指儒家的中庸之道。《禮記》有言：「喜怒哀樂未發，謂之中；發而皆中謂之和。中也者，天下之大本也；和也者，天下之達道也。致中和，天地位焉，萬物育焉。」（《中庸》）「和」是天下通行的準則。「致中和」就是萬事萬物無不達於和諧的境界，無偏無倚，無過失無不及。儒家又把「中和」視為精神的最高境界和道德的最高規範。

自古至今，很多心意拳家都是向「中和」的目的去進取和攀登的，他們對「中和」之道的修練也有很多獨特的見解。如山西派傳人車毅齋就說過：「心意拳一道，合於中庸（和）之道也。其道中正，廣大至易至簡……拳術不在形式，只在神氣圓滿無虧而已，神氣圓滿，形式雖方，而亦能活動無滯。神氣不足，就是形式雖圓，動作亦不能靈通也。」《拳經》曰：「尚德不尚力，意在蓄神耳……用力之久而一旦豁然貫通，將體式、法身全都脫去。始悟前者，所練體式皆是血氣所用之法，術乃是成規，先前用法，中間皆有間斷，不能連手變化，皆因是後天用事，不得中和之故也。」

河北派的劉曉蘭也說過：「心（形）意拳之道無它，不過變化人之氣質，得其中和而已。」著名武學大師孫祿堂也對武術的中和之道非常重視。童旭東先生在《孫氏

（祿堂）技擊體系初級修為要點勁與和》一文中寫道：和，即中和。所謂「得其環中以應無窮」即是此意。他接著寫道：「在孫氏技擊體系初級修為時，要著重注意用功於三個方面。一是和諧……二是和機……三是和度……」還有心意拳名家耿繼善也提出了「拳理在於中和」。可見，凡著名的武術家，在技擊和練拳入道的修為中，都是非常注意以中和之道的修練為最高目的的。

認識天地與人相和的重要性，是練習心意拳的人非常注意的。古人曰：「天地之氣，莫大於和。和者，陰陽調，日夜分而生物。」具體一點講，是「春分而生，秋分而成，生之與成，必得和之精」，如果沒有天地之氣的和合，四季不分；沒有四季之分，則天氣則寒暑不降，地上的五穀就不熟，人類有何食物果腹？人也就不能存活了。「故天地之合和，陰陽之陶畫萬物，皆乘人氣也。是故上下離心，氣乃上蒸，君臣不和，五穀不為。」自然界的天氣尚且如此，那麼，作為人類豈不也是一樣。

修練心意拳術的人亦要稟和氣以生存，如能稟得中和之氣，則練拳之人能陰陽協調、均衡，自然就會身體安康，能延年益壽；如果偏氣而不和，則其氣邪淫，人的身體自然就會受到病的侵淫，人如果長期有病而不能扶正真氣，自然會因長期患病而短壽。

練習心意拳的人，非常注意對「中和」的修練。人要修練，首先從陰陽平衡開始，人體的陰陽二氣均衡和調，是修養之本，也是人的長壽之本。所以，《六合心意拳譜》中要求我們在修練時要「頭上頂，項挺直」，下部要「提肛夾谷」，這樣下面的氣可以直達頭頂百會穴。這樣，「意到氣到，氣到力到」，可以引氣歸穴，練精補腦，腦子受補，人就會清醒，神氣清爽，可以益智增聰。人的腦子清爽，做什麼事情都不會糊塗，練拳拳精，練智智生，人就會智勇雙全，運用到實戰搏擊中，也會因智勇雙全而勝敵有方，制敵有術。

「中和」對於人體修練是很重要的。我們知道，在人體中有兩條主要的經絡，這就是人體前面的任脈和人體背後的督脈。道家認為「萬物負陰而抱陽，以充氣以為和」，因此修練人體中，主要是從胸部到下丹田，從膻中穴到氣海關元穴，再下到海底會陰穴。可以這麼說，人體的主要沉氣納氣的穴道都在這裡。任脈是陰脈，修陰養陰，能集一身之陰而和背後的督脈之陽相和，這樣人體內陰陽二氣「中和」，就會「陰平陽秘」，它是修練人體陰陽之道的訣竅，以保持人體陰陽平衡。人體中，心、肝、脾、肺、腎都在這裡，五臟穀氣得和，能生精氣，精氣充盈，人體自然健康，健康就會長壽。

儒家董仲舒說：「仁人之所以多壽者，外無貪而內清淨，心和平而不失中正。」「能以中和理天下者，其德大盛；能以中和養其身者，其壽極命。」心意拳是科學的拳術，是實用的拳術，它對人體的重要性有很好的研究，所以，心意拳把十大真形（和數）作為拳術的根本，在《心意拳譜》中反覆強調，說明心意拳對於「中和」修練的重視。

有人對人體的中和之道和得更簡捷、更明白：「中者，靜也；和者，調也。」所謂中和，是在虛靜的狀態下對自己進行調劑修練，因而所產生之氣是為中和之氣。此氣不熾不躁，不慎不怒，練者方能與世無爭，與世無爭方能達清淨無為之地。

對練習心意拳的人來說，上與下、前與後、左與右、進與退、顧與打、攻與防都是一種中和的修練。心意拳理論中含有道家、儒家、醫家、兵家等理想和理論。儒家學派的董仲舒說：「中者，天地之太極也。」「是故能以中和理天下者，其德大盛；能以中和養其身者，其壽極命。」這裡是擴而大之，到了天下之大本。和也者，天下之達道也，致中和，天地位焉，萬物育焉。這是儒家對中和的最高境界和對道德的最高要求和規範了。

「中和」對於拳理，要求其形之於勁，則為剛柔相濟；其形於法，則為機巧若拙；其形若為戰，則為以意擊人；其形若為神，則為善戰者不怒。中和在內，則八方支撐，周身順遂。防敵之時，不懼敵人來攻；雖無擊人之意，當敵一出手即反跌之於外，不明何故也。因此，凡練心意拳者，若以招式而求之，以血氣之勇而練之，難得中和之妙境。

凡武功練至較高境界，大多能對「中和」二字漸有領悟。若徒以一招一勢而逞強，僅憑血氣之勇而練拳者，則不足為論。從更深一層來講，「中和」之理包括兩個方面：一是正確地認識自我，二是恰當地把握世界。在這兩方面，習武者都要力求達到那種和諧的境界，在自我與客觀世界之間尋求最佳的契合點，使自我與宇宙渾然一體，達到「天人合一」。

這樣，既能最大限度地調動和發揮自身的潛能，又能順應客觀世界的規律，不致受到客觀規律的懲罰。這就是心意拳對「中和」之道含義的認識。

對「中和」之氣的養練，首先注意養氣，而養氣必須要從調息入手，調氣必先調心。所以，《心意拳譜》反覆要求學練心意拳的人一定要外「手與足合，肩與胯合，肘與膝合；心與意合，意與氣合，氣與力合」。一定要遵照這六合的標準去練習才行。在養氣時，要求氣欲柔而不能強，欲順不能逆，欲定不能亂，要聚不能散。等身體調理好以後，再盤練心意拳的十大真形、四把捶。內功有了，十大真形和四把捶盤熟以後，可以再精練十大精靈，這就可以往心意拳的高級套路和上乘境界去攀登了。

練習心意拳的人知道，「中和」之氣的修練對人是重要的，「中和」之氣是人與天地相和諧之氣。人一生下來具有自身之氣——元氣，應與呼吸一樣存在。呼吸，雖不是生命的惟一保證，但卻是生命基本存在的重要保證。

不論什麼人，一時一刻也離不開呼吸，這就是氣對人的重要性和必要性。而人只有修練成中和之氣，才能使氣與血達到融合，才能與自然相融合，才是真正意義上的練拳入道。

心意拳的中和之道在實戰搏擊中也一樣重要。我們知道，凡發生格鬥，均是雙方失去「和」的狀態而發生的，兩個人之間如此，兩個國家之間也如此。我們說，打只是一種手段，決不是目的，戰爭的最終目的還是要和，總不能無休止地打下去，透過打，最後的結局還是要和的，與其如此，不如早早地用和的方法去解決。因此，心意拳的中和之氣和中和之道的修練就掌握了宇宙自然的規律，把中和之道的法則運用到心意拳的修練中去，用中和之道對待和解決一切問題。這就是我向大家介紹心意拳的中和之道的原因和目的。

在心意拳的修練中，運用中和之道來規範自己，正確地認識自我，把握世界，讓自己能與天地達到和諧統一，使天地人合一。只有這樣，才能最大限度地調動和發揮練拳者自身的潛力，順應客觀世界的規律。

第六節 心意拳的死架與活招

心意拳是拳功一體的上乘拳法，屬於短打類拳術，但心意拳注重實戰搏擊和內養內保相結合。

學練心意拳要想出功就要多盤架子。我在「心意拳練習法」一文中，說到心意拳學練的三個階段即模仿階段，盤架階段，找勁階段。這裡有一個練「死架」和盤「活招」的問題。實際上心意拳的盤架要練「活招」，而不是讓你去練「死架」。有的人練拳愛死練，認為這樣容易出功。其實不然，練「死架」容易把拳練死，把身體練僵，即練得全身硬邦邦的，這種勁是僵勁。

所以，練習心意拳要練「活招」，練「活招」可以把身體練得活如猿猴，動如猛虎，它的好處是能夠骨節開放，舒筋活絡，氣血通暢，肌肉放鬆，全身無一處剛、硬、僵、死之處，因而在擊敵或者防敵自衛時身法靈活，身無空隙，到處可以擊敵應敵。

心意拳的內容雖然很多，但均以盤練「十大真形」和「四把捶」等為主。心意拳的「十大真形」是習練龍、虎、鷹、鷂、熊、雞、馬、燕、蛇、猴十種動物的真性和靈意為目的，以單盤式為主體。每一個單盤式都是很科學的，每個單盤式子都具有靈活性、實戰性。在實際的盤練中，每個單盤式都具有較強的攻防意識。所以，我認為心意拳的單盤式是練「活招」而不是練「死架」。

心意拳要求練拳者要把每一個單盤式當做「活招」來盤練，這一點，作為心意拳的練習者一定要心知肚明，充分認識到它的重要性才行。

心意拳既有「十大真形」的單盤式，也有它自己的套路，這就是有名的「四把捶」。套路既有連貫性、戲劇性和觀賞性，又含有一定人為的、固有性的攻防意識（即人為設定的假性攻防）。與此相反，單盤式則決不存在這種的問題。心意拳的「十大真形」單盤式的每動、每形都是具有攻防目的而進行訓練的，所以，其攻防空間很大，這就是單盤式的優點。

為什麼心意拳既然有優秀的單盤式，而又去設置套路呢？因為單盤式只有攻防意識而不具有觀賞性，無法讓人去練單盤式以供人欣賞。為了營造一種娛樂的文化需要，但又不能失去心意拳原有的拳功一體的功能，所以，先賢們創造了「四把捶」這樣具有連貫性、趣味性的套路，供練功者以儒雅的方式給人觀賞。

那麼，是不是「四把捶」就不具備攻防意識呢？否！「四把捶」仍是以打為中心線貫穿的一趟「拳功一體」的上好套路，故有「鬥金不換」的美名。但套路和單盤式又有不同，有的人認為「四把捶」是一趟「功夫拳」，只要死練、苦練就可功夫上身，就可練出心意拳的上乘功夫，因此，有的人就「死盤」這趟套路和架子。

這裡有一個認識和練法的關竅在裡面。如將「四把捶」套路中的「鷂子入林」和單盤式的「鷂子入林」來作一些比較分析。

「四把捶」的「鷂子入林」是在「橫捶」的轉身間為防止後面有人偷襲才設置的一個動作，所以，他在一轉身間以左臂橫格敵方的來拳為一打，而右臂同時向左胯下插為「入林」，再上挑敵臂為二打。如按套路的連續動作，下一個式子則是「丹鳳朝陽」，這樣就比較機械。心意拳認為比較機械的式子就是「死架」子，在實戰搏擊時就不好用，或者說用不上。

當然此式練得純熟到出神入化的境界，可以左臂格、右拳打同時進行而達到「活招」的目的。但我們不能因心意拳的套路練習，而給練此趟拳的人常年的練習形成一種練「死架」的感覺。而「十大真形」單盤式的每式、每形、每動、左右轉換的方式練習，因為是陰陽互濟、左右對稱的，所以「十大真形」的單式「鷂子入林」同樣是以左臂格時，右臂也鑽進敵方右肋下進行走打的。當敵方右臂為我所制而欲抽回去時，雖我的左手格空，但我的右臂已鑽進敵右肋下。如敵方右步趕緊撤回、右臂收回時，我右臂已從敵方的肋部以寸勁擊打敵方胸膛了（肘擊），不論打到與否，我已由於活招而使敵方變得手足無措起來，首先破壞了敵方的重心平衡，這樣敵方處於劣勢，只有被打。因為敵方後撤是「進為一、退為二」的兩個節拍，而我的進則是一個節拍。

心意拳的單盤式練習一般都是左右互換的，當我左式打完時就是打右式，正好我換成右式時沉肩屈臂墜肘，會自然地又擋住敵人的左拳襲擊，同時我又可進右足，進鑽左肘到敵左肋下，敵方退讓不脫。因此，就心意拳的十大真形的「鷂子入林」一式來說，就不會像「四把捶」那樣，下一式非打「丹鳳朝陽」，而是可上打挑領，下打墜把；前發捲地風，後打虎坐山。這樣任意變換，隨心所欲，不管是進擊或者自衛，其變化的空間大，不必為套路的安排所拘束。

從以上可以看出，學練心意拳主要以「十大真形」的單盤式的「活招」為主練習，「四把捶」雖然是一趟功夫拳，但也不要把它當作「死招」練習，也要把它當作「活招」練習，這樣我們在學練心意拳時就不會有「死架」的感覺而都是「活招」了。

我不否認有的先賢創造了「死盤拳、盤死拳」的理論，他們認為只有死盤拳、盤死拳才能把功夫練上身。但這裡有一個問題，那時候沒有武術雜誌、圖書進行傳播、交流，一般人要想用武術理論去指導自己練拳很不容易，只有按老師教的那一套按步就班地去苦練、死練，有的也確實收到一定的效果。但以這樣的方法練出功慢，而社會發展很快，可以說是日新月異了。

到了科學化的今天，許多科學知識、許多武術理論都介紹出來了，這些科學知識和武術理論都是指導學練心意拳的最好「老師」，所以我認為現在練功要拋去舊的、不適合現代人練功的東西，樹立新的科學練功體系，把心意拳訓練推向一個新的高度。

第七節　武術「抱拳禮」與橫捶的文化內涵

很多練習心意拳的朋友常問到一個很平常的問題，即武術界的「抱拳禮」的問題。關於中國武術「抱拳禮」，看似簡單，其實也有很深的文化內涵在內。

我們首先應該知道，中華民族是崇尚禮尚往來的民族，禮節對於我們這個民族是很重要的。所以，平常兩人相見時相互抱拳行禮，以示相互尊敬，這是正常的。但中華民族的文化諸如儒、釋、道等以及江湖上武林眾道的出現，在問禮的方法上也出現了區別，有的「握左拳立右掌」，有的「握右拳立左掌」。但不管怎樣，中華民族的道德標準是這樣：即左為上，右為下。這種左與右、上與下都是有中華傳統文化內涵的表現。而武術界也遵循這一原則，即立左掌，左為上，掌為善，是表示尊敬對方；握右拳，右為下，拳為惡，因此，右拳則表示打的意思。對方若講禮貌，我的左掌表示善意；對方若不禮貌，不知好歹，我的右拳在等著你。因此，各個拳種中有「抱拳禮」的不同，但尊重對方、相互禮貌是主要的。

為什麼「抱拳禮」在武術界特別受重視呢？因為武術畢竟是表現「打」的藝術，你善，我也善；你惡，我更惡。所有這些，我們從《少林之戒約微言》第 6 條中可以知道：「凡屬少林師法，不可逞憤相較。但偶爾遭遇未知來歷，須先以左手作掌，上與眉齊。如係同派，須以右掌照式答之，則彼此相知，當互為援助，以示同道之誼。」

少林拳術有了反清復明的傾向以後，少林拳又有了第二代的戒約，將此條改為第5條：「凡少林派之演習拳械時，宜先舉手作禮，惟與他家異者，他家則左掌而右拳拱手齊眉；吾宗則兩手作虎爪式以手背相靠，平與胸齊，用示反背胡族，心在中國。」其中有「退後三步，再前進三步，名為踏中宮，以示不忘中國之意」。第二種則明顯帶有國家主義、種族主義的傾向。

從這裡我們可以探知，武術的「抱拳禮」也是帶有為政治服務的傾向的。而同為少林派，其前後時期因政治的需要，其「抱拳禮」也有變化。因此，社會上有「抱拳禮」的不同也是正常的，「左拳右掌」也可從不練武術的普通人的施禮中看到。

武術的「抱拳禮」不光有自家人相識別的文化內涵，而且，還試圖解釋多年來外人解釋不清的所謂「內家和外家」的問題。武術界多年來，一直有「少林拳是外家拳，心意拳、太極拳、八卦掌是內家拳」的說法。在《少林戒約》第6條中說：「如在游行時，遇有必須較量者，先舉手作如上式之禮。倘是同派，必須與之和好，若係外家，即不知此，則相機而動……」這裡所說的「若係外家」指不是「反清復明」的人，並不是指練習另外一種拳術或者別門別派的人，這裡大家一定要尊重當時的歷史環境。第8條說：「恢復河山之志，為吾宗之第一目的，倘一息尚存，此志不容稍懈。如不知此者，謂之少林外家。」這裡說得很明白，即懂我《少林戒約》的（抱拳禮）就是我少林拳派自己人（江湖俗稱「馬裡人」），不懂我們《少林戒約》的就是外面的人，即不是反清復明的人，而是外面或者外派的人。後人不明內情，就造出了「少林拳是外家拳」等說法，是不理解少林拳的內涵的表現。

從理論上講，武術有外家就有內家，於是後人又造了「心意拳、太極拳、八卦掌等是內家拳」之說。其實，任何一家武術，都是要求內外兼修的。

中國武術「抱拳禮」的問題，看似簡單，其實這裡也有很深的文化內涵在內。舊時武道同行見面時抱拳打躬，以示敬重恭謙。抱法為右手握拳，左手為掌，兩手抱握屈肘於胸前，拳心向下，掌指向上。現代已被規定為武術教學和競賽中的禮儀，這也是武術文化的傳承的問題。

心意拳的「抱拳禮」是什麼樣子的呢？心意拳也是有著「反清復明」思想的拳種。所以，練習心意拳的人，兩人相見時，相互抱拳行禮，以示相互尊敬，這是正常的。但不管怎樣，中華民族的道德標準是有中華傳統文化的內涵表現在內的。而心意拳界也遵循這一原則，即立左掌，左為上，掌為善，是表示尊敬對方；右為下，拳為惡。

按照心意拳的「抱拳施禮」法，也是左掌右拳，這在心意拳中叫「橫捶」。具體的抱法是：左手成掌，右手握成拳，拳被抱在左掌中，右拳眼朝上，放在左掌的虎口中，左掌的大拇指扣在右拳的大拇指外，其餘四指抱住右拳拳面。如是行禮，左腿屈，腳前掌點地為虛步型，表示謙虛；如是用在打上，則左腿屈膝成弓步，右腿在後蹬直，心意拳為牮柱步。

心意拳的「抱拳禮」就表現在「四把捶」上，它是中華傳統文化內涵很深的一趟拳法，其開首四句就是：「出手橫捶勢難招，展開中平前後梢；轉身挑領陰陽勢，鷹捉四平足下抛。」這個「橫捶」即是心意拳的「抱拳禮」，但它又是心意拳的打法，又是心意拳的顧法。

總之一句話，心意拳則萬法歸於「橫捶」，捶者，擊打也。這裡，還有一點，即這種左掌右拳的「抱拳禮」，均以大拇指在內，小指在外，其意思是「江湖上我不敢稱老大」，這是練武者的謙虛而又尚武的表現。

第八節　心意拳的學拳三忌

心意拳是很優秀的上乘拳種，簡單易學。但是，它也有要注意的地方，這就是心意拳的三忌。這三忌是什麼呢？一、忌努氣；二、忌吃力（用拙力）；三、忌挺胸提腹。如果犯了這三忌，就是練功不合武術的道理。

心意拳術是講究用功找力的，得氣得神才能有功，得氣得神才能有用，所以，習拳努力、吃力、挺胸提腹，皆是練習心意拳的大病也。

現在我們分開來說明：

第一忌努氣。我們知道，凡為武術，皆在得氣才能有力，無氣則無力。而心意拳特別注重對養氣的重視。

關於氣，我已經在很多文章中論述過了。心意拳的重要之點是內外兼修，對內是修五臟之氣。人的內五臟所以能夠活動，關鍵在有氣催動，而內氣的運行又靠五臟，所以，氣與五臟是相互依賴的關係。心意拳所以是內外兼修，就是為了保證內裡五臟健壯，外四肢百骸能夠堅實。因此，心意拳重視對氣的養練，內五臟的相互開合、鬆緊、起落、束展都離不開內氣的催動。如果在練拳時胸中努氣，勢必會因內氣不順而影響外部肢體的不協調。

另外，如果內裡的氣在胸中努而氣不會很順利地歸到丹田。心意拳的練習養氣，歸根到底是氣沉丹田。還有，胸中努氣則肺部容氣過量，會擠壓心臟，心臟被擠壓，勢必影響全身供血的不足，時間長了就會造成人的氣血兩虧，這樣，練起拳來就會產生頭暈、眼花、耳鳴等反應，練拳不但不長功夫，還會把身體練壞。

第二忌拙力。我們知道，人體內生下來就有真氣的，但隨著人的年齡的增長，體內的真氣會慢慢地消耗，所以，由心意拳的練氣養氣就在不斷地進行補充，而心意拳的練氣養氣全靠鬆靜得來。這種鬆靜是內外和順，自然協調才能產生的。如果在練拳的過程中你老是用拙力，勢必會影響氣血的通暢，而且，人的全身筋經、肌肉、皮膚、神經都將因僵滯而不能舒展，內裡的真氣就不能很好地運行，所以，拙力會造成對真氣、真勁的制約，功夫就不能很好地上身，就難以練出功夫。

第三忌挺胸提腹。我們知道，心意拳要求練習者要含胸拔背、虛胸實腹。如果你不但不虛胸實腹，反而挺胸提腹，這是違背心意拳的拳理拳法的。挺胸，氣就會聚於上部，提腹，下盤就必然空虛。下盤無力，上實下虛，你連站立都不穩當，還能與敵人搏擊格鬥嗎？

再說，丹田是練習心意拳的人的水火相濟的地方，上為火，下為水，火輕水重才對，如果反過來你頭重腳輕，還能修練水火相濟的功夫嗎？

除此以外，有的人專以快、用力來進行練習。其實專以快和用力時，只是手足用力。要知道人的四肢的力氣是由內而外的。初學求快、用力，必致勁力淤結，久之則為害甚大。

有的練拳者急於學習拳術套路，甚至用暴力以求迅速和美觀，結果全身氣孔閉塞，造成氣血不流通。凡練拳過於用暴力者，無不努目皺眉、頓足有聲，其實是已經閉住其氣而後用其力，練完則會長吁短嘆，急喘不止，這樣必然會傷自己的元氣。所以，練習心意拳，除了要忌三害，還應注意練拳要持久，要有恆心。

用功時能覺得全身氣血通暢，養神斂性，通體無滯，是初步功夫。若聽得全身嘶嘶有聲，無論行、坐，一觸即跌人丈外，是中乘功夫。身外生氣，光芒四射，如同用目視人，其人如失知覺，然後可漸入神化之境，是為上乘。

第九節　心意拳的五圓與六方

心意拳的運動是圓形運動，也叫做心意拳的圓力運動。因此，心意拳的運動就有「五圓六方」之說。

心意拳的圓力運動路線總體來說，有平圓、立圓、正圓、斜圓、錐圓（圓的引伸）。

1. 平圓。所謂平圓，是指練習者的身體或四肢在自身的四周作圓力運動，這就是平圓。這種平圓在心意拳中運用最多。如作為肢體來說，它是以腰胯作運動的基點的，《拳譜》曰：「腰為軸，胯為輪。」這種圓力運動是在腰胯的帶動下向前後左右做晃篩運動，但這種運動的發力點是由丹田發出，運轉周身，再回到丹田，成為一個圓力運動。然後由體內向體外發出，是在體內做一圓力運動，這就是心意拳的「晃丹田」。

練心意拳的人，通過心意拳內功的鍛鍊，同樣也能把宇宙中自然之氣從外向體內吸取，以達到內與外、外與內的交流，這是心意拳最好的一種圓力運動。而心意拳外形的肢體運動，是指手與足在做平行的圓力運動，如上肢的平圓運動可以從「熊探掌」這個形中表現出來。

2. 立圓。所謂立圓，是指練習者的肢體做前後上下的圓力運動。人的身體前後屈曲，前俯後仰，就是立圓。如果從心意拳的內功練習來看，這種前後屈曲也就是丹田在做「轉丹田」運動。心意拳的練功正是從此由丹田的內而到肢體的外的運動和發力。

還有如「搖閃把」，就是一種立圓運動。在搏擊中，如敵方用拳直打過來，我不是左右撥轉，而是接敵手向我後方牽引，這是捋，是一種借力。當敵方的來力已過，我再向敵方還擊過去，這一接一引和一還一擊，正好是一個立圓運動。

3. 正圓。所謂正圓，是指練習者不管是從左向上、再向右、向下，還是從右向上、再向左、向下，都是從出發點再回歸到出發點，這樣的運動和發力就是正圓圓力運動。練習心意拳的人，正是以正圓的方向和路線從丹田開始做「折丹田」和「射丹田」運動的。這種由內而外的運動，是由丹田內而向外發射，這就是心意拳的發和收的圓力運動。這個正圓如從心意拳的外形上看，在練習「大劈」或者「大擰中節」中體現出來。

4. 斜圓。斜圓有左斜圓和右斜圓。是指練習者從左向前方、再向後、再回到原位置，這樣的運動路線就是左斜圓力運動；而從右向前方、再向後、再回到右面的原位置，這樣的運動路線就是右斜圓力運動。練習者可從《筋經貫氣法》中得知，人的氣是「左氣在右、右氣在左」的，所以，這種斜圓就是練習人的左力向右發射，右力向左發射。經過這樣反覆的圓力運動的練習，人體的力量會得到均衡的發展和調劑，內五臟能得到有效的按摩，內五行會得到很好的鍛鍊，內氣因此而得到充盈。

心意拳的形體運動，不管用手掌從內向外撥轉，或者從外向內撥轉，對肢體而言都是斜圓圓力運動。從心意拳的高級內功和外形上，如「烏牛擺頭」，或者「寶劍出鞘」等等均可以看出這一特點。

5. 錐圓。所謂錐圓，是指練習者在平圓、正圓、立圓、斜圓的基礎上，向上和向下、向前和向後、向左和向右、向右和向左的圓力運動的延續。這種錐圓中間粗，兩頭細，中間大，兩頭小。譬如立錐圓力運動，它是指練習者，從丹田開始，不管從左向右，還是從右向左做圓力運動。凡從丹田部位從下往上，一直到最高的極限即天空宇宙，再從上面的極限往下，一直到入地，再從地下旋轉運動回到原丹田位置的循環運動，這樣的運動和發力路線就是錐圓。這種運動，在心意拳中的養氣練氣時，也是從中丹田開始的，圓錐形向上，則丹田氣也會自然地向上升起；當身體向下做錐形運動時，丹田氣也自然會隨圓錐形向下運動而下降。向上則吸天空清氣，補我身體不足之陽氣；向下則吸地陰之氣，補我身體不足之陰氣。這在《筋經貫氣法》中說得很明白：「上氣在下欲入上，下氣在上欲入下」。這種錐圓圓力運動可從心意拳的「混元大法」的「全身一貫」中體現出來（可參看《心意拳真諦》一書）。如手螺旋式向前擊敵，或者向後引敵，都是錐圓形的圓力運動。至於手與足的錐圓圓力運動，讀者可以以此為參考去進行研究、體悟，不一一舉例說明了。

心意拳的圓力運動靈活善變，不易被敵方擊中受力點，運用這種圓力運動可以柔化化解敵方的進攻，起到輕鬆靈捷的禦敵作用。

透過上述幾種圓力運動，就會產生心意拳的螺旋發力。但是，我們還要懂得它們運動和發力的規律，每個式子和形法都與圓力運動有關，知道了這些才會按照心意拳的這種圓力運動來練習，按照這幾種圓力運動去找力發力，只有這樣，心意拳的陰與陽、開與合、動與靜、虛與實、進與退、顧與打、吞與吐、上與下、左與右的對稱發力找勁才能做好，才能以圓作方，以方為圓，方圓結合，練出身體肌肉若一、骨骼開放、神經協調、經絡均衡、陰陽對稱、勁勢順溜，達到調和氣血、均衡陰陽、疏通筋絡、內壯外強的效果。

心意拳是姬隆豐以槍化捶所創的拳術，而槍法是無圈不發的，其槍的攔、拿均是圈。槍法變拳以後就成了圓，無圈不圓也。心意拳的圈就是圓力運動，心意拳的無數圓所畫的軌跡的梭狀形和圓的幾何角所產生的幾何力（圓的切線所形成的角力）可以直接運用到搏擊格鬥中去。

我們知道每個圓均為 360°，它所形成的角度就是心意拳最好的攻擊角度。而我前面所說的錐圓其實也就是一個等角或者不等角的等腰三角形。身體的形體所做的各種形會形成各種各樣的角，這種由圓力運動所形成的軌跡和外形所造成的角，就是心意拳最有效的攻擊力。因此，心意拳和其他拳術一樣，是少不了圓的。可以這樣說：心意拳沒有圓，則拳術變化不靈，如果心意拳沒有方和角，拳術的攻擊力則不足。

練習心意拳，做到了這五種圓力運動，還要做到六方。有的人把六方認為是方向，非也。其實我在上面談圓力運動時，圓的運動和發力已經包含有方向在內了。

我所介紹的心意拳的六方是什麼呢？方者，法也。具體講，六方就是工、順、勇、疾、狠、真。

1. 所謂工者，是指心意拳的練法和發力的巧妙。不但巧妙，而且每式每形都是架正勢圓。姿勢要中和而不偏不倚。

2. 所謂順者，是指心意拳的練法和發力的自然。不僵、不硬、不彆扭，輕輕鬆鬆，順順當當。外形的順，必然內氣中和，練者就自然不會憋氣了。

3. 所謂勇者，是指心意拳的練法和發力的果斷。勇敢果斷，發力整壯，擊敵發力乾脆，絕不拖泥帶水。

4. 所謂疾者，是指心意拳的練法和發力的疾快。能做到眼疾、手疾、腳疾、意疾、出勢疾、進退疾、身疾這七疾，可謂驚、警、靜、進，全體警起，果敢敏捷。

5. 所謂狠者，是指心意拳的練法和發力的動之不容情，一心而戰，內勁齊出，擊敵必狠，出手要毒，對要我命者之人也要制其於死地也（對好人則不能如此）。

6. 所謂真者，是指心意拳的攻擊時每發必須中的。當與敵相遇時，要主動進攻，要敢打敢拼，就像我們平時所說「動真格」的意思。

以上就是心意拳的五圓六方。我們在練習中只要掌握了心意拳的圓力運動和發力的科學規律，這樣練起來長功快，進步速。如果再懂得了六方，就更掌握了心意拳的練法和搏擊發力的真諦。在運用心意拳術與敵相較時，對敵自然，該顧該打，可進可退，自能禦敵而運用自如也。

心意拳正是由於這些圓力運動和它所產生的軌跡，在練者的身體內外均起到一定的作用。體內的圓力運動會產生內氣的運行和鼓蕩，這樣就會產生精、氣、神、意、力；而體外的圓力運動，不管是順與逆，它們所產生的軌跡就形成了無數個幾何角動力，這些圓力運動形成一個保護圈，這對練習者是一種進攻和防守的最好技法，使心意拳的內外兼修更科學、更合理。

第十節　心意拳的虛與實

心意拳《拳譜》中說道：「虛實之法，虛是精也，實是靈也。精靈為之玄妙之至，成其虛實也。」這是心意拳對「虛與實」的論述。

關於虛實，可以這樣說：「孫武子兵法十三篇，無出虛實。所以，專用兵者，識虛實之勢，則無不勝焉。」《拳譜》曰：「吞為虛，虛中有實，吐為實，實中有虛；蓄為實，實中有虛，放為虛，虛中有實。」所以，拳法中引進落空如蛇吸食，四兩撥千斤也。然而，心意拳認為，虛實也是由一氣而生的，世界是一氣生萬物，萬物由陰陽動靜合，神而化之。武術本是一身，猶如一物有兩體一樣，兩體者，為虛實也，其實也是動靜也。動靜者，亦是陰陽也：陰言靜，陽言動；那麼靜則虛，動則實。在心意拳中則為一進一退，一束一長。進就是陽，退就是陰；長就是陽，束就是陰。而一陰一陽則謂之道，這是心意拳所謂由練武而入道的理論。

心意拳在盤練中怎樣去體悟和實際操作呢？要知道心意拳的虛與實，首先一定要知道什麼是動靜，因為心意拳的虛與實是在動靜中表現出來的，沒有動靜，也就無法知道什麼是虛實。

在心意拳中，這種虛與實是互為根基的，虛與實是辯證的對立統一的。所以，在心意拳中是「虛中有實，實中有虛」的，這是陰陽虛實的兩個方面。而且，在心意拳的每式、每動中都有虛實的存在。這是每一個心意拳練習者都要懂得的理論，不然，在搏擊或格鬥中就不能很好地發揮自己的技術優勢和特長，也就無法在實戰中取勝。

我們用心意拳的開首勢——「輕步站」來說明。心意拳的輕步站是由無極式開始變為太極兩儀的。輕步站是由無極式開始，側身而站，左手、左足在前，右手、右足在後，這裡心意拳的虛與實就已經分出來了。左手、左足在前是為「虛」，右手、右足在後為實。因為左手、左足在前，此時人的站立重心在右足上，左足因要時時考慮到提防敵人的攻擊，所以，左手、左足是「虛」的，在戰術上有精、警之意。敵方如向我攻擊，我首先用左手、左足來攔截還擊，這裡左手、左足就由「虛」變實了。

為什麼呢？因為敵方一進攻，我要麼後退，是虛；要麼也進步，用左手還擊敵方，這就是實。敵方不退，我正好用左手打擊敵方，用左足踢打敵方，這時的左手、左足就是實的。而我的右手、右足在後原為實的，因為左手、左足已經變為實了，全身的整勁已用到左手、左足去了，右手、右足就變成「虛」的了。此時的右手、右足還要防止敵人的左手或者左腳向我右方進攻，所以我的右手、右腳就由實變為「虛」，這個「虛」就是精靈之意了。所有這些，實變虛、虛變實，都是由什麼變化的呢？簡言之，就是由動靜來變化的。

掌握了心意拳的虛與實有什麼意義呢？這要從心意拳的養生和技擊兩個方面來談。

一、心意拳的虛與實對養生的意義

古人云：「虛生氣。」意思就是人在虛靜狀態下才能生出氣來。練習心意拳的人要虛其胸、實其腹，才能練出氣來。所以，在實戰搏擊之前，一定要養好氣，有氣才有力，氣足才能力大，這種力就是我們平常所說的功力。只有功力增大時，你才能運用到實戰搏擊中去，用於保證戰鬥的勝利。在平常的鍛鍊中，心到意到，意到氣到，虛可以生氣，就是這個道理。

二、心意拳的虛與實對實戰技擊的意義

再回到前面的「輕步站」的例子裡。前面我已經說

過，當敵方用右拳向我打來時，我左手、左足已經開始由虛變實，這個虛就有氣的存在。當我還擊敵方時，左手、左足就要用力，而心意拳是氣到力就到的，就由虛變成實，也就是用左手、左足實實在在地攔截打擊敵方的來拳或來足。當敵方右手、右足因為我的攔截打擊而退回去時，正好我的右手、右足原為實的，現在可以變為有虛有實，敵變我也變，敵退我進，敵進我截，正好是利用我的手足的虛實變換來對敵方進行有效的還擊，而這正是心意拳的虛實變化之道。

當然，在實戰搏擊中，沒有絕對的虛，也沒有絕對的實，只是看敵方變化而變化自己的虛實。學習心意拳，不可不講虛實，但又不能鑽進虛實這個牛角尖子裡去。虛與實是心意拳實戰搏擊中必須要掌握的重要戰術手段。

虛與實，一個是指勁力上的虛實，一個是指拳術拳法的虛與實。在勁力上，虛時則柔，實則為剛；從拳法上來講，虛是誘敵，實就是真打實擊。如果虛實不分，就拳法拳術不明，在實戰搏擊中會吃虧上當。只有懂得虛實的人，在實戰搏擊中才能將拳法運用自如，善於捕捉戰機，以巧制敵，以靈取勝。

《拳譜》說：「虛是精，實是靈。」又怎樣去理解這句話呢？虛是精，精明也，實是靈，靈活也，心意拳有「練拳容易得藝難，靈勁上身天地翻，六合相聚人難躲，遇敵好似弓斷弦」之說。

我們還拿「輕步站」的例子說明：當敵方用右手、右足向我打來時，我左手、左足在攔截敵手敵足時要精明，要有準備地去截擊，而不能盲目地瞎打。同時，我的右手、右足要有靈性，在左手、左足還擊的同時，要輔助左手、左足。當敵方的打擊力已經消失時，我的右手、右足要勇敢地打擊過去，在敵方舊力還沒消失時，我要很靈活地對待，防止敵方的左手、左足從我的右方向我進攻。所有這些，在實戰搏擊的運用中，體現了我自己兩手、兩足的精和靈，體現了心意拳技法的高超，以及對心意拳虛與實的體悟和運用。

因為有虛實，就要有動靜，因為有動靜才有虛實。所以，在與敵格鬥中，敵方在向我進攻時，不知我的虛實變化之道，而我向敵方進攻打擊時，敵方也無法對我的進攻進行有效的攔截或者防守，也就不能有效地阻止我對他的進攻。這樣，我利用心意拳的動靜所產生的虛與實，充分利用自己的戰略戰術，可以變幻無窮地打擊敵人，有效地保護自己。

第十一節　心意拳的意念訓練

心意拳的六合特別重視「心意合一」的意念訓練，所謂「運用之妙，存乎一心」就是指此。心意拳是心意支配六合，六合貫穿心意的拳術。

心意者，人的意念也。凡拳術，沒有心意在內，就不能算是上乘拳術。心意拳是由假借和想像而具有意念的，是以意領氣、以氣率力的。心意一動，全身皆動，在實戰搏擊時能夠手腳齊到，通體為拳，七拳十四處打人。所以，很多人都認為心意拳拳勢猛勇，勁力雄渾，剛柔相濟，所謂「全憑心意用功夫」也是這個意思。

任何拳術都要有意念，心意拳也一樣。心意拳的意念首先就是「心意合一」。透由「心與意合，意與氣合，氣與力合」的鍛鍊，可以使練習者心到意到，意到氣到，氣到力到。心意拳正是由這種意念的訓練，改善和加強了練習者的生理機能，達到強身健體和功夫上身的目的。其實，我們所說的心意拳的意念也可以說是人類的心理暗示。心意拳的心理暗示是用含蓄或直接的方式，對人的心理行為產生影響，從而使人按一定的方式去行動。一般暗示的方法，可使人不假思索地接受暗示者的影響，而心意拳的暗示則是自我暗示。自我暗示是意念的一種，暗示行為是主動的、自覺的，又是可用邏輯推理和理論論證的。

一、心意拳的意念有什麽重要意義？

心意拳的意念，與改善和提高練拳人的性格和意志有緊密聯繫的，它可以把一個平常的人鍛鍊成性格剛毅、行為果敢的人，這樣在實戰搏擊中是主動進攻的。他們出手無情，能經得起困難的考驗，經過鍛鍊，會使一個智慧而精幹的人遇敵冷靜、沉著，反擊時勇猛凌厲。但是，魯莽好鬥或者善良怕事的人，則難以長時間保持頑強的意志。心意拳術的意念鍛鍊，可以改善人的性格，變懦弱為剛強，化愚魯為聰明。所以講，意念訓練是心意拳心理訓練中不可缺少的重要組成部分。

心意拳的意念在平時的修練中，是對人的進攻願望、進攻意識加以訓導。在搏擊中，如果意念不足，神經就難以充分興奮，注意力就不容易集中，反應就會遲鈍。但意念過分強烈，反而會造成緊張，也影響了大腦敏銳的思維，進攻意識、進攻的力度、速度和靈敏性都會受到抑制和阻礙。所以，在進行訓練時，對攻擊要有主動性的意念訓練，頭腦中要經常保持做到出手無情，能致敵人於死地的想法，這樣在實戰格鬥中就會產生作用。

心意拳的進攻要主動，要懂得打是最好的顧。意念有了，進攻更有準確性。

二、心意拳的意念訓練的主要內容

（一）主動進攻的意念訓練

主動進攻是心意拳與敵方搏擊格鬥的主要手段。雖然心意拳是「以顧為打」的拳術，但其實戰技擊時要求做到「意占敵先」。主動進攻是心意拳戰勝敵人的重要技法之一。主動進攻時，其進攻要有準確性，體現出俗話說的「穩、準、狠」。心意拳進攻的方法多種多樣，有快攻（七疾）、強攻（硬打硬進無遮攔）、佯攻（假性進攻）等等。但究其內涵，無不是以我較有力的部位或者較強硬的部位去攻擊敵人身體較薄弱的部位，最終取得勝利。

其中快攻就是速度，強攻就是功力，佯攻就是看似進攻，但又沒進攻 ，給敵方留個懸念，當敵方放鬆防守時，我又攻上去，打敵方措手不及，使之無法招架。兵法曰：「出其不意，攻其不備。」讓敵方無法預測，這就是高招。所有這些，都是在實戰搏擊時達到下列要求：

1. 縮短進攻的時間；

2. 提高進攻的突然性；

3. 掌握運用幾種主要技法，用靈活多變的戰術去打擊敵人；

4. 訓練時要熟練掌握攻擊法、摔法、拿法、打法等全面的技術。所有這些，都是心意拳「意占敵先」的主動進攻的意念訓練。

(二) 快攻意識的訓練

人的相鬥是鬥智鬥勇的過程。一個好的拳手在雙方遭遇的一剎那會很好地衡量對手的情況。如遇到一名粗壯有力、進攻意識很強的人，他可能是力量型的，但在速度、靈活性方面差一些，此時，你就要發揮快攻的手段，接連不斷地閃電似地向他進攻，使他應接不暇，這是你制勝之道。

所謂快攻，就是在主動攻擊敵人時速度要快。我在前面已經說過要做到「七疾」，才能不失時機地打敗敵人。

在主動進攻時，除了有好的進攻意識，還必須同時具備以下幾點：

1. 要有膽識。進攻時不能有畏懼心理，要如《拳譜》所說：「遇敵防耐戰，放膽即成功。」主動進攻時要膽大心細，要有攻擊慾望，不能膽怯、害怕。

2. 要自己知道自己，對自己平時的練功水準達到一個什麼程度一定要心中有數，做到「知彼知己，百戰不殆」。

3. 要有自信心，相信自己，有必勝的信心。遇敵進犯自己，就不會慌張，不會自餒，具有戰而必勝的信心。

4. 要有熟練的搏擊技術，並且在實戰搏擊中運用自如。

5. 不但要精通自己所練的心意拳，還要熟練其他各門各派各種搏擊技術，對其他門派的武術要有個大概的了解，這樣，在對敵搏擊時能夠深知對方的拳術拳法，然後尋其薄弱的地方攻之。

6. 要多與自己的師兄弟進行餵捶訓練，並且要常與有實戰經驗的人交流。

(三) 顧打防禦的意念訓練

心意拳是「以顧為打」的自衛型短打類拳術，因此，在顧打和防禦時也要進行意念的訓練。

拳術的搏擊格鬥無非兩種，一種是主動進攻，另一種就是防禦。主動進攻是最好的防禦，好的防禦也是最好的顧打。所謂防禦，在心意拳中也就是顧法。如果防禦得好，同樣是一種好的攻擊。因為在防禦的同時可以觀察到敵方的攻擊招術，一方面消耗敵方的體力，削減對方的旺盛的鬥志，另一方面可以乘敵空隙打擊敵人，直到戰勝敵人。

心意拳的防禦有以靜制動、後發制人的功用。心意拳在防禦中，一定要做到意占敵先，而不能被動挨打，那種「只憑防守就是勝利」的想法是錯誤的。良好的防禦可以化解對方的主動進攻，但可能對另一種進攻方式沒有防禦效果。因此，心意拳的防守意念訓練要精神高度集中，要有多種應敵的準備方法。

防守的方法有多種：

1. 可以將對方打來的拳使之偏離打擊我的要害部位，這是格擋防守。

2. 對方向我擊來時，我主動地閃開或者移動，這是躲閃防守。

3. 對方想出手還沒出來，我將它封閉住或者截擊住，這種封閉和截擊也就是一種防守。

4. 要有與敵方持久耐戰防守的意念。《古譜》曰：「遇敵防耐戰，放膽即成功」，這也是一種很好的防守。

因此，要想有好的防守，平時要加強步法的移動，進行盤樹移動、香火移動、蒙眼移動等訓練，還要進行跳躍、騰挪、俯仰、回旋、擰翻等的手法、步法的攔截、吸空、化解等方法的訓練。要形成較強的距離感、方向感、時間差、勁力等方面的感覺，不能怕失敗，要進行多次訓練，最後才能達到要求。總的一句話，在防守的同時一定要尋找戰機打擊敵人，這種防守中的攻擊才能產生作用，為防守而防守則是無意義的。

（四）找勁發力的意念訓練

心意拳是重視實戰搏擊的上乘拳法，因此，在訓練中要特別重視找勁發力的意念訓練。練拳如果只知練而不知找力、發力，在與敵方遭遇時，由於不會發力而在實戰中處於敗勢。在平常的訓練中，腦子裡要時刻保持打的觀念，但光知道打而不知怎樣發力，同樣是不行的。發力也要有意念指導，在實戰中才能有效擊打敵人。《拳譜》中談到：「有反志必有反力。」這就是心意拳的意念在實戰中的重要作用。

總之一句話，意念對於心意拳是很重要的，是練好、用好心意拳的主要內容，因此我們一定要重視它，不要因為意念只是思維的東西而就不去重視它，這是很錯誤的。要想練好心意拳，用好心意拳，成為心意拳明家高手，一定要重視平時的意念訓練。

還應注意，心意拳雖然講意念，但心意拳不是「意念拳」。因此，心意拳的意念不光是「想」，同時更在練，要達至「心與意合，意與氣合，氣與力合」的基礎上的「心意合一」與形體動作完美的統一和結合。

怎樣才能訓練出心意拳的上乘功夫呢？這就要求在平時的訓練中用意不用力，要柔不要剛，要整不要散，加強心意拳的意念訓練，才能真正練好心意拳。

三、意念和精神

我們知道，意念是精神上的東西。心意拳的意念，是在訓練中逐步培養起來的。意念正常，在實戰中就能夠得到好的發揮，意念不正常，技術就無法得到充分發揮，就會處於敗勢。

在實戰搏擊中，一名心意拳者對敵應敵時，意念和精神狀態是很重要的。在敵我雙方的技術和功力差不多的情況下，「兩強相遇勇者勝」。如果一方意念發生問題，諸如精神渙散、注意力不能集中，在實戰中動作脫節，沒有很好的動作組合，很可能就會貽誤戰機，處於劣勢。

第三章

心意拳的內功與養氣

第一節　心意拳的修練

什麼是修練？在傳統武術中，凡是由內氣帶動的，任何一個動作都是修練；凡是人為而做的形體動作卻不帶有練氣養氣的，任何一個動作都不是修練。在中華傳統武術中，各門派各拳種，都知道練氣養氣的重要性，心意拳同樣如此。

心意拳是講「天人合一」的。心意拳的「天人合一」修練是採天地之陰陽靈氣，用以培補人的自身，以達到均衡陰陽、調和氣血、強身健體、延年益壽這樣一個目的。俗話說：「天有三寶日、月、星；地有三寶水、火、風；人有三寶精、氣、神。」心意拳的「七步丹田功」正是修養人身的精、氣、神的。

我們知道心意拳講究周身六合，心意合一，它是以心意支配六合，以六合貫通心意的，所以，心意拳的丹田功，就是在練通三節（天、地、人）、達四梢、運五行，修練先天之元氣以培補後天之精氣，以達到三還九轉，返璞歸真的。

心意拳的氣，就是丹田渾元氣。心意拳的內氣養練要本著用意不用力的原則，心平氣和地循序漸進練習，只有這樣才能練好，才能功成圓滿。心意拳在練時要「眼前無人當有人，眼前有人當無人」，是非常重視實戰搏擊的，但實戰技擊只是心意拳的一部分內容而不是全部。沒有內氣的心意拳家，在實戰搏擊中想取得勝利是不可能的。心意拳認為，「有氣才有力，無氣則無力」。練習心意拳不能老想著打人，想打人心必動，心動就會心浮氣躁，心浮氣躁就不能平心靜氣地去修練，心浮氣躁就會內裡生火，內裡生火功夫就練不成。

從前對於心意拳的內功特別是丹田功的修練是秘而不宣的，今天，為了弘揚心意拳，我將此功法介紹出來，以饗學者。

一、心意拳的丹田是指哪裡？

練習心意拳，經常用到「意守丹田」和「氣沉丹田」這兩個詞。練心意拳的人認為：「練成丹田渾元氣，走遍天下無人敵。」心意拳家非常重視對丹田功的鍛鍊。但是，在「丹田」問題上有很多爭論，有的說沒有「丹田」，有的說有「丹田」。到底有沒有丹田呢？道家始祖老子說：「無名天地之始，有名萬物之母。」按照老子的理論，我們可以推知，丹田只是一個名字。

自然界裡，天地萬物，原無名稱，只是後來人給它起個名字，因此，名稱只不過是個代號而已。我們是東方人，研究的是東方的中華傳統文化，就一定要遵循中華民族自己的傳統文化來研究。因此，按傳統文化的觀點，丹田是有的。丹田是名，是指人身體上某一部位的名稱，它是人們修練培植丹氣的地方，人們把它叫做「丹田」。

有人說，丹田在「臍下1寸3分」，也有人說「在臍下2寸」，還有人說「在臍下3寸」。那麼到底「丹田」在哪裡呢？古人說：「夫氣穴者，乃吾人胎元受氣之初，所稟父母精氣而成者，其名不一，曰氣海，曰關元，曰靈谷，曰下田。心下，臍上，臍堂之後，命門之前，其上稍下，有個虛無圈子。」這就是丹田的部位所在。

心意拳所練的「意守丹田」或者「氣沉丹田」也是指心下、腎上、臍下、臍後、腎前、腰前，命門前這一大片地方，也可以說是人的腹部。

心意拳認為，人的丹田分上、中、下三個丹田。上丹田即人的兩眉之間的印堂穴入腦處，也有人叫它祖竅穴；中丹田在人的兩乳間的膻中穴；下丹田在臍下1寸3分處的氣海穴。古人云：「在臍下1寸3分，前七後三正中處，歸真氣穴。所指前對臍輪後對腎，上有黃庭下關心，中空之一穴，又名金爐。」還有的人把會陰、湧泉也說成下丹田，真是「人身無處不丹田」了。

二、什麼是意守丹田？

練習心意拳，經常用到「意守丹田」和「氣沉丹田」這兩個詞。心意拳家非常重視對丹田功的鍛鍊。因此，就傳統的歷史來說，心意拳認為丹田就是培植丹氣的地方，所以，練習心意拳的人把意念守在腹下1寸3分的地方，這就是「意守丹田。」

三、什麼是氣沉丹田？

我們認為，丹田是滋養人的全身的重要部位。人的腹部是軟組織，內有許多空腔器官和實質性器官，這些器官的表面有豐富的內臟感覺神經分布。經常鍛鍊「氣沉丹田」可使腹部神經得到激活。

腹部還有氣海、丹田等穴道，特別是丹田穴是人的精、氣、神聚集所在，其中很重要的是身體前面的任脈和身體背後的督脈，不光任脈要通過人的腹部，而且人的十二經絡都要通過人的腹部。

經常鍛鍊「氣沉丹田」，可使腹部的肌肉得到增強，「氣沉丹田」能使人的大腸得到改善。

「氣沉丹田」和「意守丹田」有什麼不同呢？「意守丹田」是心意拳的養生所用的一種方法。它是用意念默默地意守在丹田這個部位，由入靜而生氣，這種修練是心意拳的靜功。而「氣沉丹田」則是在呼吸時有意識地將鼻孔吸入之氣通過肺部向下丹田壓去，盡量讓氣貫到丹田這個部位，這是心意拳的動功修練。

為什麼這樣做呢？因為心意拳家認為：氣即是力，人們常說氣力、力氣即是指此。

心意拳首先要修練的地方，就是氣海丹田部位。氣沉丹田，也就是力的下沉，力下沉則下盤穩固，站立如樁，堅如磐石，不動如山岳，難知如陰陽。心意拳由此開始，再往上乘境界修練。還有，不練功的平常人，在實際生活中會因某些事情不順心時，會有氣堵在心的感覺。這些人不妨練一下「氣沉丹田」的動作，心裡會自然好一些，由「氣沉丹田」使鬱結在心胸的壅塞之氣得到順暢，你不會因一些小事而胸悶氣滯以致得出病來。

練心意拳的人就更不一樣了，他們常練「氣沉丹田」，是將上浮之氣從上胸部往下沉到小腹丹田部，這樣，自然會產生胸空腹實的作用；胸空則心中空空洞洞，上身自然虛靈開闊；「氣沉丹田」，則氣入腹結丹。練功之人能重心下降，保持住自身的平衡，功深時與人搏擊則會如「不倒翁」。功更深者，「氣沉丹田」則能導引氣從丹田再往下走直入雙足湧泉穴。這樣，人與天地相合，吸天地之靈氣，取天地之精華，用於技擊則全身力從腳下起，達於五指而發於掌；用於修練，則吸陰補陽，吸陽補陰，陰陽互補，健康長壽，頤養天年。

第二節　心意拳的內功練功法

一、呼　吸

也就是吐故納新。吐是用口吐出肺中之濁氣，用鼻吸進新鮮之氣，這種呼吸是鼻吸口吐。古人云：「藥補不如食補，食補不如神補，神補不如練武。」練武之人的丹田為納氣之根，流之源。人的宗氣、正氣、元氣匯聚丹田，即可發出雄渾無敵的力量。心意拳是以練氣養氣為宗旨的拳術，所以，特別重視呼吸。

心意拳練習靜功基本上採用順呼吸。順呼吸也就是自然呼吸。自然呼吸就是用肺呼吸，它是用鼻子吸進氣，肺部擴張，腹部平伏；呼氣時肺部平伏，小腹凸起。一般開始階段都是用鼻呼鼻吸，配合動作是動作伸展時為開，吸氣；收縮時為合，呼氣；這種練氣養氣的方法在心意拳中也可以叫作「開合功法」。

練習心意拳「七步丹田功」，開始階段都是用鼻呼鼻吸，也就是自然呼吸。

二、調　息

調息是心意拳練氣必不可少的。調息均勻後心平氣和，方可練功。

每日練功的時間，最好是早、中、晚三遍練功。不論在什麼時間，練功之前一定要先做調息。調息，顧名思義是調整呼吸的意思。練功的一呼一吸為一息。調息是在練功前，先用口向外吐氣 7 口，是鼻吸口呼；做完吐氣以後，改為鼻吸鼻呼，最好 36 次。等呼吸調整均勻以後，心平氣和了，即可以做「七步丹田功」法了。

三、入　靜

練功前的入靜很重要，這是練功養氣的第一步。古人說：「靜生氣。」意思是說，只有入靜才能生出氣來。所以，一定要先入靜才能開始做「七步丹田功」。

入靜時要做到神光內斂，意不外馳，雜念不能生，超然於物外，此時身體就像與天地融為一體，物我不分，這就是「天人合一」的境界。此時練功者兩耳似聽非聽，聽而不聞；兩眼似看非看，視而不見，處於此狀態，渾身有一種說不出的愉快感覺。《心意拳譜》上說：「心要定、心定神寧；神寧心安，心安清靜；清淨後無物，無物行氣；行氣時絕象，絕象後必覺明，覺明則性靈，性靈則神通，神通萬物有歸著。」

心意拳在入靜時，兩眼盡量微閉，心與眼合；意念集中在兩眉中間的印堂穴（也叫祖竅穴）（注意：有高血壓的練功者不能意守印堂穴，防止血壓上升）。可以進行周身運氣。氣可由身體的前面上行歸回中丹田（膻中穴），再由兩肋上行到璇璣穴，往上直到兩耳後的高骨處（重樓），歸入泥丸宮。

再運氣時，氣從泥丸宮往下再降到印堂穴，稍停一會兒，由印堂下行至喉頭，從身體內直過夾脊，走過心窩到絳宮穴，經中丹田再到下丹田（臍下一寸三分）。由下丹田往上，要提肛；氣經夾脊、玉枕上泥丸穴。依此路線氣再到中丹田，靜守中丹田可練折丹田。

四、貫氣法

入靜意守一會兒後，內視祖竅穴。可以以意領氣，向下降氣貫氣。氣下行時要沉肩墜肘，含胸拔背，鬆腰鬆胯，尾閭微收。兩手掌心向下，五指叉開向前，虎口相對，從上往下按。身體隨手掌下按同時屈膝，慢慢下蹲，將氣降到兩腳的湧泉穴。當感覺氣降到不能再降時，再由兩腳湧泉穴順兩腿而上行，身體也隨之站起。當氣行到兩胯的環跳穴時，兩胯內縮，氣到會陰穴。由尾骨處向上翻起，真氣自然會上升。可由身體的後面上行，過命門——經夾脊直上玉枕——過玉枕到百會穴守一會兒，當再運氣行氣時，氣從泥丸宮往下——再降到印堂穴，稍停一會兒，由印堂下行至喉頭，從身體內直走過心窩到絳宮穴，經中丹田再到下丹田。由下丹田往上，要提肛，氣經夾脊、玉枕上泥丸穴。依此路線氣再到中丹田，靜守中丹田，此時，只收氣，不出氣，氣伏丹田。

如此練習貫氣以後，即可準備練習丹田功。

第三節　七把丹田功訓練法

第一把　豎丹田

1. 雙手練法

【盤練法】　身體自然站立，兩腳分立同肩寬；然後身體往下，成似站非站，似蹲非蹲姿勢，成半馬襠步（圖3-1）。先進行調息，等氣息調整均勻緩和以後，心平氣和，以意領氣，將氣沉於丹田守一會兒，再將氣從中丹田上運至上丹田（印堂）。在向上運氣時，兩手上舉，掌心朝上，五指叉開也向上，手和身體隨氣的上升而上起。

圖 3–1

圖 3–2

（圖 3–2）

當身體升到不能再升時（此時已經恢復原站樁式），兩手翻掌，掌心向下，手掌和身體隨著下落。意念也由上往下，落至下丹田（氣海），身體蹲成馬襠步。兩手要成鷹爪往下抓勁，要扣住氣，不呼也不吸，停住意守一會兒。

這樣手掌和身體一起上下：上升時身體直立，成站樁直立形，手掌心向上；下落時兩腿微屈，成半下蹲姿勢（如騎馬式），手掌心向下。練此勢要丹田隨手掌和身體的上下起落而升降，如此反覆練習，36 次為一段。

【說明】：也有的人在練豎丹田功法時是單手。

2. 單手練法

在做單手練法的一升一降時，一定要注意兩掌的對稱和均衡。

圖 3–3

圖 3–4

【盤練法】：同前站好，然後蹲馬襠步式，如圖 3–1。先上升左手，掌心向上，引氣上升；而右掌一定要俯掌，掌心向下，兩掌心成陰陽對稱式，並且在左掌上升的同時，右掌往下捋按（圖 3–3）。然後右掌上升，右掌心向上，引氣上升；左掌變成俯掌，掌心向下，這時兩掌心已經成陰陽對稱式。在右掌上升的同時，左掌往下捋按。（圖 3–4）

不管哪隻手上升或者下捋，都要五指叉開，這樣氣力才能到指梢。

無論單手還是雙手，一定要升起時身體直立，下降時身體下蹲成騎馬蹲襠式。

第二把　摟丹田

【盤練法】　身體直立，開左腳向左一步，兩腳站立與兩肩同寬，兩腿似站非站，似蹲非蹲，同圖 3–1。兩手

圖 3–5

圖 3–6

翻掌，掌心朝上，虎口均向外，十指均叉開，由兩胯旁向上托起，吸氣；引氣上行到百會穴（圖 3–5）。然後引氣猛然下降。當氣下行時，兩手翻掌心向下，虎口相對，十指叉開均向前，隨氣下降而下按（圖 3–6）。要沉肩墜肘，鬆腰鬆胯，尾閭回收。

做摟丹田時兩手如鉤，從上向下做摟的動作，身體隨之下蹲，兩腿屈曲。氣由兩腿下行直到兩腳湧泉穴。當氣降到兩湧泉穴時換氣，氣由湧泉穴順兩腿向上行，身體也隨氣的上升而逐漸站立。當氣隨手行到兩胯環跳穴時，兩胯裡收，氣到會陰，稍停一會兒；氣再由身體前面向中丹田匯聚，然後再由兩肋上行，到璇璣穴，過兩耳後高骨繼續上行到泥丸宮，再下行過雀橋，再將氣歸入中丹田。當氣到中丹田時，兩手指成鉤，用手從外往裡摟氣（也可從上往下摟），但均要出手如鑽，回手似鉤。身體隨摟氣往下蹲，逐漸成騎馬步。

如是兩手往前摟時，手掌有前插的勁意；回摟時兩手十指如鈎，像鈎子勾人一樣。

【注意】：區別摟丹田和豎丹田，注意是兩手從上往下為摟；兩手從下往上起為豎。

第三把　坐丹田（又名蹲丹田）

【盤練法】　站式同前。仍從氣伏中丹田不動，但身體已經下蹲成騎馬式，同圖 3–1。隨身體下蹲時，兩掌下摟按（圖 3–7），用掌摟時，其氣下行。當氣在意念引導氣下行到下丹田，再順兩腿下行直到湧泉穴。當身體已經不能再下蹲、兩掌也不能再下按、氣也不能下行時，身體慢慢直立站起，兩掌同身體一起上升（圖 3–8），此時以意領氣，由湧泉穴順兩腿上行，直到兩胯環跳穴時，兩胯裡收，氣過會陰穴回升到中丹田。

圖 3–7

圖 3–8

如果繼續練習，身體再由上往下，降氣；身體上升，手掌成鈎抓力而起，身體恢復成站立式，吸氣。如此反覆練習，36 次為一階段。

第四把　閘丹田

練法分為閘丹田和開丹田

此步功法，是吸氣養氣在中丹田，守住不動，聚氣伏氣。

1. 閘丹田

【盤練法】　練時身體上部要正直，兩腿微屈半下蹲，頭頂項豎，下頜裡收，閉唇叩齒，舌頂上腭，兩眼微閉；兩掌掌心向內，十指叉開微屈，掌心內含，虎口均向上，兩掌如抱一氣球，抱在丹田兩旁（圖 3-9），不緊不鬆，緊了手中氣球會擠破，鬆了氣球會飛掉。

這樣，扣住氣在丹田中，就像閘門閘住水一樣，蓄而不流，有內氣不出、外氣不入的感覺，這樣自然會將真氣聚在丹田處。此式是聚氣和伏氣，氣只收不放。這種只蓄不放，就是閘丹田。

圖 3-9

2. 開丹田

圖 3–10

【盤練法】 站式同閘丹田。兩手掌心相對，手背向外，由小腹兩邊向外慢慢展開（圖 3–10）。外展時吸氣，當感覺身體內吸滿氣以後，兩掌掌形不變，再從外向裡合，合時呼氣（身型、手型均不動）。這樣用兩掌開合的方法來調劑身體內部的氣的交流，以達到益氣養氣的目的。

練習此式，兩手掌展開，就像打開閘門一樣，身體由以意領氣，將聚伏在丹田的氣用意向身體四肢和周身散發，氣自會溢貫全身，全身無處不到。這樣將聚伏在丹田的氣向全身發散，也就是開丹田。

有的練習者是將閘丹田和開丹田放在一起練，實際此兩式就是心意拳運氣的「開合練氣法」。

第五把　砸丹田

我在《心意拳》一書「心意拳內功功法」中第 5 式名叫「擊丹田」，其實也就是「砸丹田」。心意拳的每一手一式都有很多種練法，但萬變不離其宗，其主要目的仍在「丹田功法」，是為練氣養氣而已。

【盤練法】 此步功法是練習前幾步功法，身體內部

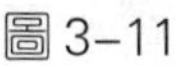
圖3-11

圖3-12

有了一定的內氣充實以後，再對自己的丹田進行進一步的錘練。練時取直立站式或者半下蹲式均可。

圖3-13

現以半下蹲式為例：馬襠步蹲好，兩手攥拳，分別置於兩腰部。先出左手，向左外抓取，就像從空氣中抓氣一樣（圖3-11）。手運到身體左前方時，由掌攥成拳，拳眼朝外，用拳的根部向自己的腹部左側捶擊（圖3-12）。

接著出右手，反掌向右外抓取，也是像從空氣中抓氣一樣（圖3-13）。當手運轉到身體右前方時，右掌由掌攥

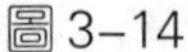
圖3-14

圖3-15

成拳，拳眼朝外，用拳根部向自己的右腹部捶擊（圖3-14）。這樣兩拳反覆捶擊腹部，捶擊力會震動丹田。鍛鍊日久，自然丹田氣足，內功堅實，身強力壯，功力大增。

【記住】：每次捶擊小腹丹田，手向外抓時要用力吸氣，捶時要鼻中噴氣，這樣可以錘練身體抗擊打的能力。

第六把　射丹田

當以上幾步功法練習一段時日、內氣有了一定的積蓄以後，可感到內氣充盈，周身氣力越來越大，此時可以做射丹田功法。

【盤練法】　先立正站好，然後左肩前領，左腳向前進一步，落地後屈膝成弓步，右腳在後，腿挺直，這在心意拳中叫「牮柱步」。兩手成掌，掌心向下，十指叉開向

圖 3–16

圖 3–17

前，左掌放在左膝內側，右掌按在襠部（圖 3–15）。練時全身合力，吸氣；兩掌用掌根撞擊小腹處，向前抖擊，呼氣（圖 3–16），是為射丹田。意在將丹田內之氣向前方射出，就像將箭向前射出一樣。

第七把　養丹田

【盤練法】　立正站好，開左腳向左方，兩腳掌微內扣，距離與肩同寬。十趾抓地，腳心內含。然後身體微微下蹲，兩膝微屈。尾閭中正，頭頂項豎，下頜向裡微收，閉唇叩齒，舌頂上腭。虛胸實腹，神態自然。兩手掌掌心向上，虎口均向外，十指叉開向前，由身體兩側胯際向上托起，托起時穀道上提，吸氣，兩掌一直托起到頭頂前方（圖 3–17），意存百會穴，守一會兒。變雙掌掌心向下，虎口相對成圓，如抱一氣球，從頭頂前上方往下按。一直

圖 3–18

按到丹田氣海處（圖 3–18），呼氣。然後兩掌一直抱在小腹丹田處不動，不再注意呼吸，意在丹田處養氣。

此時要兩眼似閉非閉，意守丹田，由意守而入靜，由靜而入定，由定而心安，由心安而神寧，神寧而清淨無物象，無象則覺明，覺明而神通萬物，萬物歸為一元。這是心意拳養丹田內功的絕好方法。

第四章

心意拳的十二把勁

第一節　靈勁上身天地翻

練習心意拳，應該知道心意拳有哪些勁道？

心意拳含有五勁，即踩、撲、裹、束、絕。在練功過程中總體上來說有剛勁、柔勁、化勁三步；在實戰搏擊中若細分之，則有寸勁、整勁、斬截勁、吞吐勁、抖彈勁等等。

這些勁法如何區分？

踩、撲、裹、束、絕，這五勁是指心意拳的身法而言。剛勁、柔勁、化勁等是心意拳練功的具體三步練法和技法上的發勁。練法的勁與打法的用勁是不同的。如踩勁，踩只是控制敵方不能進退，而寸勁正好是敵人進退不得的時候，我擊敵時再發出的勁，它可以將敵人打倒，又脆不快。又如裹束勁，這只是心意拳進攻前的蓄勁；蓄而後發，才是打。又如絕勁，它是心意拳絕斷的勁法，斬勁、截勁就是絕斷勁，斬截也是戰術上的阻止和截擊擊打敵人的勁力。

再說說剛勁、柔勁 、化勁的表現形式。

剛勁是心意拳的整勁。人的手、腳等直接發出的較硬的勁就是剛（整）勁，這種剛（整）勁在主動打擊敵人時必須要用到。可以這樣說：「武術中沒有剛（整）勁就無法打擊敵人。」但剛（整）勁必須以身體最堅硬的部位去攻擊敵方身體的最薄弱的部位，用以打擊敵方，制服敵方。

柔勁，人體所發出的較軟的勁就是柔勁。這種柔勁，從表面是看不出來的。一般情況下，當敵人向我進攻，我首先要對敵人的攻法進行觀察或者試探。當敵人用剛勁向我擊打過來時，我不能以剛對剛，而是以柔克剛。

怎麼克？這要等敵人向我擊打的攻勁已過，我乘機反擊的時候，再發我的剛（整）勁，擊打敵人，以克敵制勝，這是一種。

還有，當敵方向我擊打過來時，我並不主動閃開，而是順其手或者腳的來勢，以柔而黏、黏而化之；當敵方攻勁已過時，我乘機再擊打敵方，這也是以柔制剛，這是其二。

第三，當敵方向我打來時，我乾脆接而不打，讓敵方的攻擊力就像子彈打在棉花上，使敵方的攻擊不能發生效力，使敵方自己消耗自己的功力。

中國的各類武術拳種中，其勁道差不多都是剛柔相濟的，這兩種勁一般是結合在一起的，心意拳強調「剛柔相濟」也正是這個原因。

所謂化勁，就是敵人攻來，我不頂、不抗、不丟，而是順其來勢，黏住敵人攻來的手或者腳，對來勁進行化解。這種化勁，基本上也是不顯露的。

練習心意拳怎樣找勁？

心意拳的找勁、發勁看似簡單，其實也很深奧，如果有明師指點，找勁、發勁就很快，若無明師指點，光靠自己摸索，雖也能找到一二，但這樣耗時間太長、太久，出勁太慢，耽誤人的光陰。

心意拳的勁道，其中融有陰陽學說、人體生理學說、人體骨骼、肌肉、神經學說以及幾何學、力學等在內，這些學說綜合起來兼而有之。從我們說心意拳的內外兼修、上下一體來說，心意拳的外形要合，內裡才順。因此，不管心意拳的內外均是技擊術的母體，而技擊術又是心意拳的體用。因此，心意拳的宗旨是心欲動而周身無有不動的，意一發而周身勁力無有不發的。

故《六合心意拳譜》中說：「心一動全身無有不動。」因此，在心意拳的練勁、找勁過程中，仍要從心意拳的形體合順、心意合一、周身齊動上去練習，去尋找。

當然，任何武術都有上、中、下三乘之分，由低級逐步到中級直至高級這樣一個過程，心意拳也是這樣。找勁、發勁只是心意拳實戰搏擊技術的初步技能，練習者由找勁到再發勁，反覆不斷地練習，一定要配合呼吸，於是由神到靈，這就是我們所說的心意拳的上乘境界。

心意拳的靈勁是什麼？

靈勁是心意拳的上乘勁道。靈勁是心意拳的高級勁法。心意拳要想練到上乘，必須要練出靈勁才行。正如歌訣言：「練拳容易得藝難，靈勁上身天地翻；六合相聚人難躲，遇敵好似弓斷弦。」

這首歌訣是心意拳六世買壯圖大師傳給他的徒弟丁兆祥的，然後由丁兆祥記錄下來傳給後世的。歌訣的意思是說：要想練習心意拳很容易，但是，要得到心意拳的真正上乘境界可就難了；也就是說，要練好心意拳的「形」容易；但要知道它的真諦不容易，練出心意拳的靈勁就更不容易。心意拳由練形到找勁，這有一個過程，而心意拳的勁道、靈勁是最上乘的。

心意拳的根本是內三合（心與意合，意與氣合，氣與力合）；外三合（手與足合，肘與膝合，肩與胯合），要做到這六合相聚，也就是心意拳的心意合一，身心合一，就會產生靈勁。用心意拳的靈勁去對敵，打擊敵人，敵人是難逃的。

心意拳是以模仿動物生活習性以及在捕食過程中所用的搏擊技巧作為拳術的基本動作的，是取這些動物的某些獸性來彌補人的野性的不足。心意拳主要模仿了龍、虎、鷹、鷂、熊、雞、馬、燕、蛇、猴十種動物的生活習性作為人類搏擊手段。心意拳中的動物大多具有凶猛、精悍、快速、毒辣等獸性，所以，心意拳則具有凶狠、快速、威猛的特性。

但人畢竟是人，而心意拳又是人創造的，所以，練心意拳的人似乎具有某種獸性，但其內心深處仍有著強烈的人性。人創造的心意拳，其中有比動物更高級的智慧在內。心意拳要求有靈性，它包括了剛柔相濟、智勇結合的東西，因此，更講戰術、方法、機巧和靈活。這就是我們將學習動物的靈性用在拳術上叫做「十大靈法」的原因。也是在這十種動物的真性的基礎上加以觀察、分析、總結、提高以後得出的經驗和技巧。

心意拳的先賢們在觀察模仿動物的行為時，也是從動物的本性——凶、狠、猛、毒出發，然後再提高自己的靈性——在心意拳技法上也就是靈法。這種靈性表現在踩、撲、裹、束、絕五勁的有機結合，就組成了心意拳的靈勁。

可以這樣說：如果心意拳光有外形而無內勁，就會形體蠢笨而呆板不靈，就難以具備心意拳攻防變化的功能。但心意拳光有內勁而無六合一體，其攻防作用對於拳術也會因內勁無著落而散亂，也無以形成拳術攻守變化之功用。《岳武穆心意拳九要論》中說：「總之，機關在眼，變通在心；活與不活，固在於步，靈與不靈，亦在於步。」這話基本道出了心意拳靈勁的關鍵和根本。

如我們所練的輕步站。輕步站，是心意拳的守勢，就是動物們在捕食前的準備。熊出洞，就是搏擊已經開始；雞步就是悄悄地接近敵人；《六合心意拳譜》在談「雞踩步」時說：「踩步走動如竊物然。」這就要求踩步要輕，要輕輕地、悄悄地接近敵人，才能夠打到敵人。

《六合心意拳譜》告訴我們：「要想打得遠，必須臉對臉；要想打得美，必須嘴對嘴。」這就將心意拳定為短打類拳術，也是心意拳應敵鬥敵所總結的靈法之一。心意拳講究進退、攻防、反側、顧打，就像老虎在追擊獵物時不斷用前爪去撥轉、攔截獵物一樣。心意拳是不斷地轉換左右偏門、側身擊敵、翻身顧前後，從而成為心意拳的十大靈法之由來。

怎樣進行靈勁的訓練和培養？

心意拳的所謂靈勁，是心意拳練習者由心的靈動而產生的勁——即靈勁。人的這種靈勁，不光心意拳有，其他拳術或者運動類型都有，練到高級階段都會有靈勁產生。

心意拳的靈動也產生在對方的一舉一動之中。對方是打拳還是踢腳，我的靈性一動，就會產生靈動，有靈動就有靈勁。

因為心意拳是以顧為打的防守類拳術，因此，練習者在做每個動作時首先都是裹束，這就是防守和蓄勁，當對方的進攻發力已經快要耗盡時，我裹束蓄力也正好夠了，我進躦踩撲過去，這個勁力正好把敵方打倒。在對方進攻我的同時，我先裹束再進躦，同時下踩上撲，幾把勁力在同一時間完成，對方想逃都逃不掉的。

這就是心意拳的靈勁的產生和體用的全過程，練者可以反覆體悟。

心意拳的靈勁是後天形成的，是練習者經過長期的十大真形和十大靈法的鍛鍊，從這裡找出它的踩、撲、裹、束、絕五勁，再綜合地練習，這種鍛鍊是從大腦已經產生靈感後，由大腦指揮全身各部進行協調形成統一的動作，全身上下、前後、左右、裡外都做到協調和統一，心意拳的靈勁自然也就修練出來了。

透過長期的外三合和內三合的有機高度統一的訓練，能夠使練習心意拳的人精神高度集中，靈意高度統一，手足肢體高度和順，由此，心意拳人的一舉一動都會自然而然地產生靈的感覺，能夠由自己大腦的靈意指揮身體肢體的靈動。

心意拳的靈勁是由低級向高級發展的。我們在訓練心意拳的靈勁的過程中，首先對外在形體的合和順進行規範訓練，如果練習者練到身體不再感到彆扭了，說明外在形體已經合和順了。外在形體合順，內裡的氣路就已經暢通無阻了，這樣經過反覆、科學、系統地盤練，靈勁就會逐漸產生。

我們練習靈勁應當從最基本的勁道開始。這裡告訴大家一個練習的步驟：

1.踩雞步。練習心意拳不能輕看這個式子。《拳譜》曰：「步步不離雞步。」練習踩雞步，由練踩步而逐漸將人的兩腿肌肉、骨骼、神經撕拽開，達到人的走步如雞飛，靜時兩腿如樹樁一樣堅固的效果。練習踩雞步，其勁道是由下向上傳導的，人體上面的氣向下沉於丹田，下面的湧泉上升之氣可以回歸丹田，這樣上下兩股氣在體內交融，可以陰陽和合，於是身體自然就會生神而靈。身體協調，動靜分明，所以就起落有序，上下貫通，自然就會由笨而靈了。

2.人的兩臂運轉靈活自如，這也是氣的作用。所以在練習上肢時要注意意守肩井、曲池、勞宮這三個穴位。如果內氣貫通時打拳發掌，自然會兩掌呼呼生風，此時說明上肢已經有內力產生了，內力已經產生，說明上肢已經生靈了。

3.心意拳練到內外合一、通體為拳時，自感身體輕靈，一動似乎飄飄欲仙，動若靈猴，輕如狸貓，這時全身已經有靈勁的產生了。

第二節　心意拳的勁法練習

心意拳是近幾十年才被武術界的人認識的，它是一種上乘的優秀拳法。因為心意拳取法古樸，技法高超，適用於近戰，所以逐步受到人們的喜愛。

心意拳拳法凶狠，其格鬥術刁鑽，有自己的獨特風格。但是，心意拳的這些功夫是怎樣來的呢？有很多人還不清楚。為了弘揚心意拳，讓心意拳從真正意義上走向世界，現在將它介紹出來。

心意拳練習，一定要知道找勁發力的勁法練習。心意拳的這種勁法都是對稱的，如上與下、左與右、前與後、縮與展、開與合等，它們是既矛盾又統一的。

首先介紹心意拳勁法中的「天翻地、地翻天」功法。什麼是「天翻地」？什麼又是「地翻天呢」？天翻地就是「恨天無把」，是從上往下的勁法練習；而地翻天則是「恨地無環」，是從下往上的勁法練習。

一、恨天無把歌訣

緊握雙手似鋼鈎，抓住把柄老天愁；
天塌才知勁藝好，手打頭擊降敵猷。
英雄何懼老天高，雙手抓把逞英豪；
莫懼蒼天高千仞，能拽老天落九霄。

(一)恨天無把盤練法

1.恨天無把左式

首先以「輕步站」站好，兩掌十指叉開，分別從兩胯處向上托起，托起時兩掌掌心相對，十指由向下、向前、再向上，注意邊托邊吸氣，要氣沉丹田。當兩掌托起到頭頂時停住，此時丹田的氣已經吸滿，要閉住氣，不呼也不吸，也叫扣氣。然後兩掌就像抓住天上垂下來的把柄一樣（圖 4-1），抓緊後快速有力地向下拉拽，有要把天拽塌下來一樣的感覺。

拉拽時丹田要繃緊，身體前傾，以右腳原地不動作支撐，左腳向前踏出，屈膝成左弓步。頭前頂，項要直，左肩下沉，要整個身體用體力向前、向下打沉墜勁。當左腳落地時，兩手由拳變掌分別落下，左掌落在左膝內側，五指叉開向前頂戳，掌心向下，虎口向右；右掌落到襠前時，也五指叉開向前頂戳，掌心向下，虎口向左。當雙掌齊落時要發一聲「嗨」的聲音，在心意拳中，這就是「雷聲」，要隨左腳落地而呼氣。這個動作在形上就是「鷹捉虎撲把」（圖 4-2）。在勁上就是「恨天無把」的勁；在技藝

圖 4-1

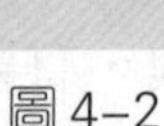

圖4–2

圖4–3

上就是手塌、頭叩、肩打的意。

2. 恨天無把右式

接前式。身體繼續站立如「輕步站」式。然後右手在前，左手在後；兩手掌心相對，十指向前，一起往上托起，一邊托一邊吸氣，當兩掌托到頭頂時停住。此時丹田的氣已經吸滿，要閉氣，此時不呼也不吸。然後兩掌像用手抓住天上垂下來的把柄一樣（圖 4–3），抓緊後疾速用力向下拽，有要把天拽塌下來一樣的感覺。

拽拉時丹田要繃緊，身體前傾，左腳原地不動，右腳向前踏出一步，落地後屈膝成右弓步。頭前頂勁，項部豎直，右肩尖向前射出，整個身體用身力向前、向下打沉墜勁。當右腳落地時，兩手分別變掌，右掌落到右膝內側，掌心向下，五指叉開向前頂戳；左掌落到襠前，掌心向下，五指叉開向前頂戳。當雙掌齊落時，也要發一聲

「嗨」，這時要隨腳落地而呼氣，頭頂項豎，下頷裡收，閉唇叩齒，舌頂上腭，眼向前上方視去。（圖 4-4）

如此反覆練習，「天翻地」的下墜勁可以練出。

圖 4-4

(二) 恨天無把的勁意

恨天無把是從上往下打的勁意，雙手在上有抓握力，兩手十指要向裡扣，邊扣邊向裡旋擰。兩肘在手的內擰時，要從外向兩肋部貼住，兩肩內扣，兩肘尖下垂。從上往下打此把勁意時，雙手要有向下捋、拽、帶、頓的勁力，意在我練此把勁意有把天從上拽下之意。兩手、兩肘、兩肩、兩腿及全身用力，要意到、氣到、力到，心要動，內要提，外要順，全身勁力要合一，以意領氣，以氣摧力，力發全身，有排山倒海之勢，有天塌地斜勢不可擋之力。古譜曰：「起如蟄龍登天，落如霹靂擊地。」正此謂也。

二、恨地無環歌訣

練就恨地無環功，兩足扎地如生根；
只要雙膀一較力，能將大地拋天空。
自古心意多傑英，身內藏勁力千鈞；
一聲霹靂齊合力，雙手能將大地拎。

(一)恨地無環盤練法

1.恨地無環右式

圖 4–5

輕步站開始。重心前移，左腳向前跨一步，落地後左腿屈。上右腳，腳跟落地，腳掌豎起，腳趾向上，屈膝蹲下。同時，右掌向右擰翻，掌心擰轉向左方，五指叉開向下，虎口向前，直插到右腳腳踝處。在全身下蹲時，左掌掌心轉向右外，五指叉開，由原向前轉向上，往右腮處推格去，到右腮處成五指和虎口均向上（圖 4–5）。

然後當右手握成拳時，左手從右腮處往下與右手相齊，同時也握成拳，兩手攥拳時就像抓住地上的環子一樣。同時吸氣到丹田氣滿，身體前起，右腳前進半步，落地後屈膝成右弓步，左腳在原地不動作支撐；右手從右腳踝骨處往上用力挑拉起，有將大地提拉起來的意思，丹田要繃緊，全身用力，右掌一直上挑到頭頂上方停住，掌心向左方，五指叉開向前上方，虎口向上；左拳變掌從右肩窩處下按（圖 4–6）。

頭要上頂，項要豎直，勁力要前射，眼要前視。兩手右上左下同時用力，並在兩手發力的同時發「噫」的雷聲，呼氣。

圖 4–6

圖 4–7

2. 恨地無環左式

接前式。重心前移，右腳向前跨一步，落地後右腿屈。上左腳，腳跟落地，腳掌豎起，腳趾向上，屈膝蹲下。同時，左掌向左擰翻，掌心擰轉向右方，五指叉開向下，虎口向前，直插到左腳腳踝處。在全身下蹲時，右掌掌心轉向左外，五指叉開，由原向前轉向上，往左腮處推格去，到左腮處成五指和虎口均向上（圖 4–7）。

然後當左手握成拳時，右手從左腮處往下與左手相齊，也握成拳；兩手攥拳時就像抓住地上的環子一樣，吸氣直到丹田氣滿，身體前起，左腳前進半步，落地後屈膝成左弓步，右腳在原地不動作支撐；左手從左腳踝處往上用力挑拉起，有將大地提拉起來的意思，丹田要繃緊，全身用力，左掌一直上挑到頭頂上方停住，掌心向右方，五指叉開向前上方，虎口向上；右拳變掌從左肩窩處下按

（圖 4-8）。頭要上頂，項要豎直，勁力前射，眼要前視。兩手左上右下同時用力，並在兩手發力的同時發「噫」的雷聲，呼氣。

圖 4-8

如此一左一右反覆練習，恨地無環的勁就可以練出來。

此式可與前式做一上一下的對稱性練習。這兩個動作就是心意拳的「恨天無把」和「恨地無環」的兩把勁法鍛鍊，日久功深，上挑可將敵方甩出一丈開外；下劈，可將敵方劈至倒地不起。

（二）恨地無環的勁意

此式有從下往上擊打的勁意，是說地上沒有鐵環，如果地上有鐵環，我能手握地上鐵環把大地拎起來。

盤練時不管哪只手下插，均要再握拳向上起鑽；下插時身體要縮，全身要有裹抱勁，全身縮裹如一。《拳譜》曰：「束展二字一命亡。」正是此意。

然後束身向上，有從地上往上提拉的勁，提拉時為展勁，當手從肩窩處向下按、捋時，兩手的上下本身就是心意拳的對稱力。

心意拳的勁法練習有多種，但不外乎就是向前與向後擊打、向上與向下擊打，還有向左與向右的擊打等對稱找勁發力的練習。如「恨天無把」「恨地無環」等二把勁意的練習是心意拳的「上與下」的對稱勁力練習。

這裡介紹的「虎出洞」和「虎坐山」二把勁意練習是前擊勁力和往後擊打的勁力練習。這此勁力都是「二爭力」的對稱勁力練習。學習心意拳的人在第一步功夫練習外形已經和順以後，就要學習心意拳的找勁、發力的第二步功夫，然後再做盤樹練習，這幾步功夫純熟以後，就可以參加實戰了。

三、虎出洞歌訣

猛虎出洞狠且凶，兩掌威猛有雄風；
一道閃電霹靂出，敵猷定然被擊中。
威震百獸總稱王，神勇全靠精神藏；
前撲後掃三招式，被擊定然見閻王。

(一)虎出洞盤練法

1.虎出洞左式

以輕步站開始。左手、左腳在前，右手、右腳在後，左肩領前。左腳上前一步，落地後屈膝，五趾抓地，腳心含空；右腳緊跟上，用膝部頂近左膝彎內處，腳掌落地，五趾抓地，腳心含空，成左雞步，要合襠扣膝。在左腳前進的同時，左掌五指叉開，掌心向右前方，虎口向上，由左胯前上起；右掌也從右胯前起，掌心向左前方，五指叉開向前，虎口也向上；當右掌往左前方與左掌相遇時，右掌用虎口往左掌大拇指處靠去，兩掌合力一起由下往左上

圖 4–9

圖 4–10

方猛然推擊出。頭頂項豎，下頜裡收，閉唇叩齒，舌頂上腭。眼向左掌前視去。（圖 4–9）

2. 虎出洞右式

接上式。雙手下塌到襠部前上方，右腳往右前方上一步，要超過左腳，落地後屈膝，五趾抓地，腳心含空；左腳立即跟上，用膝蓋頂近右膝彎內處，腳掌落地，五趾抓地，腳心含空，成右雞步，也要合襠扣膝。在右腳往前進步的同時，右手掌心向左前方，虎口向上，五指叉開向前；左手掌心向右前方，虎口向上，五指叉開斜向上；用左虎口靠緊右掌的大拇指處，雙掌合力一起由下往上、往右前方猛然推擊出。頭頂項豎，下頜裡收，閉唇叩齒，舌頂上腭，眼向右前方視去，為虎出洞右式（圖 4–10）。

如此一左一右，反覆練習，日久往前攻擊的發力可以練出。

(二)虎出洞的勁意

「虎出洞」是心意拳向前擊打的找勁發力的練習。雖然是由我的中門向前方擊出，但每手每式仍然要注意沉肩墜肘，含胸拔背。兩掌往前是下塌勁，向前推擊出去時是合力鑽擠勁。出手後，手指尖要上對鼻尖，下對腳趾尖，這就是心意拳的「三尖照」。

兩掌前擊首先要合力，在前擊時要有抖彈力，要像猛虎出洞撲食一樣凶狠、疾快，有爆發力，這樣才能表現出猛虎的勇猛無比的搏擊格鬥之威勢。

四、虎坐山歌訣

百練虎形威猛生，且防背後有敵人；
猛虎坐山本眞性，臀擊尾打有威名。
遇虎且防虎坐山，前進後退緊相連；
猛虎本性多凶悍，前擊後打是眞傳。

(一)虎坐山盤練法

1.虎坐山左式

以輕步站開始。右腳原地不動，左腳向身後退一步，臀部後坐，左腳落地後五趾抓地；右腳也由前向後撤，但仍放在左腳前，要合襠扣膝。在身體後退的同時，左掌握成拳，右掌用掌心抱住左拳拳面，拳眼向上，左臂屈臂成肘，在右掌的助力下，用左肘尖猛然向身後頂擊。此式是

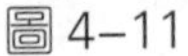
圖 4–11

圖 4–12

用左肘向後頂擊，用左臀部向後坐擊。要求右臂貼右肋，右前臂橫在腹前。頭頂項豎，閉唇叩齒，舌頂上腭，面向左後，眼向左後方視去。為虎坐山左式（圖 4–11）。

2. 虎坐山右式

接前式。左腳原地不動，右腳先向身體右後方退一步，臀部後坐，右腳落地後五趾抓地；左腳也由前後撤，但左腳仍在右腳前，要合襠扣膝。在身體後退的同時，右手握成拳，左掌用掌心抱住右拳面，拳眼向上，右臂屈臂成肘，在左掌的助力下，用右肘尖猛然向身後頂擊。

此式是用右肘尖向身後頂擊，用右臀部向後坐擊。要求左臂貼左肋，左前臂橫在腹前。頭頂項豎，閉唇叩齒，舌頂上腭，面向右後，眼向右後方視去。為虎坐山右式（圖 4–12）。

如此一左一右，反覆練習，可以練出往後頂擊的勁力。

(二)虎坐山的勁意

虎坐山又名虎坐坡。這把勁是由前往後方打擊的找勁發力練習。在敵方人數眾多的情況下，自己不能光注意打擊前面的敵人，同時要意在後面，以防守後面敵人將我攔腰抱住。練習此把勁力時，往後跨步退步時一定要跨度大，後退也要凶猛，速度要疾快。久練以後，在與敵方實戰搏擊時才能運用自如，不然，平時練習都施展不開手腳，真正與敵方遭遇時恐怕運用不上。

虎坐山不光是練習肘尖後頂擊的勁力，而且在身體後坐時，其臀部的後坐力一樣重要。所謂「虎坐山」者，意謂猛虎向後坐時，其威力可以將整個山峰坐塌，可見練習心意拳這把勁力有多大。

以上兩式即「虎出洞」和「虎坐山」，既可以單獨練習，又可以放在一塊兒練習。這也是練習前進與後退的對稱性練習。心意拳講究隨心所欲，正如古人所說：「運用之妙，存乎一心。」知此，心意拳萬法可練，萬法可得。

五、黃牛擺頭歌訣

黃牛擺頭有精神，或左或右角抵人；
莫說黃牛最溫順，且看破敵牤牛陣。
天生有角兩面掀，牛力也能大過天；
練就丹田最有力，屈斷中節勁意連。

(一)黃牛擺頭

心意拳在練第二層功夫時是找力發力的練習，這在心意拳的十大形和十小形中特別能表現出來。

心意拳的內容除了有十大真形和十大靈意之外，還外帶胎、鼉二形，除此以外，還有十小形，牛形就是心意拳十大形以外的形。牛是一種既溫順又凶猛的動物，溫順時，能為人類種田犁地、拉車、推磨，是人類的朋友。可是牛也有牛勁，也有牛脾氣，平時你最好也別招惹了它的「牛脾氣」，不然的話，它可當時就給你一個難看：它會瞪大紅了的眼睛，發「牛脾氣」給你一角，雖不能傷命，也會讓你皮破血流。

別看它是一條牛，就是老虎、獅子在它發威的時候，也要退避三舍、讓它三分，搞不好，它也會讓老虎、獅子受傷致命，所以，又有「初生牛犢不怕虎」的說法。

我們今天學習牛的精神和牛的勁力，在武術搏擊中還是有借鑒意義的。

心意拳的牛形叫做「黃牛擺頭」和「烏牛擺角」，這是心意拳家學習牛用角左右頂擊敵人的凶猛的勁力的對稱練習。此把勁力雖然是左右對稱性練習，但主要還是練習人的中節勁，所以，此勢在心意拳的內功中又名「曲斷中節」，是指對人的丹田功法進行鍛鍊的，不然，這種力大無窮的牛勁從何而來？

人的中節，前有丹田，後有腰脊命門，練氣運力都在這裡，古人所云是「藏精之所，採藥之處」。所以，腰腹部的中節勁是任何一門帶有搏擊格鬥的拳術，包括外國的拳擊與格鬥術都非常重視的。

心意拳高度重視對腰腹部中節勁力的練習。中節不活，則根節無法貫通，勁力更無法運使到梢節，因此，心意拳首先重視中節的勁力鍛鍊。中節在人體上主要是腰胯的部分，在手臂則是肘的部分，在腿則是膝的部分。這中節部分要圓活而富有彈性為最好，而「黃牛擺角」則看似用頭角去頂人，實際其勁力仍在腰，勁發自丹田。

1. 黃牛擺角左式

以輕步站開始。左手、左腳在前，右手、右腳在後，左肩領前。盤練時，左腳先向前墊步，立定後左臂屈臂，肘要貼肋，左掌自左胯部由下往右後畫圓弧，越過右肩向上，再經過右腮時，手掌要擰翻，向鼻尖上方畫去，掌心向前，虎口向上，五指叉開向前頂，再繼續向左肩前方畫弧，下落到左胯際，掌心向內，五指叉開向後。如是，左手已經在身體的前面正好畫一圓圈。左掌運轉畫圓時，左肩也隨之在擰轉，也在畫一小圓圈。右手在後追隨左手，往身體的右後方畫去，經右後方上翻，經過頭頂，置於左肩前上方，掌心向左，虎口向上，也畫一大圓，五指叉開向上。然後兩掌同時變拳，兩臂要裹而相抱，左臂在內，右臂在外，交叉成十字形，橫置胸前。左拳拳心朝裡，拳眼朝上，護住右腮；右拳拳心朝裡，拳眼朝上，在左腮前，護住左腮。同時右腳越過左腳向前方進半步，兩腿也交叉，右腳在前，左腳在後成剪子股式。

兩拳再變成掌，右臂向左肩前削下，從左臂彎外側下抽，擰過胸前，垂於襠際，掌心下捺，五指叉開向左方。

左掌刷過右肘尖，經過右腮，循右肱裡邊（陰面）套出，布於鼻尖前，手背向外，五指叉開向右方，虎口斜向地面。同時左腳向左前方進一大步，屈膝前弓；右腿蹬直，成左弓右箭步（心意拳叫牮柱步）。

身子左擰，左腰裡折，左掌墊於左額角，右掌則五指叉開扶在左肘處助力；左額角向左方磕頂，自頭至左半身形成一塊，一股勁向左下方竭力曲折，就像黃牛用角頂人一樣，打成「黃牛擺角」左式。這樣，從頭頂直至右腳踵形成一條傾斜直線，頭、臉斜向地面，下頜裡收，眼睛稍視右上方。

2.黃牛擺角右式

接上勢。右掌從左肘際向上畫圓弧越過左肋，穿出左肘彎，順著左肩向上揚過左臉頦時，手掌擰翻，掌心向外，虎口向左，朝右肩前畫弧下落，在身前畫一圓圈後，插向左胯際，掌心仍向內，五指叉開斜向下。

這樣右手循順時針方向在身體前面畫一大圓圈，即右肩擰轉，也有畫一小圓圈之勢。左手在後，追隨右手也在身體前面畫一大圓圈，先朝右前方下落，再向左後方上翻，掠過頭頂再回到左胸前。

然後兩掌同時握拳，兩臂互相滾勁裹抱，右臂在內，左臂在外，兩拳拳心向裡，兩臂橫於胸前，同時左腳越過右腳向前進半步，兩腿交叉成剪子股式。

兩拳再展開成掌。左臂從右腮前向右肩前削下，經過右肘彎外側後抽，手掌下捺於左胯襠際。右臂屈肘經過左肘尖，再經過左腮，沿左肱裡邊（陰面）套出，隨身體向前屈壓。右手掌背向外，虎口向外，指尖向前，布於鼻尖前。同時，右腳向右前方進一大步，屈膝前弓；左腿蹬直，成右弓左箭步（心意拳稱牮柱步）。

同時身子右擰，右掌墊於右額處，左掌從襠際迅速靠向右肘內側助力，以右額角向右下方竭力磕擊，就像牛用角頂人一樣。右腰內含，上半身竭力向下曲斷，成「黃牛擺角」右式。這樣，自頭頂一直到左腳踵，形成一條傾斜直線，頭、臉斜向地面，下頜裡收，眼睛稍視左前上方。

如此一左一右，反覆練習，日久就可以練出心意拳的左右對稱的勁力。

(二)黃牛擺角的勁意

黃牛擺角一勢，或左或右，是以人的左右額角撞擊敵人，就像牛用角左右頂人一樣。用法雖不一樣，但其勁在腰則是一樣的。在用角抵人的同時，兩手也一前一後像風車車輪旋轉一樣，先用兩手撥開敵手，然後用角去抵人才能成功。

《納卦經》云「頭顱正側撞敵」是其用法。《神運經》內功「十二大力」注解第五大力曰，頭顱「其用有二，曰側撞，曰正撞。側撞者，敵在吾前，吾側身撞去；正撞者，敵在吾上，吾正撞去。」只要多多練習，日久功夫必深，而其腰勁則會得到鍛鍊，有出人意料的效果。

(三)說　明

左掌墊於左額角下，側身撞擊敵人胸膛，此法名「黃牛擺角」。另外，左掌在前，又有保護自己頭額的作用。

左肘貼肋，左肱部隨身腰之曲而下壓，手以制住敵人，而右手握拳，可以穿擊敵人腰肋。

注意：此式起手為左右兩臂同朝一個方向施轉畫圓，猶如風車旋盤之狀，但必須注意兩手此起彼落，忽開忽合。故右手在右前上方畫弧，而伸展於右前方；左手在左後下方畫弧，而伸展於左後方，兩臂展開形似扁擔，是為開。右手又插左胯際，左手上布右肩前，兩臂相向裹勁，扣肩含胸，交叉成十字形，是為合。

此把勁力只是對練習心意拳的人或者是年輕人而言。有高血壓的人慎練。

六、火燒身歌訣

練就絕藝難近身，渾身上下有神靈；
陡然一動天地轉，英雄勁力發火星。
都知水火最無情，心意偏練火燒身；
你沒向我靠一點，擊敵丈外倍有靈。

(一) 火燒身

火燒身是什麼意思呢？且看有詞曰：「似夢地著驚，似悟道忽醒，似皮膚無意燃火星，似寒浸骨裡打戰凍。想情形，快疾猛，原來是真氣泓濃，震雷迅發，離火焰烘，俗學不悟元中窮，丟卻別尋那得醒，此著人脇膚，堅剛莫敵形，而深入骨髓，截斷營，原來是「『烈火燒了身』」。練習此式，就是要練出如火燒身的機靈勁。

我們從平常生活中可以體悟出，當一個人坐在板凳上打磕睡，你推都推不醒他，可是，如果誰不小心，把香煙灰掉到他身上，他會一下跳起來，什麼原因？原來是香煙火燒了他一下，他馬上醒來，這就是「火燒身」所引起的行動：疾快醒來，迅速離開原地。心意拳的鵬意就是練的此被火燒身的機靈勁。

盤練法請見《心意拳真諦》第五節「心意拳內功練法」。

(二) 勁　意

此式是專練心意拳內功的基本手法，有左式而無右式，進退在一步之間。鍛鍊內功，很有效果，但也要看個人肯下工夫否。盤練時進退束展，反覆循環練習，次數多少，要視自己體力而定。練時姿勢要力求準確，動作要全神貫注，是為重要。

《拳譜》曰：「足脛驚起四梢也」「四梢並發成其驚」「四梢齊則內勁出」是齊出之法：髮要衝冠，舌要頂齒，牙要斷金，甲要透骨。心意合一，專則內動氣出，如虎之狠，如龍之警。氣發而為聲，聲隨手發，手隨聲落，故有「一樹動而百枝搖」之說也。當練到「四梢無不齊，內勁無不出」，才是鵬意的勁路。

練時要抖身而起，束身而落。要頭頂頷收，含胸拔背，兩手肱部、兩足脛部相向並力收合滾動，驀然驚起四梢，心勁抖動，氣自丹田生，發而為聲，其勢警如「火燒身」，並發而為聲「噫」，聲隨手發，手隨聲落，大有山崩之勢，海嘯之聲，喝斷水倒流之威力也。

七、開弓放箭歌訣

大將北征膽氣豪，催馬彎弓射大雕；
自古英雄多絕藝，開弓放箭我最高。
我心隨意幻影功，管它敵來八面風；
一箭入石李廣射，良將擊敵有彎弓。

(一)開弓放箭

「開弓放箭」意思是拉開弓、將箭射出去的意思。在心意拳術中，為了借鑒射箭的動作來盤練人的身法，就有兩臂交叉纏繞，形成螺旋勁意，是身體束而蓄勁，然後再兩臂左右盤旋，上下對稱，束身下蹲，長身而起，展開放力，這樣，弦上的箭才能射出更遠。但此式也有起身如掀浪翻，落似浪絕的意境。其中勁意，練習者可以由反覆的練習體會出來。

1. 開弓放箭左式

以輕步站式開始。左手自襠前向右後方微伸，掌心貼住右膝際，虎口向上，五指向右方；右手從右胯際向右後抽去，自下而向上翻起，在身體右部畫一圓弧，越過頭部，沿左肩向下削去，以右臂交於左肘彎為度，兩臂交叉形成十字剪手之勢。同時右腳越過左腳前進半步，全身重心注於左腿上，雙腿交叉成剪子股勢。

然後右手隨勢後抽，而左手掌心外翻，虎口朝前，並以右手虎口推住左肘彎，雙手沿右腿邊自下向前方抄去，此時勁在左肱上緣。左手手腕宜直，五指叉開，指尖前頂；左腰內含。同時左腳向前提於右腳旁，身體蹲坐右腿上，束成猴豎蹲的樣子。

接著左腳前進一大步，展身而起，右腳趁勢並於左腳旁，站立若輕步站模樣。同時，左手與右手合力向前上方抄起，左臂屈肘豎肱，肘向前撞勁，掌心向裡，高交以左肘與左肩成水平線為度，左肱直立，指尖朝天；右手用虎口推住左肘尖，沉肩垂肘，頭頂項豎，目光注視左前方。（圖 4-13）

圖 4-13

2. 開弓放箭右式

承左式。身腰向右後方擰轉，右腳隨著右磨；左腳越過右足，前進半步，全身重心注於右腿，兩腳交叉成剪子股式。同時左手越過頭臉，向右肩前削下，交於右臂彎，手腕宜直，指尖前頂，而右手掌心外翻，虎口向前，自左肋後微向前引，兩臂交叉成十字手；於是左手屈肘後抽，以虎口推住右臂肘彎，右手從左胯際向前抄去，準備循左腿邊畫個半圓弧。此勁在右肱上緣，手腕宜直，指尖前頂，右腰內含。同時，右腳向前進於左腳旁，身子蹲在左腿上；成猴豎蹲之式。

右腳隨向前進一大步，再趁勢展身而起，左腳跟步並於右腳旁。右手在前，左手隨後扶持，兩手合力向前方抄去，右臂屈肘豎肱，肘角向前撞勁，肘高與肩齊；左手虎口扶住右肘，左肘平貼胸肋。兩腳站立與正面方向成 45°角。鬆肩垂肘，腰向右擰。目視前方。（圖 4-14）

圖 4-14

(二) 開弓放箭的勁意

開弓放箭取象施向下鑽，束身而落，意在手臂之撩勁往上翻；展身而起，意在肘角之闖勁；一束、一展、一起、一落，如燕子取水，又似水波翻浪。步法為十字起、十字落。久練能使腰腿多力，起落靈便，身輕如燕。左右盤旋，轉則敏捷，宛如游龍。前手須從腿邊起，有鷂子入林之勢。所以，肩與胯須合住勁，如是可銜接十字括橫施橫勁。

註：左右手屈肘互相連接，循環不已。練多少悉聽自便。

八、背纜斷繼歌訣

躬身直起望前方，肩上繼繩萬丈長；
不怕颶風掀巨浪，應敵有術不慌忙。
雄將不怕繩索捆，千絲萬道難沾身；
霹靂一發雷電鳴，全身強索斷紛紛。

(一)背纜斷繼

拉錨斷繼一詞，從表面上來看是矛盾的。拉錨是一個動作，一種勁力；而斷繼又是一個動作，是另一種勁力，因此這是兩個動作而不是一個動作。有這種叫法的人是因為對船上生活不熟悉所致。

心意拳正確的說法應是「背纜斷繼」。諸位一定看過繼夫肩背上的繼繩，在船遇到大風浪或者險灘時，船工都要下船，肩背繼繩，拉船向前行進。當風浪又急又大時，船夫就拼命用力，天常日久，繼繩老化，船夫拼命用勁，繼繩突然斷掉，如果船夫沒有意識到，他們沒有定力的話，一定會因為繼繩斷掉失去控制而栽倒。心意拳練習的就是這一把背纜斷繼時的鎮定定力。當然，心意拳中有將兩種勁力放在一齊練習的，但這種勁力練習大多就是矛盾的、對稱的，有時外人認為不可能做到，但在心意拳中確確實實是形成一種動作和勁力的有效方法。

1.背纜斷繼左式

以輕步站開始。左掌攥拳，從左胯向右畫去，當畫到右肩時，左拳繞過右肩，繞過頭部向左肩前墜下，屈臂成肘，肘尖下垂；同時右手成俯掌，掌心向下，五指成勾，往身後抓去成握繩狀。

然後身體重心前移，左腳前進半步，腳掌落地後屈膝成弓步，腳掌五趾抓地；右腳原地不動，腿部挺直成垈柱步。身向前用力，頭頂項直，下頷裡收，閉唇叩齒，舌頂上腭，臉面要從左肩往後視。（圖 4-15）

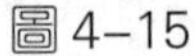
圖 4–15

圖 4–16

2. 背纜斷纖右式

接前式。身體左轉，右肩在前，右腳向前進一步，落地後五趾抓地，右膝屈膝成右弓步，手隨身體左轉從身後往上，高過肩部；左腳在原地不動，腿部挺直成犁柱步。左掌成俯掌，掌心朝下，五指成勾，往身體左後抓去成握繩狀，身向前用力，頭頂項豎，下頷裡收，閉唇叩齒，舌頂上腭，臉面要從左肩往後視。（圖 4–16）

如此一左一右反覆練習，背勁和斷纖時身體的定力可以練習出來。

（二）背纜斷纖的勁意

此式的一背，是將拉船的纜繩搭在人的肩背上，這把勁是反覆練習人的腰背勁。當兩腳站穩、身體用力向前時，是練習人的肩勁，兩肘、兩掌把力。如果船的纖繩繃斷，人的身體雖然向前，但由於天長日久的練習，人不會向前傾倒， 這是定力練習出來的原因。所以，此把勁意在於練習的人從兩腳上到兩胯，兩上升到腰部、兩肩、兩肘、兩手直到頭部，全身處處都得到鍛鍊。

九、迎面貼臂歌訣

不懼敵圍似鐵牆，打前擊後有良方；
前打火箭鑽敵心，背擊迎面貼胸膛。
自古英雄多才藝，敵將我圍我何懼；
我有迎面鐵臂藝，前進後退周天意。

(一)迎面貼背盤練法

1.迎面貼背右式

以輕步站開始。左掌掌心向前，五指叉開向上成立掌，先由下向右畫去，當畫到右肩前時翻掌掌心向外，五指叉開向上，從胸前由上再往左畫去；同時右手握拳，屈臂成肘，右拳從右胯前向上鑽出，高與口平，拳心朝裡。左掌在身體面前畫一大圓以後，到右肘下變拳，左手握拳後鑽在右肘下，用拳眼頂住右肘尖，助右拳往上頂擊。此時右臂正好打成臂陽面朝前，這就是迎面貼背，也叫作「迎面鐵臂」。

在左拳頂住右肘尖向上鑽拳的同時，右腿提膝向上貫擊，有全身縮合之意。頭頂項豎，下頜裡收，閉口叩齒，舌頂上腭，眼向前視。（圖 4-17）

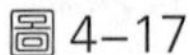
圖 4–17

圖 4–18

2.迎面貼背左式

接上式。右腳向前一步，全腳掌落地，落地後五趾抓地，腳心含空；同時右拳變掌，掌心向外，五指叉開向上，由身體右前方向右外面抓去，在身體右面畫一大圓圈以後，當到胸腹部時又攥成拳向左肘下鑽去。在右腳上步後，左腿提起，左膝上貫；同時左拳變掌，由原右肘下向左外畫去，當在身體左部前面畫一大圓圈以後，由下攥拳，用拳面往上頂擊，拳心朝裡，拳眼向左外。

當左臂屈臂成肘時，正好左臂陽面朝前，打成迎面貼背。右拳用拳眼頂住左肘尖一起向上鑽拳的同時，左腿提膝向上貫擊，有全身縮合之意。頭頂項豎，下頜裡收，閉唇叩齒，舌頂上腭，眼向前視。（圖 4–18）

如此一左一右反覆練習，迎面貼背的勁意可以練出。

(二)迎面貼背的勁意

此式從輕鬆到全身收緊，有聚力、蓄力的勁意，然後左拳頂住右肘尖往上頂擊，看似是往上鑽打，實質是用右前臂往上穿擊，用前臂貼敵人的小腹到敵人的面部都是擊打。這種勁意是全身收緊，通體一貫的。

十、風擺楊柳歌訣

陰陽兼備心意拳，剛柔相濟意綿綿；
任敵巨力來打我，如風擺柳自等閑。
任你狂風從何起，扎根入地似樁立；
莫說柔勁能克剛，原有妙法剛柔濟。

(一)風擺楊柳盤練法

1.風擺楊柳右式

以輕步站開始。右腳先向後退半步，然後左腳也從前面往後退半步。同時右手豎掌，掌心向外，五指叉開向上，從右胯前向上屈臂拖起；同時左掌也變掌心向上，五指叉開向前，成平拖掌，隨右腳及左腳後退，兩掌也向身體右後捋來（圖 4-19）。

圖 4-19

當雙腳站穩以後，左腳往前進半步，右腳也隨之向前，兩腳仍進到原始的位置；同時雙掌均立掌往前推去。頭頂項豎，下頜裡收，閉唇叩齒，舌頂上腭，眼隨兩掌進退而視之。

圖 4–20

2. 風擺楊柳左式

接上式。左腳先往左後退一大步，落地後五趾抓地，腳心含空。左掌成立掌，掌心向外，五指叉開向上，隨左腳往後也往左後方捋去；同時，右掌成平拖掌，掌心向上，五指叉開向前，隨右腳往後退也向左後方捋來（圖 4–20）。當雙腳站穩以後，右腳再往前進半步，左腳也隨之向前，兩腳仍到原來的位置；同時雙掌均立掌往前推去。頭頂項豎，下頜裡收，閉唇叩齒，舌頂上腭，眼隨兩掌進退而視之。

如此反覆練習，也可左右互換練習，可以練出心意拳的柔勁。

（二）風擺楊柳的勁意

此式有向前推動之勢和向後捋拽之勢，這樣後捋前推，就像風的擺動也把人擺動起來一樣，這在心意拳中是專練「柔勁」的一個式子。

十一、珠滾荷葉歌訣

一見驟雨從天降，暴力催我我不忙；
豆大玉珠任搖擺，荷葉滾珠化刀槍。
你打剛來我不剛，心中沉著不慌忙；
只要轉動身手足，禦敵妙法有圓方。

(一)珠滾荷葉盤練法

1.珠滾荷葉左式

以輕步站開始。左手、左腳在前，左掌從左胯旁上起，掌心向下，五指叉開向前；同時，右臂屈臂成肘，右掌也成俯掌，兩掌掌心均向下，兩虎口基本相對，十指均叉開相向，然後兩掌一起向右後畫去（圖 4-21）。

這樣練習一定圈數以後，再由胸前按順時針方向在身體前畫圓。

圖 4-21

2.珠滾荷葉右式

接上式。右腳向右前方上一步，落地後五趾向前抓地，腳心含空；左腳在後，五趾向左方，也抓地；同時左掌掌心向下，右掌掌心也向下，兩掌虎口基本相對，十指揸開基本相向，然後兩掌一起向左後畫去（圖 4-22）。這樣練習一定圈數後，再由胸前按順時針方向在身體前面畫圓。

如此反覆練習，也可左右互換練習，可以練出心意拳的化勁。

(二) 珠滾荷葉的勁意

心意拳有五圓六方之說。五圓即立圓、正圓、斜圓、平圓、錐圓。而「珠滚荷葉」乃是練習心意拳的圓力的一種有效方法。這種練習，不但練習了兩臂的力量，而且人的全身都可以得到有效的鍛鍊，這樣，人的力量就會無形地增長。

十二、九龍開花歌訣

勁在疾狠快利間，九龍開花非等閑；
縱身能上九雲間，落下其根穩如山。
縱使敵人有萬千，閑庭信步鬥敵頑；
龍捆蛇纏我何懼，我有六合心意拳。

(一) 九龍開花盤練法

1. 九龍開花左式

以輕步站開始，左手掌心向裡，五指叉開向上，往右腮處顧去；然後右手也成掌，掌心向裡，五指叉開向上，往左額抱去，這樣兩肘均抱在胸前，然後提右膝成左獨立

圖 4-22

圖 4-23

式（圖 4-23）。

身體一起向上騰跳起，到一定的高度後再突然落下，但不發雷聲。落下後成左腿弓步，右腿箭步，就像虎撲落地一樣的牮柱步一樣，頭頂項豎，下頷裡收，閉唇叩齒，舌頂上額，眼往前視。

圖 4-24

2. 九龍開花右式

接上式。右腳上前一步，右掌掌心朝裡，五指叉開向上，往左腮處顧去；然後左手也成掌，掌心朝裡，五指叉開向上，往右額處抱去，這樣兩肘均抱在胸前，然後提左膝成右獨立式（圖 4-24）。

身體一起向上騰跳起，到一定的高度後再突然落下，不發雷聲。落下後成右腿弓步，左腿箭步，心意拳叫做「牮柱步」。頭頂項豎，下頜裡收，閉唇叩齒，舌頂上額，眼往前視。

如此反覆練習，也可左右互換練習，可以練出心意拳的聚合力。

(二) 九龍開花的勁意

此式有聚合力，就像九條龍絞纏在一起，相互纏繞、相互依賴、相互合力，然後從上往下一直落下，突然發力，勢不可擋。

第五章
心意拳技術套路圖解

第一趟　心意拳四把捶

一、心意拳四把捶秘要

(一)為什麼要起名四把捶？

《六合心意拳譜》曰：

出手橫捶勢難招，展開中平前後梢；
轉身挑領陰陽式，鷹捉四平足下拋。

這是六合心意拳四把捶的歌訣。為什麼心意拳的套路要叫四把捶？六合心意拳四把捶的內涵是什麼呢？

天有風、雲、雷、雨四象，人有耳、目、口、鼻為之對應；地有河、海、山、川四象，人有氣、血、骨、肉為之對應；天有四時，地有四方，人有四肢，所以，天、地、人合一也。天為一大天，人為一小天耳。

六合心意拳中也有四象，它就是氣、火、水、土，對稱人的四肢、四梢。為了更好地鍛鍊人的四肢、四梢，所以古人就以六合心意拳的四象作為四把捶的起名。這就是六合心意拳四把捶起名的內涵。

我們知道，在大自然中，人類和動植物都離不開陽光、空氣、水和土地。這就是整個四象：氣（空氣）、火（陽光）、水（雨水）、土（地球）。

六合心意拳認為人的身體如果四象不淨，就會生 404 種病。因此，古代先賢們就以四象為名，創造了四把捶來鍛鍊人的身體，來增強人體健康，防止疾病的發生。

（二）四把捶的內涵

四把捶在心意拳中占有很重要的位置，它不光是一趟拳法，舊時，它還是識別你是否為心意門弟子的重要標誌。在六合心意拳門中，會盤練這趟四把捶，就是門裡人，不會則不是門裡人。因此，舊時只有遞過帖的徒弟，才能得到老師的親傳，才能學到真正的四把捶，不是門裡人，即使你給錢再多也不能教。故古人有「鬥金難換四把捶」之語，否則此趟捶法「寧願失傳，也不濫傳」。

心意拳中的四把捶，是歷代心意拳家在幾百年的艱苦錘煉中，像沙裡淘金一樣精篩細選出來的武術精華，是拳中瑰寶。四把捶是心意拳先輩們不斷補充、不斷完善，認真總結出來的集體智慧的結晶。

四把捶要求在演練中五勁合一，其五勁是：踩、撲、裹、束、絕。式內含有五行所屬：

出手橫捶屬土。萬物土中生。吃的、住的、穿的、用的，皆來之於土。

鷂子入林屬水。水流萬轉，時緩時急，洶湧澎湃，勢不可擋，可剛可柔，變化莫測，但水柔時也為人類所利用，水到渠成。

轉身挑領屬火。火可熔金，火勢熊熊，氣象萬千，其勢不可擋也。火能熟食，火能取暖，其用處之大，人類不可不依賴之。

鷹捉四平屬木。木能生火，火又剋金，金也可伐木，正一循環耳。

車輪斬手屬風。風動天地變，勢起山河改，風可摧房倒屋，掀浪決堤；然柔時也是輕撫人面，給人以清新。用得好，也自然會造福人類而取之不盡、用之不竭。

這四象具體運用到手法上是：

手心屬水，水性柔，所以要含。

手指屬火，火性烈，所以五指要揸開。

鼻尖屬土，萬物土中生，所以三尖要以鼻尖為準，上對鼻尖，中對手指尖，下對足尖。

頭髮屬金，金能開天劈地，所以頭髮要豎起，髮為血梢，四梢警起，內勁始可發也。

（三）四把捶的變革

四把捶由原來的四個式子，到馬三元時代已有 28 式。再後到買莊圖大師時，他又對原四把捶進行了壓縮和精練，把原四把捶的 28 個式子精簡到還有三個半式子，其動作只有橫捶為一把，斬手為一把，鷹捉虎撲為一把，加反背為半把。買莊圖大師不但改了式子，並且還對原拳藝有了新的體悟，他的體悟是：

出手橫捶無敵家，回身挑領甚可誇；鷂子入林加反背，四把鷹捉染黃沙。

2000 年我們到河南漯河參賽時，發現當地部分練心意拳的朋友只會「兩把半」而不會四把捶全套。這是因為當地早期的心意拳家認為，心意拳是以實用為主，要實戰搏擊，只要練好這「兩把半」就可以防身自衛，夠自己用就行了，所以，沒有廣泛地傳播四把捶。

經我多年到各地收集、考察、研究發現，各地傳承的四把捶又有不同。現以同宗同脈所傳作一比較：

陝西西安安大慶所傳的四把捶是 20 個式子；

河南周口尚學禮所傳的四把捶是 17 個式子。

上海盧嵩高所傳的四把捶套路又有不同。解興榜為盧嵩高的早期入室弟子，他所傳的四把捶只有 17 個式子。蚌埠宋國賓所傳的四把捶也有不同。褚衍玉為其弟子，他所傳的四把捶為 30 個式子。

有人已經把原四把捶的上、中、下三盤架子創編到三趟。現在又發現四把捶多到十趟，即十大真形每形都有一趟「四把捶」。可見社會在發展，心意拳也在進步了。但分析起來，大多因不知何為四把捶的內涵所致。後人在練拳的過程中，不斷地豐富和發展了四把捶，這是一種可喜可賀的事情，但如果自己胡編亂造，沒有很深的學養內涵，那就徒有套路而不能達到鍛鍊自己身心的作用，就達不到造拳的目的了。

隨著四把捶套路的增多，因缺乏正確的理論指導，會使古老的六合心意拳有「畫蛇添足」的感覺，搞不好也會影響後來學習的人對四把捶的理解和運用。

（四）蚌埠所傳承的四把捶

我們所練的這一趟四把捶，基本上是以馬三元的套路式子為母本的。

我所練的四把捶，注重練四把勁：即頭上一把、肩上一把、手上一把、足上一把。

演練四把捶，要靜如山岳，動則崩翻，恨天無柄，恨地無環；低縮高長，裹抱連環，防中有攻、攻中有防，剛柔相濟，柔中寓剛，渾然一體，其勢綿綿，瞬息萬變，動戰萬千；既是套路，又是功法，又是技法，又是兵戰。

演練四把捶，勢要完整，式要連聯，珠聯璧合，心意一元，力要爆發，勁要決斷，火機一發，擊人丈遠。為了更好地研究心意拳文化，現將我所傳練的四把捶套路介紹如下，以供同道研究：

1.輕步站

自然站立，全身放鬆，鬆靜自然，上下無一處呆板僵硬之處。左肩領前，左手左腳在前，右手右腳在後。左腳五趾向前，右腳五趾向右方。兩腳前虛後實，重心在右腿上。身體中正而不偏不倚。

左肘護左肋，左手掌心向內，虎口向後，五指揸開護左胯前；右肘護右肋，右手掌心向內，虎口向前，五指揸開向前斜下方，貼在右胯前。兩肩要鬆，沉肩墜肘，含胸拔背，頭頂項豎，下頜內收，閉唇叩齒，舌頂上腭。兩眼向左前方前視。（圖 5-1-1）

【要點】：此式為心意拳的開首準備式，可以變化為

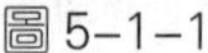

圖 5-1-1

圖 5-1-2

一切動意，或打或顧，或進或退，隨心所欲，萬法從此開始。但此式站時要全身放鬆、虛靈頂勁。

2. 熊出洞

全身警起，縮束合一，要有高度集中之精神。站立時要左腳尖立起，五趾朝上，以腳後跟為支撐點。右腳掌向右方，五趾抓地，腳心涵空。左臂屈臂墜肘，左掌由左胯前上起，掌心向下內含，虎口向右，五指揸開向前；右手掌心向下，虎口向左，五指揸開，放在右胯前的小腹丹田部位。頭要上頂，下頜裡收，閉唇叩齒，舌頂上腭。兩眼要向前方視去。（圖 5-1-2）

【要點】：此式為心意已經發動，可攻可守，可進可退。此時意謂我有大熊之身，豎項垂肩含千鈞之力。兩肘護肋，兩手護心；站立後手尖、鼻尖、腳尖在一個立體平面上，為三尖照。

【說明】：因為心意拳傳到馬學禮時，已經被回民的伊斯蘭文化融合，故四把捶的出手式有「湯瓶式」的印記，此「熊出洞」實有湯瓶起式的內涵。

3. 虎　撲

左腳上前半步，全腳落地，落地後屈膝成弓腿，膝蓋下小腿與地面成 90°，五趾抓地；右腳隨左腳前進也腳掌向前，右腿挺直，五趾抓地，從右腳跟到頭部形成一挺直的斜線，心意拳叫作耸杆之箭（此勢又有斜線支撐之形，又有像弓箭在弦上準備待發的意境）。

在左足落地的同時，左肩下沉，左手下撲按到左膝內側；足落地、栽肩、左手往下撲按，三個動作要在同一個時間內完成；左手掌心向下，虎口向外，五指揸開向前，但指尖不能過膝，為虎不現爪。右手掌心向下，虎口向前，五指揸開也向前，按到襠前護襠。兩眼往左前方前視。頭要前頂，項要豎直，下頷裡收，閉唇叩齒，舌頂上腭。兩眼向前上方視去，全身成耸杆之箭勢。（圖 5-1-3）

【要點】：此式有餓虎撲羊之勢。擊打時全身勁要完整，有打耸杆之箭勁。要像「牆倒最難頂，天塌不能擎」一樣讓敵人無法防備、無法還手。

圖 5-1-3

4. 虎坐山

圖 5-1-4

接上式。右腳五趾抓地不動，重心後移，臀部後坐；同時左腳後收，腳後跟著地，腳掌前翹，腳趾向上；合襠扣膝，兩股相併，穀道上提，小腹上翻。左手變立掌，置放左膝上方，五指揸開向上護胸前；右手掌心向前，五指揸開向上，右手虎口附在左掌大拇指處。兩臂夾緊為合勁，兩肘下墜護肋，頭頂項豎，下頜裡收，閉唇叩齒，舌頂上腭。眼要從左掌虎口前望。（圖5-1-4）

【要點】：心意拳的勁意是有前必有後，有進必有退。前擊後打是心意拳的特點。

此式為心意拳的後坐勁，是防止後面來人把我摟抱住，我用臀部坐擊後面人的小腹部。

5. 過步箭躥

接上式。左腳上前一步，落地後五趾抓地。右腳隨雙手向前抖擊，同時上前墊一步，腳跟著地，五趾向上。仍要合襠扣膝。在過步時手腳一起動作，兩手掌先一起下撲，然後雙掌十指均揸開向前，往下一按後再兩臂一起合勁，帶動雙掌一起向前抖出，抖出時雙掌用掌沿前擊；這就是猛虎的抖毛之威、出洞之勇的表現。要聚精會神，兩

眼前視，一心貫注。（圖 5-1-5）

【要點】：虎有搏戰之勇，抖毛之威，此式有馬奔虎踐之意。所以練時，雙掌要抖彈，要有抖彈力、前穿力，要有抖絕勁。

此式為進步的過渡動作，先上左腳，再上右腳，要超過左腳，腳掌落地後，五趾向上，腳跟著地，兩肘護肋，兩膝相合，襠部要扣。也有人把此式叫作「虎步踐躍」，但其步比過步要大。

圖 5-1-5

6. 猴豎蹬

緊接上式。右腳隨雙手前抖按擊的同時上前一步，落地後五趾抓地，重心在右腿上。左腳立即也向前上一步，左腳跟立地，腳尖翹起，合襠扣膝，穀道上提；左手變鈎手，從懷中穿出，置於左膝前，五指撮成鈎手，左臂屈臂，肘部下墜。右掌五指揸開向前，虎口向左，掌心向下，用右掌護住左肘，右肘緊護右肋。頭頂項豎，下頜裡收，閉唇叩齒，舌頂上腭。兩眼向前上方注視。（圖 5-1-6）

圖 5-1-6

【要點】：此式為心意拳的縮身之法，是為躲顧敵人之法，但要縮得緊，也是準備向上縱身，攻擊敵人之前兆。

7. 橫　拳

圖 5–1–7

接上式。左腳向前半步落實，五趾抓地，左膝成弓步；右腳原地不動，腿部挺直，支撐身體成牮柱步。左手鈎手變掌，虎口向上，五指揸開向前；右掌變拳，拳眼朝上；左掌右拳合抱一起，由下向上往前上方沖擊而出，高與口平。兩肩內扣，兩臂內滾，頭頂項豎，下頜裡收，閉口叩齒，舌頂上腭。全身也要打成牮杆之箭勢。眼前視。（圖 5–1–7）

【要點】：兩臂要有合抱勁，要沉肩墜肘。此式有恨地無環之勁力，設想如地球有環，我就要將地球提起，此把勁可與恨天無把同練。

【說明】：有人看此捶名「橫捶」，可捶並不橫，實不知心意拳的橫拳是「出橫不見橫，落順不見順」。兵不厭詐，此又為心意拳法之刁鑽耳。

8. 轉身鷂子入林

接上式。身體後坐，重心後移，右腳尖翹起，左臂上舉，前臂與上臂成 90°角。左掌掌心向右後擰翻，虎口向上，五指揸開也向上。右肘橫貼右胸部，右掌掌心向上，虎口向下，五指揸開向左，置左肘部下方，掌背盡量貼左胯部。兩臂相交，護住胸前。面部朝右肩轉去，全身要擰成呈捆綁勁、裹縮勁。頭頂項豎，下頷裡收，閉口叩齒，舌頂上腭。兩眼順右肩前視。（圖5-1-8）

圖 5-1-8

【要點】：此式有裹抱之勁，有蓄而待發之意，實為一顧法耳。回身轉身時，要以左腳跟為支撐點，以腰為軸向右轉身要有螺旋勁，全身上下保持完整一致。又有猛虎回頭、鷂子側身之意境也。

圖 5-1-9

9. 丹鳳朝陽

上式不停。全身重心後移，由左向右後轉。右轉身的同時左腳由左後往前踢，用腳跟著地，腳掌上翹，五趾向上，重心在右腿，右腳原地不動。右掌由左肘下向上豎掌上挑，虎口向上，掌心朝內，五指揸開向上；左掌在右掌上挑的同時，由上向下順右胸部按捋，在右肋處停住，掌心向外，虎口向右，五指揸開向右斜上方。頭要上頂，下頷裡收，閉口叩齒，舌頂上

髈；襠部要扣，夾股提穀。兩眼前視。（圖 5–1–9）

【要點】：此式與上式「轉身鷂子入林」要一氣呵成。右掌上挑時要收腹、挺胸、合襠、穀道上提。左掌下按和右掌上挑形成上下爭力；左掌雖下按但有上捧之意，右掌雖上挑但右肘有下墜之力。此勢即為束展二字之意。

10. 身　落

接上式。左腳向前跨半步，全腳落地，五趾抓地。再上右腳，腳跟著地，腳掌翹起，五趾向上。右掌在身體向下落時由上下劈，一直劈到右腳內踝處停下，掌心向左，虎口向前，五指揸開向下，劈時要沉肩墜肘。左掌從襠前向上托起，一直到右腮旁停住護腮，掌心向外，虎口向後，五指揸開向上。右腳在左腳落地抓實以後，有向前蹬擊之意，然後屈腿，右腳後跟落地，腳掌翹起，五趾向上，全身縮束合一，這就是「縮成蛋」。兩眼往前上方注視，兩肘均要夾緊。（圖 5–1–10）

圖 5–1–10

【要點】：下劈時動作要敏捷，肘下墜要狠，若敵方手抽回我即追形隨影，立即跟上隨敵手挑擊敵人。

11. 挑　領

接上式。右腳向前上一步，屈膝成右弓步，全腳掌落地，五趾抓地，腳心要含。左腳不動，用腳跟為力點，左腿挺直，在後蹬實，支撐全身成牮杆之牮步。右手成豎掌，掌心向左，虎口向前，五指揸開朝上，向前上方挑起；左掌在右掌上挑的同時順右胸往下捋按，一直到襠前護襠，掌心向下，虎口向右，五指揸開向右斜方。頭要前頂，項要豎直，下頜裡收，閉唇叩齒，舌頂上腭。眼看右掌。（圖 5-1-11）

圖 5-1-11

【要點】：《拳譜》曰：「轉身挑領陰陽式，渾身齊到無阻擋。」此式動作要上下完整一致，發力時要以腰送力。上挑時要肩催肘、肘催手，要有「恨地無環」的勁意。

【注意】：此式在搏擊格鬥時，肩頂、臂挑、肘擊三者一氣完成，故在拳藝上又有「硬開三橫鎖」之稱。

12. 鷹捉把

右腳不動，重心前移；左腳提起；左膝屈膝往上貫膝，腳掌要平，五趾向前，靠向右腿膝部；右腳站成獨立步，五趾向前抓地。右臂右掌不動。左手掌心向前，虎口向上，五指揸開也朝上，從襠前向上順右臂前搓出一直到右掌處；右掌心向外，虎口向上，五指揸開朝上；左掌立掌，掌心向右，用掌跟立於右掌虎口上，五指揸開朝上，掌根朝前。兩眼前視，兩肩內扣。兩臂向內裹，兩肘有下

墜之勢。頭要前頂，項要豎直，下頜裡收，閉唇叩齒，舌頂上腭。眼要向前上方視去。（圖 5–1–12）

圖 5–1–12

【要點】：《拳譜》曰：「起手鷹捉，出勢虎撲。」又曰：「勢勢不離虎撲，把把不離鷹捉。」可見此把拳藝在六合心意拳中的核心地位。在演練時兩掌合搓時要有合勁，要有抓勁，臂有劈勁，頭有頂勁。此把就是「恨天無把」之勁。眼要從兩臂內注視敵人。

13. 虎　撲

圖 5–1–13

右腳立定不動，左腳弓步向前踩撲去。然後左肩前擰，左肩向前栽肩，兩掌十指成鷹爪一起往下抓拽，左手掌心向下，虎口向右，五指揸開朝前下按到左膝處，左手五指前頂但不過膝，為虎不現爪；右手掌心向下，虎口向前，五指揸開也向前，下按在襠前護襠。兩肩要扣，兩肘要夾，左肩要沉肩墜肘。頭前頂，下頜裡收，閉口叩齒，全身要成竿杆之竿。眼光要前射視。（圖 5–1–13）

【要點】：同3式。

14. 虎坐坡

同4式。

【要點】：同4式。

15. 過步箭躥

同5式。

【要點】：同5式。

16. 猴豎蹬

圖 5-1-14

同6式。

【要點】：同6式。

17. 橫　拳

同7式。

【要點】：同7式。

18. 燕子抄水

接上式。右腳不動，右腿屈膝成右牮柱步。左腳由前向後撤步，但腳掌五趾仍向前。左掌反掌，掌心向左，順胸前向左膝前抄去，掌心向右下方，虎口向前，五指揸開也向前下方，右拳由拳變掌，反掌掌心向外，虎口向上，五指揸開也向上方，置頭部右上方。眼順左肩向前視去；全身成牮柱步勢。（圖 5-1-14）

【要點】：此式轉身要快，身體下刺不能過低，不然架子會散，也不利於變化。

19. 迎面貼背

圖 5–1–15

接上式。重心前移。左手掌心向前，虎口向右，五指揸開向上成立掌。左腳五趾抓地落實後身體前起。右掌變拳，從頭右上方向右往外畫一大圓，經胸前往上頂擊，拳心向內，拳眼向右；在身體前起的同時右膝提膝向上貫膝成左獨立式。左掌變拳，用拳眼頂住右肘尖，助右拳往上頂擊，此時身體成左獨立式。頭要上頂，項要豎直，下頜裡收，閉唇叩齒，舌頂上腭。眼要前視。（圖 5–1–15）

【要點】：此式起身向上動作要快，勁要完整，全身要合抱。

20. 鷂子右栽肩

接上式。左腳不動，右肩向前栽去。右腳落地，屈膝成右弓步。右拳變掌，順勢右下劈，一直劈到右膝內側護膝，掌心向左，虎口向前，五指揸開朝下；左掌在右掌下劈時掌心向右，虎口向上，五指揸開向上往右肩部推格去護右腮。頭要上頂，項要豎直，下頜裡收，閉唇叩齒，舌頂上腭。面向右肩，兩眼前視。（圖 5–1–16）

【要點】：栽肩時要沉肩墜肘，右肘護右肋，左肘護左肋。勁要完整，下栽時要有絕勁。

21. 車輪斬手

圖 5-1-16

接上式。重心前移在右腿上，雙臂伸直，兩掌掌心相對，虎口均向上，十指揸開朝前，兩臂一起向上挑起，再屈臂墜肘，用兩掌抱向頭部左右太陽穴，雙肘向前頂擊。左腳橫腳，腳掌五趾斜向左前方，腳心向前橫踢截擊敵方。頭頂項豎，下頜裡收，閉唇叩齒，舌頂上腭。眼往右前方視去。（圖 5-1-17）

【要點】：此式上挑下踢，全身動作要協調一致，雙臂先上挑再下劈截，雙肘前頂，兩肘尖要像有鎖鏈扣住一樣，不能肘尖外擺，兩臂要有夾合勁。

圖 5-1-17

22. 枯樹盤根

接上式。左腳落地，然後坐盤，左腳心要斜向右前方，五趾斜向左前方，左腿在上，右腿屈腿在下，右腳前掌著地，腳後跟離地欠起。兩肘部相併，兩前臂一起靠在小腹上部；左掌和右掌掌沿相併，兩掌心一起向上，虎口向外，十指揸開均向前，均成

托掌式。頭要上頂，項要豎直，下頜裡收，閉唇叩齒，舌頂上腭。眼要向右前方視去。（圖 5-1-18）

【要點】：此式為枯樹盤根腿，又為十面埋伏身，可四面八方任意盤練。是先展後縮、縮而再展的動作。

圖 5-1-18

23. 手托頑石

接上式。兩腿成剪子股勢站起。兩掌從下往上抄起，就像從地上把石條托起拋向天空一樣，兩掌心向上，虎口向左右兩邊，十指揸開向前。頭要上頂，項要豎直，下頜裡收，閉唇叩齒，舌頂上腭。眼向右前方看去。（圖 5-1-19）

【要點】：此式是起身式，但襠部仍要扣合，上身動作不動，是練身體的整體力。

圖 5-1-19

24. 駿馬抖繮

接上式。左腳全腳不動，右腳在左腳為力點的支撐下向右前方跨去，右腳落地後五趾抓地成右弓步，左腿成左犁步。雙肘往後擊，左掌下帶到左胯前，掌心向上，虎口向左外，五指揸開向前，右掌掌心向上，虎口向右外，五指揸開向前，下帶勒於右胯前，兩臂夾緊。頭頂項豎，下頜裡收，閉口叩齒，舌頂上腭。眼順右肩前視。（圖 5-1-20）

圖 5-1-20

【要點】：左右兩肘緊護兩肋，眼要順右肩前看。此式可進可退，動轉自如。

25. 嬰兒擊食

接上式。左腳不動，以左腳為力點，右腳後退與左腳並齊，兩腳十趾均向前。身體直立，頭頂項豎，下頜內收，閉口叩齒。隨右腳後退雙掌掌心向前，十指均揸開朝上，自兩胯前部一齊向前推擊出，擊出後成兩掌立掌，掌心向前，虎口相對，十指仍向上，兩掌相距約半尺。前擊時要以肩催肘，肘催手向前一起用力猛擊，並發一聲雷聲「喝」。頭頂項豎，下頜裡收。發雷聲時要口張開。眼從兩掌中間前視。（圖 5-1-21）

圖 5-1-21

【要點】：此式雙掌前擊時要有抖彈力。發雷聲時要氣自丹田出，震動內臟。內氣鼓蕩，內力合神隨雷聲一起發出，聲腔共鳴，威震敵膽。

26. 虎　撲

同 3 式虎撲。

27. 橫　拳

同 7 式橫拳。

28. 虎觀山（又名霸王觀陣）

由前式，左腳向後退一步，腳落地後屈膝成弓步，右腳原地不動，在左腳向後退步時，右腳前掌向左擰轉，左肩領前，腳跟落地，右腿挺直，成垈杆之箭形；在身體向左轉身的同時，左掌從右拳處順身體前上方向下、經襠前向左膝前撩擊，一直到左膝內側停住，掌根和小指朝外，掌心向內，虎口向後，五指揸開向下；右拳在身體向左轉身時變成掌，先經面部向左腮處頂格去，然後向下經左胸部向下往右畫去，在身體前面正好畫一大圓，到襠前停住，掌心朝內，虎口向前，五指揸開斜向下。頭頂項豎，下頜裡收，閉唇叩齒，舌頂上腭。眼順左肩前視。（圖 5–1–22）

【要點】：此式又為猛虎回頭式。回頭轉身要快，轉身後左肘尖要先外頂，右肘尖要向後頂。全身由縮變展。

29. 龍形裹橫一

接前式。左腳不動，右腳向前跟進半步，用右膝蓋頂近左膝彎內處，腳掌落地，五趾抓地，腳心含空，成左雞

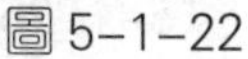
圖 5-1-22

圖 5-1-23

步。左掌掌心朝右，五指揸開向上，向右肩格去；右掌掌心向左，五指揸開向左下方，向左膝前插去；左臂抱貼在胸前，右前臂伸直在裡貼身；兩臂交叉在胸前。頭頂項豎，下頜裡收，閉唇叩齒，舌頂上腭。眼向前方視去。（圖 5-1-23）

【要點】：此式是由展變束，上面兩臂要夾緊，下面兩腿要合襠，全身縮束合一。

30. 龍形裹橫二

接上式。右腳向右前方進一步，落地後屈膝，五趾抓地；左腳跟上，用膝蓋頂近右膝彎內處，落地後也屈膝，五趾抓地，成右雞步。同時，右臂肱部端平，掌心向上，五指揸開向右前方；左掌用虎口處扶住右肘尖處，然後在左掌的助力下，用腰部帶動，右臂肱部向右方橫裹過去。頭頂項豎，下頜裡收，閉唇叩齒，舌頂上腭。眼向右前方

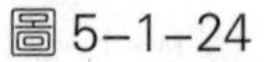
圖 5-1-24

圖 5-1-25

視去。（圖 5-1-24）

【要點】：此式的轉動是用腰部的力量，心意拳叫「身力」。

31. 龍形大劈

接前式。左腳上前一步，腳掌斜向左方，腳心向前，右腳在後。在左腳上步時，隨身體左轉，左掌由右向左經面部向左方畫撥去，在面前畫一大圓後在右腮處停住，掌心朝外，虎口向上，五指揸開也向上；同時右掌經小腹部向右上畫一大圓後再向左方劈下，一直劈落到左胯處，掌心向外，虎口斜向下，五指揸開朝下。頭頂項豎，下頜裡收，閉唇叩齒，舌頂上腭。眼向左前方視去。（圖 5-1-25）

【要點】：此式由身體直立突然轉身束合，全身上部兩臂先交叉成十字手式，全身有捆綁之勁。此式又為龍形十字裹橫勢。要先展後縮，縮而再展。

32. 挑　領

同 11 式挑領。

【說明】：練到此處，如果是右臂高挑起成黃鷹單展翅勢，那麼，到下勢時也應左臂高挑起為黃鷹左展翅，這樣，我們又可以從這趟四把捶中學會了一趟新東西。

古老的心意拳中套路只有這趟四把捶，由於地區的區別，傳人的不同，後來有新的套路出來是不稀奇的。傳統的東西有繼承才有創新，有創新才有發展，但不管怎樣，萬變不離其宗。

33. 坐盤大劈

接上式。身體向右轉，右腿屈曲，右腳心向左外斜方；左腿屈曲在下，成坐盤剪子股式。然後左掌向右方劈去，隨身體坐盤而下落，掌心向右外，五指揸開向右下方，左臂肱部放在右膝上；同時，右掌在身體前面畫一大圓圈以後，右掌掌心向左，五指揸開也向左，往左肩尖推去。頭頂項豎，下頜裡收，閉唇叩齒，舌頂上腭。眼向前方視去。（圖 5-1-26）

圖 5-1-26

34. 青龍出水

圖 5-1-27

接上式。左腳向左前方進一步，左腳跟先落地，腿部微屈；右腳在後不動，腳掌落地，五趾抓地，也成屈腿形。同時，左掌帶動左臂先向左前方挑出，掌心向右上方，五指揸開向上；右掌在左臂上挑時從左肩尖處畫下，到左肘彎內處停住，然後用掌扶住左臂，助左臂上挑。頭頂項豎，下頜裡收，閉唇叩齒，舌頂上腭。眼向左前上方視去。（圖 5-1-27）

35.左挑領

圖 5-1-28

接上式。左腳繼續向前上步，落地後屈膝成弓步，五趾抓地；右腳在後，原地不動，腿部挺直成犖柱步。同時，左臂在左掌帶領下繼續向左前上方挑出，掌心向右，五指揸開向前上方；右掌在左掌挑出的同時，向襠前捋下，掌心向下，五指揸開向前。頭頂項豎，下頜裡收，閉唇叩齒，舌頂上腭。眼隨左掌往前上方視去。（圖 5-1-28）

36.抱中節

圖 5-1-29

接前式。右腳與左腳併齊。同時，左掌握拳，屈臂成垂肘，拳面向上，拳眼向上，抱在裡面；右掌也握拳，右臂也屈臂成垂肘，肱部陽面朝前，拳眼向右外，拳高於眉。頭頂項豎，下頷裡收，閉唇叩齒，舌頂上腭。眼往右拳前視去。（圖 5-1-29）

37.虎 撲

圖 5-1-30

接前式。左腳上前一步，落地後屈膝成弓步；右腳在後，原地不動，腿部挺直，成㞏柱步。隨左腳前進，身體前傾，兩拳均變掌。左掌掌心向下，五指揸開向前，落在左膝蓋內；右掌也掌心向下，五指揸開向前，落到襠內。頭頂項豎，下頷裡收，閉唇叩齒，舌頂上腭。眼往前視。（圖 5-1-30）

38.轉身反背把

圖 5–1–31

接上式。身體右轉，右腿屈膝成弓步，左腿挺直成牮柱步；右掌攥拳從襠部向後掃擊過去，高舉過頭頂，拳眼虎口向上；左掌從左膝蓋內往右腋下鑽去，貼在右肋，右臂上挑。眼要隨轉身盡力往右後視。然後左掌掌心向右，貼往右臂上臂處，右拳隨身體向右後上方挑去。頭要頂，項要豎，頜裡收，閉口唇，叩牙齒，舌頂腭。眼要隨右拳視。（圖 5–1–31）

【要點】：此式為轉身後擊式，所以轉身要疾快。

39.反弓斷弦

接前式。左拳眼抵住右肘尖，左肘貼在左肋部；右手握成拳，拳心向內，拳眼朝右，肘部要有墜意。然後縱身向上跳起，在全身上跳的同時，右腿提起向上貫膝，右腳掌要平，五趾朝前（圖 5–1–32）；然後左腿也迅速跟著提膝上貫，腳掌要平，五趾朝前，在空中形成左弓式（圖 5–1–33），再一起下落。

落時要兩拳變掌，左掌從右臂上劈下，左手虎口向右，五指揸開向前，掌心向下在左膝處，指尖不過膝；右手在左掌前劈時從左肘下捋回，落到右胯前，掌心向下，虎口向左，五指揸開朝前方。落時要有整勁，像場下來天

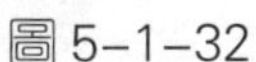
圖 5-1-32

圖 5-1-33

一樣，又像弓箭的弦繃斷了一樣，落地後成拳柱步。

在落地時要大喊一聲「噫」，這是另一聲雷聲，發雷聲可以把在練拳的過程中身體內的餘氣放出來，又可以起到威震敵膽的作用。頭頂項豎，下頜裡收，閉唇叩齒，舌頂上腭。眼光要像電一樣向前射去。

【要點】：此式是打「恨天無柄」的絕決勁。從轉身到上起、再落地，三式一氣呵成。

40. 還原輕步站

接上式。重心後移，右腳向前半步站實，左腳由前向後退半步，成輕步站式。見圖 5-1-1。重心移在左腳上，兩腳相併，十趾抓地，腳心含空。雙掌反掌，掌心向上，十指自然揸開向前，分別從左、右胯旁向後畫圓變掌心向下，兩虎口相對，十指揸開，十指仍向前，並將掌分別置於左右胯旁前。眼向左視。

二、四把捶的內功闡秘

凡練六合心意拳的人都知道，四把捶是心意拳中惟一一趟功夫拳，可稱作六合心意的看家拳。既為看家拳，一定有精湛的內功和技擊術包含在其中。心意拳就是憑此趟拳法保護門戶，憑此拳藝闖蕩江湖，憑此拳藝打天下的。

以前，我雖然在《心意拳》和《心意拳真諦》兩部書中介紹了心意拳的內功功法，其中不少功法是四把捶中關於內功功法的東西，明眼人一眼就可以看出。

對《心意拳》書中的「內功八法」，是心意拳內功功法的初步揭示，如果不加以解釋，外行人會把它當作一般氣功來認識。古代先賢們常說：「理者，心意拳之至道也。」因此，在這裡，我把四把捶中的內功功法之道理講出來，將其秘要闡述出來，以利大家對四把捶有一個更深刻的認識。

這裡有一點需要說明：不管哪門武術，其內功總應是由初級到高級的，心意拳更是如此，所以，只有循序漸進，才能登堂入室，由登堂入室而階及神明，由階及神明而進入上乘。

(一)渾元樁功

心意拳的渾元樁功，就是「抱丹田」。

在做內功之前，首先要調息。什麼是調息？顧名思義就是「調整呼吸」的意思。一呼一吸為一息。在做渾元樁功之前首先要進行調息。

心意拳每日的練功時間，最好在早、中、晚進行三遍練功。不論在什麼時間，練功之前一定要先調息。只有經過調息，使心靜意寧，心動平緩，平心靜氣，達到無思無慮，才能由靜入定。只有由靜到定，才能有利於內功的進行。

具體站法：先立正而站，然後開左腳向左一步，兩腳站立如肩寬，兩膝微屈，似站非站，似蹲非蹲。兩肩下沉，兩臂下垂，也似直非直，似屈非屈，兩掌相抱，兩掌心相對，十指彎曲如瓦楞狀，如抱一氣球在小腹部丹田前。

練功前，先用口向外吐氣七口，是鼻吸口呼，吐故納新；做完吐故納新以後，改為鼻吸鼻呼，最好做 36 次。等呼吸調整均勻以後，心平氣和了，即可以做以下式子。

調息時，以兩耳聽不到鼻孔呼吸為妙，這樣要堅持做 20～40 分鐘。

入靜意守一會兒後，內視祖竅穴，以意領氣，向下降氣。氣下行時要沉肩墜肘，含胸拔背，鬆腰鬆胯，尾閭微收。兩手掌心向下，五指揸開向前，虎口相對，從上往下按。身體同時隨手掌下按，往下屈膝，慢慢下蹲，將氣降到兩腳的湧泉穴。當感覺氣降到不能再降時，再由兩腳湧泉穴順兩腿而上行，身體也隨之站起。當氣行到兩胯的環跳穴時，兩胯內縮，氣到會陰穴。從尾椎處向上翻起，真氣自然會上升。

四把捶的呼吸，要配合動作進行。動作伸展時為開，吸氣；收縮時為合，呼氣。這種練氣養氣的方法在心意拳中也可以叫作「開合功法」。是吸為虛靈勁，呼為實勁。

在實用時一定要掌握好氣的呼和吸。

(二)抱丹田

1.輕步站

四把捶的頭一個式子就是「輕步站」。首先我們來認識「輕步站」。也就是「抱丹田」的式子。

「輕步站」是練習者在無極狀態下向有極狀態即向拳術的陰陽狀態發展的第一個式子。

所謂無極狀態，是指人處在混混沌沌狀態，在宇宙的無極狀態下天地不分，陰陽不辨，無思無慮，無意無想，心中空空洞洞，眼中無視，身上無物。然而人是與宇宙、天地、大自然相通的，所以雖然無思無視，但卻是與天地融為一體的，這就是無極。

繼而身體左轉，左手左腳在前，左肩領前，人也面向左方，側身而站，兩眼向左前方視去。這時練功者從無極狀態向太極而轉化，於是就成輕步站姿勢，這時是天地有萬物，拳術有陰陽了，心意拳就可以從此開始了。

2.輕步站的具體站法

練習者從無極狀態轉而向左側身而站，左肩領前，左手左腳在前，右手右腳在後，兩腳一前一後。左腳掌向前，五趾抓地，腳心含空；右腳掌在後，五趾向右方，五趾抓地，腳心含空。左手五指揸開，自然下垂，掌心向內，放在左胯裡側護胯；右手五指揸開，掌心向內，放在右胯前，指尖斜向下，掌背朝外，但兩手掌相抱，兩虎口相對成圓，抱在小腹前，像抱一個球一樣。頭頂項豎，下頷內收，閉口叩齒，舌頂上腭。兩肩鬆開下沉，兩膀扣住，胸膊含勁，腰胯下塌，穀道上提，心寧氣沉，渾身泰然。兩眼前視，要「熊兒觀天非觀天」，但是雖非觀天卻要有環顧四處、耳聽八方之意，有「敵方要動則我動在敵先」的以靜制動的姿態。

心意拳的輕步站要求練習者全身放鬆，虛領頂勁，下頷內收，閉口叩齒，舌頂上腭。這種站法是輕靈鬆柔、圓活自如的，但卻要求演練者在外「手與足合、肩與胯合、肘與膝合」；在內則要「心與意合，意與氣合，氣與力合」。只有做到這六合，才是心意拳的輕步站一式。

3. 輕步站的要點

輕步站的要點是，每個動作要做到鼻尖、手指尖、腳尖要在一個立體平面上，這就是心意拳的三尖照。三尖照做到了，三彎套也就做到了。心意拳的三彎是指手彎、臂彎、腿彎。三尖要照，三彎要套，這是心意拳輕步站的基本要求。

要想學好心意拳，以後不管學練哪一形，起勢都要從輕步站開始。

4. 輕步站的站樁意義

上面已經說過，輕步站是左手左腳在前，右手右腳在後；左掌掌心向內，五指自然揸開向下貼在小腹前；右掌掌心也向內，五指自然揸開向前下方，貼在右胯前；全身輕鬆，由體內的陰陽二氣在體內順陰陽經絡通行。頭頂項豎，真氣可以直達百會穴；舌頂上腭，可以搭鵲橋，任督二脈氣通；含胸拔背，可以虛胸實腹，氣沉丹田；兩肩下沉，內氣可以通過肩井穴而直到手掌勞宮穴。只有兩肩沉，上面的氣才能由肩井穴通過肘部曲池穴到達兩手掌的勞宮穴；而又從勞宮穴吸氣循兩臂陰面向上回到肩井穴，再由肩井穴下膻中穴到下丹田；在下丹田守一會兒，再由下丹田過會陰穴，分兩路各奔胯環跳穴，再順腿的陽面過膝陽陵泉穴直下腳底湧泉穴。

這樣，人體內的真氣在身體內循經循環一周，全身的氣血已經貫通，氣血貫通，就是我們平常說的舒經活絡，氣血和順，這樣就可以祛病延年。對練功者來說，就是長功。但這些氣從哪裡來呢？就是小腹前兩掌相抱而養成的丹田氣。

（三）射丹田（虎抖毛）

所謂「射丹田」，又名「虎抖毛」，是表示走獸類動物的搏擊前兆，有「抖毛之威，搏戰之勇」的虎虎威勢；也就是精神抖擻、精神集中的意思。

就是我在與敵人實戰搏擊之前要提起精神，鼓足勇氣，運用丹田的勁力向前發射。人的丹田如果沒有氣力，你要抖也是抖不起來的，所以，在練習心意拳四把捶的「丹田功」時首先要丹田有氣，才能全身有力。「射丹田」就是練習丹田的氣力發射的。

1. 射丹田的三步順序

練習者在丹田有了氣以後，就可以按照我在《心意拳》書中介紹的「內功八法」做轉丹田、晃丹田、揉丹田等丹田功法的練習。當你感到丹田氣非常足的時候，就要做「四把捶」中的射丹田。

練習時，先由輕到重，由慢到快，由小力到大力逐步練習。當練到一定的時日，再做「四把捶」的「虎抖毛」——射丹田的動作。

2.射丹田的要點

在做射丹田時，要用兩手掌的掌根部往回捋，兩肩要扣，兩肘要夾，掌根要撞擊自己的小腹部，撞而即起，兩掌往前頂戳，十指前頂；然後再往後捋，再次撞擊小腹。在兩掌根撞擊自己小腹時，鼻孔隨掌根的撞擊而向外呼氣，有丹田之氣像火槍向外、向前噴射一樣。如此反覆練習，即是練習射丹田法。

3.射丹田的意義

《六合心意拳譜》中說到：「精養靈根氣養神，養功養道見天真；丹田養成千日寶，萬兩黃金不與人。」可見練習心意拳的人對丹田氣的重視。我們將練出的丹田氣，在自己的丹田中反覆研磨，最後又將之射出去，這種鍛鍊是考驗自己的腹部和身體的抗擊打的能力。

另外，這個動作是「虎抖毛」和「過步箭躥」連在一齊練習，不但練習了手法，也練習了身法、步法，加之丹田發力，這種內力是不可估量的。

（四）噴丹田（嬰兒擊食）

1.什麼是噴丹田？

所謂「噴丹田」，就是四把捶中的「嬰兒擊食」一式。就是說，孩子饑餓的時候，要找食吃，當母親來時，嬰兒撲在母親懷中搶奶吃。嬰兒擊食就是以這一率真的動作來作為心意拳四把捶的式子。

2.噴丹田的要求

具體練法：兩腳並齊，兩腳十趾均向前，兩手掌從兩胯旁一齊向前推擊出，兩手掌心均向外，十指揸開向上，要肩催肘，肘催手，向前猛擊。

心意拳的要求是沉肩墜肘，含胸拔背，兩臂不能伸直。但「嬰兒擊食」打出兩掌時，兩臂要挺直；立掌坐腕，打出後兩掌之間要相距15～20公分，掌心向前，十指揸開向上，兩眼從兩掌間前視，雙掌前擊時要有抖彈力。兩腿要挺直，兩腳相併，腳掌向前。並且在兩掌擊出的時候，丹田發力，周身運氣，並發一聲雷聲「嗨」。

《六合心意拳譜》中說：「嗨是令來噫是打。」（心意拳的五行對應五音，但常用的是「嗨」和「噫」兩音）。這一聲也是換氣的動作，表明四把捶在練習中內氣鼓蕩，丹田發力，所以，在此勢中將胸腹中的餘氣隨此勢的練習而噴出。

此勢也有氣發丹田、震動內臟的雷聲的作用。

3.噴丹田的意義

心意拳的「噴丹田」，其意在行拳走勢中，利用手掌的勞宮穴從大自然中把氣引到身體中。《六合心意拳譜》中說：「三心要併。」是指頂心往下，腳心往上，手心往回，是謂三心併。此式是用手心與大自然進行交流的一種吸氣養氣方法。當兩掌從自然中抓攫時，手掌已經把自然之氣用勞宮穴吸進，然後順手臂將氣運到肘部曲池穴，再由曲池穴運到兩肩的肩井穴，從肩井穴引氣進入膻中穴，然後直達下丹田穴。

此式在做擊技噴打時，是將丹田中的氣（經由丹田練過的氣）返回兩肩，由肩井穴催向曲池穴，再由曲池穴發出到兩掌擊打敵人。

(五) 捧中節

1.什麼是捧中節？

所謂「捧中節」，是指四把捶中「裹抱式」。這個動作，一般人不知道，老師也最容易留這一手不教。當四把捶練到第四個來回趟，兩臂交叉成剪子股時，左手攥拳，屈臂墜肘貼在胸部，左臂在內；右手攥拳，屈臂墜肘在外；左拳在右腮下方，右拳要高於嘴部，眼由右拳前視。

2.捧中節的要求

捧中節時要全身用力，兩臂要夾緊，兩肩要抱，胸部要含；兩腿要合緊，提穀合襠，兩胯相滾；十趾抓地。此時全身緊束合一。

3.捧中節的意義

《六合心意拳譜》中說：「束展二字一命亡。」也就是指此身法的束和展。束者，裹縮也，是包裹而不露，也是心意拳的蓄勁。而展則是放，是開，是發力，是打。在心意拳的技擊中，束和展是顧打和打打。在修練上，此束是吸氣、蓄力；而展是呼氣、發力。吸氣是鼻孔等七竅和全身毛孔一起進行，氣從丹田向手臂運使；而另一路是從腳底湧泉穴順腿經環跳穴過會陰直上督脈，從腰向身體各部發散，最後向兩拳匯集。這是大周天運氣法的練習過程。此式在心意拳界，一般人是不傳授的。

以上是心意拳四把捶的內功修練方法，讀者可以參照，先練習盤架子，再練習內功，最後可以練習找力、發力，功力大增時，可以實戰演習，增加心意拳的實戰搏擊功力。

三、四把捶的技法揭秘

心意拳的四把捶既然是功、術、法、理為一體的拳術套路，這其中當然有技法、功法的內涵。現在我再將四把捶的搏擊技法簡單的介紹一下，以便熱愛心意拳的朋友研究。

(一)輕步站的技法

心意拳與人交手，首先要體態安詳，要相機而動，蓄而後發；在將動未動之前，不宜故意擺設鬥毆架勢，這樣會吐露真意。一個高明的心意拳家在與敵搏鬥前一定要渾渾噩噩，放鬆自然。故《拳譜》云「拳打三節不見形」，就是這個意思。

輕步站是虛靜的守勢，講求以靜為主。所以《拳譜》云：「靜為主體，動為作用；若言其靜，未露其機；若言其動，未見其跡。」因此我出手應敵，形跡未露，則敵方難以測知我如何出手，儘管他有勾、摟、掤、架之術，閃、展、騰、挪之巧，也無法施展其術。

圖 5–2–1

相反，敵未動時我不動，敵一動時我已先動。我即探敵之動靜，自能隨機應敵，先發制人。故《拳譜》云：「能在一意先，莫在一氣後。」要求「後者先發制人，迅雷不及掩耳」，這是輕步站的實際用意。

【技法】：

1. 敵方如果是身大力勇者，他用右直拳打過來，我可退半步以避其鋒，並以左前臂畫圓化解敵人來手，這就是心意拳的「半步捶」。（圖 5–2–1）

2. 若敵方以右直拳試探進攻，我則以左前臂前肱部從裡往外畫圓格撥敵手（圖 5–2–2），然後再上右手，以右前臂前劈敵手，不管敵方退與不退，我均可反手崩打敵方頸部動脈處。（圖 5–2–3）

圖 5-2-2

圖 5-2-3

圖 5-2-4

(二) 熊出洞

熊出洞者，意謂兩人相擊時，其戰意已動，誰都想將對方打倒，但心意拳要胸有成竹，不慌不亂，沉著迎戰。熊在動物中性屬沉穩，力大無窮，所以，心意拳取熊為

圖 5-2-5

圖 5-2-6

形，是天不怕、地不怕的意思。熊的頭頂項豎，下頷裡收，是護住咽喉部；兩肘貼肋，是護住胸肋部。

【技法】：

1. 當對方用右拳向我打來時，我左腳掌豎起，以防敵方用腳踢我迎面骨處；左臂屈臂豎肱部，用前臂向外格撥擊來之拳，乘機用五指前戳敵方的面部、眼睛。（圖 5-2-4）

2. 在敵拳向我打來時，我用左手掌向我左外撥敵手，使其進攻失效（圖 5-2-5）。再抽回右掌推擊敵方的咽喉部或者面部。（圖 5-2-6）

(三) 虎　撲

虎為勇猛之獸，為獸中之王，其勇猛銳不可擋。特別是虎在餓了見有食時，其撲擊的疾速不可抵擋也。

【技法】：

1. 當與敵方相遇時，我左腳進步踩敵方中門或踩敵方

圖 5–2–7

圖 5–2–8

腳背，同時發右箭足，施刮地風腿，鏟踢敵人前腿脛骨七寸處（圖 5–2–7）。是虎的技法從下往上擊打。

2. 可在與敵方相遇時，同時兩手以掌根循弧形上挫敵腹及胸膛，或者再上挫可以托收敵人下巴。此打法又名「狸貓上樹」。（圖 5–2–8）

圖 5–2–9

3. 若使用刮地風腿時，也可改為提右膝撞擊敵襠部、陰部。手法即為提膝虎撲雙打之法（圖 5–2–9）。但是提膝襲擊敵襠部，輕則重傷，重則會傷人性命，故練武者要首先講求武德，萬勿輕用，切記切記。但與敵方相搏，敵方要我性命時，我必須手隨

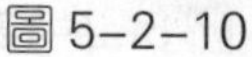

圖 5–2–10

圖 5–2–11

身進，手腳齊到，丹田抱勁，發勁實腹、雷聲響動，就可以做到「渾身齊到無攔擋」。

(四)虎坐坡

虎的坐山，一是在觀察是否有「食物」（小動物）經過，靜以待敵。另外，虎在與其他動物搏擊時，有前撲，後掃（用尾巴掃）的前後均可相鬥的本領。因此，它在撲捉食物時有獵物未死，而虎有騎在獵物身上將其坐死的習慣。虎坐坡就是運用虎的這一技法，與敵相戰。

【技法】：

1. 當敵方從背後向我摟抱時，我可用臀部向後坐擊敵方的小腹部或者敵方的大腿根部。（圖 5–2–10）

2. 當敵方已經抱住我時，我可用肘部後擊，擊打敵方的頭、面部或者眼睛，使敵因被擊而不得不放開摟抱我的雙手。（圖 5–2–11）

圖 5-2-12

圖 5-2-13

（五）虎抖毛

虎在與敵搏擊前，必會頸毛豎起，以示威風。此虎抖毛是顯示虎有抖毛之威、撥戰之勇也。

【技法】：

1. 當敵方用拳向我打來時。敵一回拳，我立刻雙掌向前抖擊敵方的面部、胸部（圖 5-2-12），同時向前提膝貫擊敵方的小腹部。（圖 5-2-13）

圖 5-2-14

2. 我向敵方進攻，並不走直線，而是向敵方左方閃過，避開敵方的拳打，我從旁側用肩橫擊敵方的胸、肋部（圖 5-2-14），並可在過步時用提膝貫打敵方，或者用腳

圖 5-2-15

圖 5-2-16

踢打敵方。（圖 5-2-15）

圖 5-2-17

（六）過步箭躥

此為進攻時追擊敵方的步法。

【技法】：

1. 如果敵我相距有丈餘遠，即以此法進擊。先兩手從腹部中線搓把起，左手繼續招架，外撥格敵方來手；右手如開弓放箭，可以擊敵方襠部、小腹部直到胸、面部。（圖 5-2-16）

2. 如果敵方不知我先行進攻，毫無防備，我將右肩膀穿入敵襠（圖 5-2-17），然後突然長身而起，用肩尖像扛

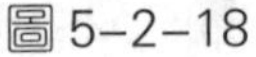
圖 5-2-18

圖 5-2-19

排門板一樣（圖 5-2-18），立即可以將敵人拋起摔出丈餘外，輕則重傷，重則傷命。此法也要講求武德，非到萬一不可輕用。

（七）猴豎蹬

猴有束身之法，故有縱身之靈。敵人前來襲我，我束身下蹲，以雙手往身後斜方捋塌去，同時左腳提起，以防敵腿。身子往下束，即有鑽勁之意。

【技法】：

1. 如敵方用右拳向我打來，我可先用手撥格開敵手，用懸提之左腳先向前踢擊後落實，再用右腿向前踢擊敵方小腿迎面骨。（圖 5-2-19）

2. 也可右腳向前進半步，成右弓箭步，可以用橫拳或者雙把推擊敵方胸、腹部。（圖 5-2-20）

3. 也可在右腳上步的同時，用左腳向前，可使刮地風

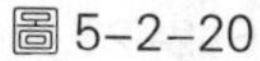

圖 5-2-20

圖 5-2-21

腿，鏟踢敵足脛骨。（圖 5-2-21）

（八）橫　捶

橫捶有「出手橫拳勢難招」的說法。此拳有將地球從下往上提起的意思，所以此拳有恨地無環的雄壯氣勢。捶者，用拳打擊也。

圖 5-2-22

【技法】：

1. 橫拳以擊敵之小腹為主。不管敵方用什麼方法打來，我均要手隨腿邁起，自下而上提擊敵方的小腹部（圖 5-2-22），使敵難以招架。

2. 如果敵方用手按握我的橫拳，則我以左手採蓋敵方

之手，趁勢上右箭步腳踢敵方中門，屈我右肘，重擊敵心胸，名曰「頂心肘」。（圖 5-2-23）

圖 5-2-23

3. 如果敵方格托我的肘部（扭托），我遂將肘摔滑翻下右手，斬擊敵臉部。橫拳擊敵時，應有咬牙斷金、開弓斷弦之勁意。（圖 5-2-24）

圖 5-2-24

（九）鷂子入林

鷂在鳥類中雖然身小，但其穿鑽側翅的功力非凡。我在林中觀察一人手持鷂子，一手放飛麻雀，當麻雀展翅剛要轉飛時，此人手上鷂子已經飛上將麻雀捉下，其速度之快，只是一瞬間，實在疾快無比。

【技法】：

1. 敵方如果自我身後來擊，我左轉身，即以此式應之，向後掃擊（圖 5-2-25），此為左轉身之顧法。反身之

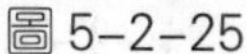

圖 5-2-25

圖 5-2-26

際，首先要身、手、肩、胯一齊裹住自己，使我全身上下包裹而不露。然則敵方無法乘機來攻打，而我反得有間隙以進攻敵方。此即先打顧法後打入法也。顧法者，防護正身之法。《兵法》云：「先為不可勝，以待敵之可勝。不可勝者守也。知所守，然後知所攻。」拳藝者不能只顧打人，不顧人打，那樣就非拳藝之妙道了。入法者，當顧後乘機鑽入敵方空隙之處而施展打法也。

2. 當敵方從後用右拳打過來時，我右轉身，先以左臂攔格敵手，用右手向敵方右肋下鑽進去，用肘擊打敵方右肋部。（圖 5-2-26）

3. 也可在轉身的同時，先用左手攔格敵手，用右前臂上挑敵方的手臂陰面。（圖 5-2-27）

4. 也可用我的左臂向我右方先攔格，在右臂上挑的同時，左臂鑽貼敵方的右胸部，擊打敵方的胸部。（圖 5-2-28）

圖 5-2-27

圖 5-2-28

（十）丹鳳朝陽

丹鳳者，禽鳥中之王也。朝陽者，面對太陽而往上也。此式有朝上挑打或者上托打的意思。

【技法】：

1. 敵如用右拳打我上節，我以左手採敵右腕，擰轉敵方手臂，並以我右肱上弦托挎敵方上臂陰面。（圖 5-2-29）

圖 5-2-29

2. 也可以以我的右手撥開敵來手，同時用左腳使刮地風腿鏟踢敵足脛骨。左掌順勢下塌（圖 5-2-30），以防敵方之拳腳來襲我小腹或陰部。此式或撥或撩或踩，均可隨

圖 5-2-30

意使用。

圖 5-2-31

(十一)沉　劈

沉劈者，又名身落，是用身體的落下而沉劈也。在使用此式下劈時，一定要用整個身體下落的力量。

【技法】：

1. 敵方如果以右拳擊我胸膛，我順勢側身迎進，以右肱連格帶劈，循敵右頰而下，猛砍敵之上臂（圖 5-2-31），劈時右肩領前，胸腰內收，我的右肩與右臂則要順勢借力，左臂斜托刮擊敵臉和頸項，同時用右腳施用刮地風，鏟踢敵方足脛骨（迎面骨）（圖 5-2-32）。此式為大劈之基礎，有硬打硬進無遮攔之勢。

圖 5-2-32

（十二）挑　領

挑者，向上打起也；領者，牽引也。此為心意拳的牽引下拽之勁。也有人把領字寫成翎，恐怕是認為人的領子不可挑，才有此誤。此領並不是挑敵方的領子，而是在上挑敵臂的同時，也可順勢拽敵人的身體手臂。

【技法】：

1. 敵方如果用右拳擊我上節，我即右肩上提前領，渾

圖 5-2-33

圖 5-2-34

身動轉而進，以右肱上弦提挑擊敵方右膊陰面肘處（圖5-2-33），再順勢將身疾轉，以右肩對著敵人。並屈臂成肘，用右肘頂擊敵人胸肋（圖5-2-34）。謂之回身後頂肘、上挑轉身及後頂肘，三者須一氣貫串，方可奏效。心意拳拳藝中有曰「硬開三橫鎖」者，即是此連貫擊敵的技法。敵方的上膊陰面被擊中，頓感痲木無力，似觸電。

圖 5-2-35

2. 當敵方用拳向我擊來時，我用雙手交錯剪成十字架勢，以架敵方之來手（圖5-2-35），意在肘尖，化作豎肘闖進敵心、胸部，同時腳施踩意，踩於敵人腳背。（圖5-2-36）

圖 5-2-36

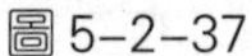
圖5-2-37

圖5-2-38

（十三）鷹　捉

鷹為凶狠的飛禽，有「空中霸王」之稱，在空中有很大的優勢。其爪銳利無比，其抓攫的準確性非常高。

【技法】：

1. 敵方用右手擊打我，我閃身進攻敵方之右邊門，以右臂肱部壓迫敵之右膊（圖 5-2-37），如撞靠無效，則提膝上貫，旋施膝打。（圖 5-2-38）

2. 我以右豎肘撞敵方心、胸（圖 5-2-39），敵方如用左手接托我時，我即將左手沿右肘彎上提，與右手會合後再行分開，沉肩垂肘，順著敵方肩下塌，按至肘彎，同時折屈中節施頭打，捶擊敵方胸膛。（圖 5-2-40）

3. 起身鷹捉。在將抓未抓之際，一變為二，兩手擰翻，兩臂絞成剪手，卡壓在敵方上臂。於是左手微向後抽，右肩順勢向左一擰，順撞敵人心、胸。（圖 5-2-41）

圖 5-2-39

圖 5-2-40

圖 5-2-41

圖 5-2-42

4. 鷹捉接虎撲雙把。如鷹抓之正常打法，而其變化為截劈，為擠勁，為塌勁，為肩靠，為頭撞，任意變化，雙掌撲擊敵方胸部，要有恨天無把的勁意。（圖 5-2-42）

（十四）燕子抄水

圖 5-2-43

燕子身小而機靈，抄水時其身形速度疾快無比。

【技法】：

1. 當敵方用右拳向我擊來時，我突然下身閃躲，然後用左腳蹬擊敵方迎面骨。（圖 5-2-43）

2. 也可在敵方貿然向我進攻時，我突然下抄敵襠，用左肩扛摔敵方。（圖 5-2-44）

3. 也可在敵方貿然向我進攻時，我用左掌反掌往上托擊敵方的下頜部。（圖 5-2-45）

圖 5-2-44

圖 5-2-45

（十五）迎面鐵臂

圖 5-2-46

圖 5-2-47

迎面鐵臂為「虎登山」一勢，取其右手臂上鑽，右膝提貫；手臂上鑽，黏貼敵方的胸部，提膝上貫敵襠擊其陰部，其技法比較狠毒，重者傷命。所以，在國家散打等比賽中均不准擊打對方的陰部，否則是犯規。心意拳作為傳統武術，在舊時大多用於自衛，除非在敵人要取我性命的關鍵時刻，我才下此毒手，一般情況是不會隨便用的。為了較全面、系統地介紹傳統武術，又不能不講，希望學者一定要崇尚武德，不能隨便用此技法。

【技法】：

1. 當敵方用右拳向我打來時，我先以左掌向外撥開敵方來手（圖 5-2-46），然後用右拳頂擊敵方的下頜部（圖 5-2-47）。並用右臂肱部鑽擊敵方胸、腹部。

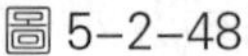

圖 5-2-48

圖 5-2-49

2. 也可在提膝上貫時，用膝頂擊敵方的襠部。（圖 5-2-48）

（十六）鷂子栽肩

鷂子何來肩？此式取意鷂子從天上飛下，突然往下側翅轉身的一剎那間的形態，但人無翅可比，只能用肩擊打敵方，因有輾轉反側之力，故名「鷂子栽肩」。

【技法】：

1. 當敵方用右拳向我打來，我順勢用左手撥開敵方來手，用右肩直接栽打敵方的胸部。（圖 5-2-49）

2. 若敵方上右步並用左拳向我打來，我用右手劈擊敵方來手，並發左腳捲地風踢擊敵方的左腿迎面骨處（圖 5-2-50）。敵痛必然縮身，我順勢向前栽左肩擊打敵方。（圖 5-2-51）

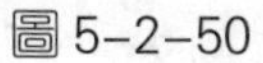
圖 5-2-50

圖 5-2-51

（十七）車輪斬手

車輪者，連環也。兩輪同轉，可以擠扎人手或者身體。

【技法】：

1. 敵方如用拳打來，我側身以雙臂上托其臂陰面，敵方如抽手，我擊空；敵再次從下偷擊過來，我正好順勢用雙掌向下斬擊敵方雙手，直到敵方的胸、腹部。（圖 5-2-52）

圖 5-2-52

2. 敵方如果是上右腳，我可用右腳踢敵方的小腿部，使敵方站立不穩而失去進攻的能力。（圖 5-2-53）

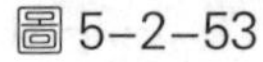
圖5-2-53

圖5-2-54

（十八）枯樹盤根

枯樹盤根者，意謂可像樹根一樣盤坐，自己低矮而堅固也。我可於敵方的根部腿腳處將敵人拽倒。此式全名為「枯樹盤根腿，十面埋伏身」，即可以四面八方任意轉換擊打敵方。

【技法】：

1. 敵方用拳打來時，我坐盤躲過敵方的來拳，並用雙手抄擊敵方的腿腳部，使敵方失去重心而敗北。（圖5-2-54）

2. 也可在敵方用拳打來時，我用雙手上托敵方來拳，用雙掌合擊敵方的胸、腹部。（圖5-2-55）

（十九）手托頑石

手托頑石，也叫懷抱頑石，或者手托石條。這是在一

圖 5-2-55

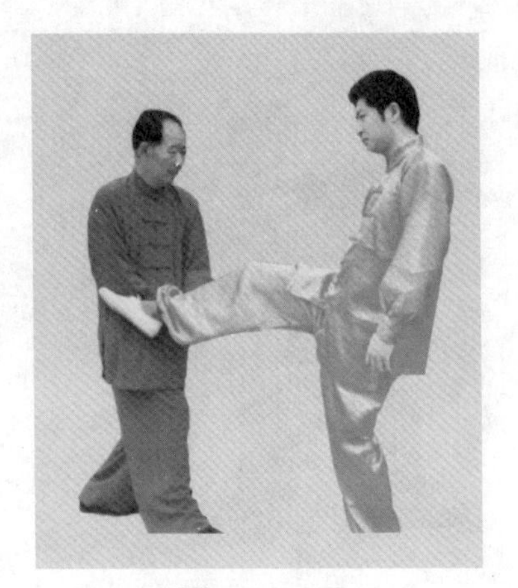

圖 5-2-56

種重力下應敵的技法。

【技法】：

1. 敵方向我踢擊過來時，我乘機上托敵腳，向前栽肩，痛擊敵方的胸肋部。（圖 5-2-56）

2. 此勢為抄擊敵人來腿而使之傾危，然後抖身靠擊之法。

3. 或雙臂肱部撥格來手，使用雙前臂或掌斬手斬擊敵方胸部。（圖 5-2-57）

圖 5-2-57

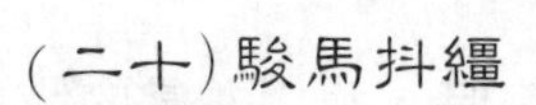

（二十）駿馬抖韁

此式就像在利用抖馬的韁繩一樣，是前抖而後擊的式

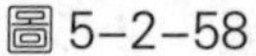
圖 5-2-58

圖 5-2-59

子。

【技法】：

1. 當敵方想從我背後摟抱我時，我不轉身，而用雙肘尖後擊敵方的胸部。（圖 5-2-58）

2. 也可利用右轉身，雙前臂下斬抖擊敵方。（圖 5-2-59）

(二十一)嬰兒撃食

「嬰兒擊食」是形容孩子餓了要吃奶，見到媽媽後雙手撲到媽媽的懷抱裡。此式雙掌前擊要有抖彈力。離敵遠了還不能打人，而是雙手快夠到敵方的胸膛時才打，要發寸勁。

【技法】：

1. 當前面敵方用右拳向我打來時，我用左掌向我左外撥格敵方來拳（圖 5-2-60），雙掌併在一起，用雙掌合力

圖 5-2-60

圖 5-2-61

圖 5-2-62

夾擊敵方前胸，左右大拇指點擊敵方的左右腑穴。（圖 5-2-61）

2. 也可以在敵方用右拳向我打來時，我用雙手將敵手分開，乘此空隙，雙掌合擊敵方。（圖 5-2-62）

（二十二）虎觀山

虎觀山，又名「霸王觀陣」，有猛虎回頭之勢，坐在山崖環顧動靜之態；又有霸王騎馬觀察陣勢之意，所以取象雖異，而揣摩其精神則實一也。心意拳學拳容易，而得其拳法勁路難；擺姿勢容易，而得其精髓更難。學拳者如能從此勢得其精神，從此處下工夫，則拳藝深造可登心意拳上乘之境界。身體向左轉時，肩背須向左擰勁，三尖要相照，左手掌緣要向前折勁。此式是身後禦敵之法，著重背勁，反身後鼻尖對準敵人肚臍，用雙手而前擊。雙目雖然前視，但瞳仁卻上翻，目光射向敵人眉心，同時左掌迎著敵人襠部斬去，有撩擊敵方襠部的勁意。故《拳譜》云：「望眉斬，夾反見背。」

【技法】：

1. 我的背後有敵打來，我可用左掌向前撩擊敵襠（圖 5-2-63）。也可屈臂提手，用手往上鑽擊敵方的下陰部、下腹部，一直到敵方的下頷部。（圖 5-2-64）

2. 此勢又為顧法之一種，用肘頂住，使敵方不能摟抱我（圖 5-2-65），能管住敵人中下二節，使敵方想動而動彈不得。

圖 5-2-63

圖 5-2-64

圖 5-2-65

圖 5-2-66

3. 也可在轉身向敵方撩擊的同時，提右腳向敵方發捲地風踢擊敵方的迎面骨。（圖 5-2-66）

（二十三）鷹捉十字手

【技法】：

1. 當敵方用拳向我打來時，我起雙手成拳，用兩前臂肱部夾擊敵方的來拳。（圖 5-2-67）

圖 5-2-67

2. 也可在敵方用拳向我打來時，我右手格撥敵方來手，用左手探擊敵人之下陰部（圖 5-2-68），敵必含腰吞身以避我。我伺機看準敵方頭部前傾時，右拳上鑽，襲擊敵方的下頷或鼻尖、面部。（圖 5-2-69）

圖 5-2-68

3. 也可右腿提膝，貫擊敵人膝蓋和小腹部。（圖 5-2-70）

4. 也可左手

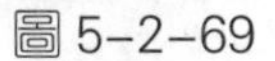

圖 5-2-69

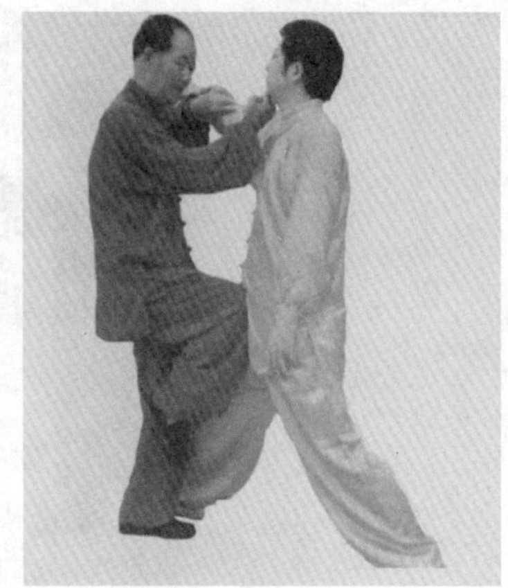

圖 5-2-70

圖 5-2-71

格撥敵手，右拳下斬，撩擊敵人襠部（圖 5-2-71）。此為低矮架勢之手法。左手扶貼於右肘際，為埋藏之手，敵如拿格我右腕，我左手沿右腕下穿出，以蛇撥草之手法應之。（圖 5-2-72）

圖 5-2-72

（二十四）龍形大劈

龍者，在地為大蟲，在天為神靈。龍劈者，帶有雷鳴電閃之勢，翻騰輾轉之威。

【技法】：

1. 當敵方用拳向我打來時，我可直接用手臂劈擊敵方的來手腕或者肱部。

2. 敵方用右拳打來，我左手外撥敵手，右手大劈敵方，從頭面一直到胸、腹部。（圖 5-2-73）

圖 5-2-73

3. 敵方用左拳打

圖 5-2-74

圖 5-2-75

來，我右手外撥敵手，用左手大劈敵方的面部到胸、腹部。（圖 5-2-74）

4. 也可在敵方右拳打來時，我左手向我右方撥開敵手（圖 5-2-75），這時敵方處於背勢，我可前插右腳，用右

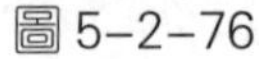
圖 5-2-76

圖 5-2-77

臂插進敵方腰、腹部，擰腰轉胯，施展龍形裹横將敵方撥倒。（圖 5-2-76）

（二十五）轉身反背把

反背把者，為轉身對付背後來敵之招式。

【技法】：

1. 此為背後擊敵之法。當敵方從背後向我擊來時，我可向右後轉身，用右臂横掃敵方，也可用右拳向後反擊敵方。（圖 5-2-77）

2. 如從左方轉身，可左掌先撥敵手，右臂屈臂成肘，用右擺拳横掃敵腮。（圖 5-2-78）

3. 在轉身的同時，也可提膝向上貫擊敵方的襠部等要害處。（圖 5-2-79）

圖 5-2-78

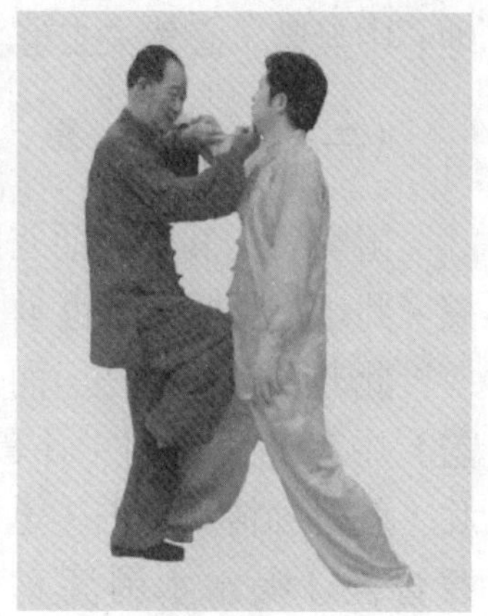

圖 5-2-79

（二十六）反弓斷弦

此式為被敵抱住後急切脫身之招法。

【技法】：

1. 當敵方從背後將我抱住時，自己一定不必驚慌，先用左腳插向敵方的襠內，右腳領前，成弓步形，身體前栽，一定要側身，抖肩，可將敵方甩開離身，摔出丈餘。（圖 5-2-80）

圖 5-2-80

2. 可在敵方已經將我抱住時，自己身體向上縱起，這時敵我均腳掌離地，失去重心，我要有意識地在空中形成犁柱步式，猛然落下，落地扎根，而敵不明真相，所以落地心中無數，必然失去重心而傾倒。

(二十七)雷　聲

雷聲者，其聲大而遠響，讓人猝然聞之，無不為之一驚。此以聲震撼敵膽也。

此非實戰搏擊法，而是用聲音威懾敵膽之法也。《拳譜》中有七言詩曰：「奪人千古仗先聲，聲裡威風退萬兵，就是痴情天不怕，迅雷一聲震亦驚！」是說戰國時孟賁曾經「喝水水倒流」；三國時張飛曾經「喝斷霸陵橋」。此詩描寫雷聲之功用，可謂淋漓盡致也。雖詩歌未免誇大其辭，言過其實，然而發聲之為用，在心意拳藝中，確有其價值。

當與敵方實戰搏擊時，如猝然發聲，勢如霹靂，敵方不備，足以使人驚怪而手足失措，敵一楞神，那時我拳腳交加，敵無不應聲而倒。因此，平日練成聲如雷，與敵方相鬥時突然發雷聲，敵方常頓感毛骨悚然，渾身酥軟無力，於是俯首就擒也。發聲之效用，若遇敵力相等，或敵方強於我時，尤為顯著。發聲須靠近敵人心胸，聲隨手起，手隨聲落，始得雷聲之要。

四、四把捶的變形

我在前面文章中已經介紹過，心意拳中的套路古傳時只有一趟四把捶，但後來由於四把捶在各個地區傳承的不同，難免有套路名稱的不同和動作排列的區別。

下面我將我所掌握的分別介紹如下：

1. 什麼是疾步小架？什麼是過步大架？

在四把捶的虎撲以後都有一個專門練習心意拳四把捶步法的動作，我們叫做「過步箭躥」。可是，在其他地方有叫「雞步箭躥」或者叫「疾步箭躥」的。

怎樣區別呢？雞步箭躥，是在心意拳的雞踩步的基礎上進行盤練的。用雞步很快的步法練習，就是「疾步箭躥」，故用「疾步」練習的也稱為小架；凡採用「過步」步法練習的，就叫做「過步箭躥」，也稱作大架。

2. 什麼是單翅四把捶？什麼又是雙翅四把捶？

在四把捶中當練到第一個橫捶以後轉身動作，應是「鷂子入林」接「丹鳳朝陽」。有的人不這樣練，而是接練「黃鷹單展翅」。凡練「黃鷹展翅」右勢的，就是「單翅四把捶」；如果接著再打一個左勢「黃鷹展翅」的，就是「雙翅四把捶」。

3. 有的地方有進步四把捶和退步四把捶，怎樣區分？

前文中已經介紹過：心意拳是有進就有退，有前就有後，有左就有右，有上必有下的，因此，心意拳的四把捶本身就包含有前進、後退、左顧右盼的。

但有的老師為了增加學生學練的興趣，故意把心意拳分成所謂的「進步四把」「退步四把」，用以表示自己會的多，比別的老師強，其實大可不必。

他們是這樣分的：凡一直往前打的就叫「進步四把

捶」；凡一直往後退著打的，就叫做「退步四把捶」；中間那趟，就是我們平常練的就叫「定步四把捶」。其內容也無非是多增加幾個式子，或者減少幾個式子而已。

4.關於「小四把捶」

四把捶從前是入室弟子才教，其他人是不教的。但也有這種情況：即送來的學生是老師的親戚、老同事的孩子，他們在學練的過程中確實肯下工夫，雖沒有給老師遞帖，但老師心裡已經有數了，也當作重點培養的。

這時教師會先教「小四把捶」，這是老師從四把捶中拆下來的幾個式子，進行綜合，交給學生讓他先練著，等到學生拜師帖遞過以後，再把真正的四把捶教給徒弟。這就是我所知道的心意拳門內傳教四把捶的過程和情況。

第二趟　十大真形串連

心意拳的十大真形是以左右單盤的拳法形式盤練的。它有很多好處：易學易記，好盤練，出功快，實戰搏擊有效；但也容易造成單調、枯燥、沒有連貫性，在人們面前不好表演，不能成套供人欣賞。為了增加這一觀賞性和連環性，後人就在十大真形單盤的基礎上逐步串連，年久就形成了一些小的套路，這就是心意拳十大真形串連的由來。

隨著社會的進步和科學的發展，人類對健康和運動的要求越來越迫切，對心意拳的認識水準也大為提高。為了弘揚心意拳，讓更多的人來學習心意拳，為此，我們將這些套路介紹出來，以供大家學習、借鑒，讓心意拳能為增進人類的健康得到良好的作用。

圖 5-3-1

1. 開首輕步站

以輕步站開始。左手左腳在前，右手右腳在後，左肩領前，身體站直。左手成掌，掌心向裡，五指自然揸開斜向下，虎口向後，放在腹前；右手也成掌，掌心也朝裡，五指自然揸開向前下方，虎口朝前，放在右胯前。身體站立要自然，左腳掌五趾朝前，右腳掌五趾向右。全身放鬆，虛靈頂勁，下頜裡收，閉唇叩齒，舌頂上腭，兩眼前視。此勢是心意拳的陰陽虛實動靜的開始。是以靜制動，以逸待勞的守勢，也是心意拳擊技格鬥的開始勢。（圖 5-3-1）

【要點】：此勢要注意鼻尖、手指尖、腳趾尖三點一線在一個立體平面上，心意拳是為三尖照。輕步站有「不動如山岳，難知如陰陽」的內涵。

2. 熊出洞

接前式。兩腳前虛後實不動。右手掌從右胯前，由掌心向裡豎掌成掌心朝左前方，五指揸開向上，虎口向上往前推塌，一直到胸前停住；左手掌也豎掌，掌心先向裡，兩手有先向胸前抱起之勢。當左掌從懷中由右臂內向前穿出時，豎肘立掌，左肘尖穿到右手掌虎口上時，左掌向前推塌出，掌心朝下，五指自然揸開向下垂，落垂於襠前護襠；同時右掌從左肘下後抽，順勢落到胸下腹前停住，掌心朝裡，五指自然揸開也向下垂，虎口向左方，掌心微含。頭頂項豎，下頜裡收，閉唇叩齒，舌頂上腭。眼往左肩前視去。（圖5–3–2）

圖 5–3–2

【要點】：此勢名叫「熊出洞」，實取熊的莊重、沉穩之形為拳。熊有豎項之力，其物心寧靜而富有含蓄之勁。熊的兩膀健壯，有千鈞之力，其直立時壯如山岳，其行走時雄健穩當，威猛異常。所以，心意拳取熊為象，是其為守勢之冠。

練習此勢，一定要頭有上頂之勁，兩肩沉下有雄渾之力，體態安詳有靜定之力。兩肘護肋不露形跡，動靜相宜。敵不知從何下手。

【說明】：關於心意拳的「輕步站」和「熊出洞」，有很多人從外形上看，總認為兩式其形差不多，故認為有「輕步站」就不必要「熊出洞」，有「熊出洞」就沒有必要用「輕步站」了。這說明對心意拳還沒有很好的研究。

其實，心意拳的「輕步站」是由無極式變為有極的開始，說明練拳的人心意已經發動，陰陽已經分成，但身形仍是輕靈的、放鬆的、自然的。而「熊出洞」就不同了。我們知道，心意拳取熊為形法，是因為熊總是兩肩下沉，兩肘下垂，體態渾圓自然的。但其出洞尋食時是警覺的，而我們練此形時也是右掌從頭面畫過，同時，左掌從右肘彎內穿出，到兩掌均下垂，左掌在下，右掌在上，兩掌心均朝內，十指均朝下。

圖 5–3–3

我們看到的是照片定式，按照照相術，一個動作要有 20～30 張照片才能完整地表現出來，因此，若從這兩張照片來對照，當然有人認為兩式差不多了。看武術文章一定要看文字，文章為主，圖片為輔，對武術文字要深深的理解才行。

3. 雞踩步

接前式。身體下蹲，兩腿屈曲。左腳上前一步，落地後五趾抓地，腳心含空；右腳跟上，用膝蓋頂近左膝彎內處，腳掌落地後也屈膝，五趾抓地，腳心含空，成左雞步。同時，左掌掌心向外，五指自然揸開，向左膝內側插去；右掌掌心向裡，五指自然揸開向左前方，後捋到右胯旁護胯。頭頂項豎，下頜裡收，閉唇叩齒，舌頂上腭。眼向左前方視去。（圖 5–3–3）

【要點】：此「雞踩步」為六合式，有全身縮束之勁意。兩肩裡收，胸含腹圓，襠部要扣，穀道要提，兩腳要腳趾抓地，腳有下踩之力。左手掌有外撩之意，右肘尖有往後頂擊之勢。此勢包括了心意拳的縮和展二字，先縮後展開；縮為顧，展為打。《心意拳拳譜》曰：「縮展二字一命亡。」就是指此也。

圖 5-3-4

4. 龍調膀

接上式。右腳上前一步，同時左肩後擰，右肩領前，兩臂自肩垂下，趁兩肩轉擰之勁，順勢向左後擺出，身體也隨之下沉；在右腳向前進步時，要超過左腳，落地後屈膝，五趾抓地，腳心含空；左腳向前跟步，用膝蓋頂近右膝彎內處，落地後也屈膝，五趾抓地，腳心含空。左掌五指自然揸開斜向前，掌心向內，置左胯旁；右掌掌心也向內，五指自然揸開向下，置左膝前，兩掌虎口相對，小指均朝外，兩掌成合抱之勢。頭頂項豎，下頷裡收，閉唇叩齒，舌頂上腭。眼往右前方視去。（圖 5-3-4）

【要點】：兩腳要有踩勁，踩地如踩毒物。身體不可挺胸聳肩，要始終保持蹲猴狀態。要尾閭中正，不偏不倚，臀不外凸，穀道要上提，要氣沉丹田，呼吸自然。

5. 鷹捉把

圖 5-3-5

接前式。右腳上前一步，落地後五趾抓地，腳心含空；左腳提膝上貫成右獨立勢。右掌心向內，由右胯旁向上撩起，成掌心朝外，五指自然揸開向上；左掌掌心向內，從右臂內向右手上穿出，一直到右掌的虎口穴位置，用掌根置右手虎口上，向上豎起成豎掌，掌心向右方，五指自然揸開上頂。頭頂項豎，下頜裡收，閉唇叩齒，舌頂上腭。眼向正前方視去。（圖 5-3-5）

【要點】：此勢由前勢相變，兩手有內抱之意，勁法有由展而縮、由縮而展之勁意，全身仍為合勁。提膝上貫，有獨立之勢。全身上下淩直，不偏不倚。兩掌豎起，兩臂不能挺直，肘尖下垂。上貫的膝部要膝尖向上，腳掌要平。

6. 虎　撲

接上式。身體前栽。然後雙掌一齊握拳，就像用手抓住天上垂下來的把柄一樣，用力向下捋拽。當兩臂屈臂成墜肘時，左腳向前進一步，屈膝成弓步，右腿在後蹬直，成牮柱步型，成虎撲把。左掌掌心向下，五指自然揸開前頂，置左膝彎內處；右掌掌心也向下，五指自然揸開前

頂，放在襠部護襠。頭要前頂，肩要下沉，下頜裡收，閉唇叩齒。眼向前上視。（圖 5–3–6）

圖 5–3–6

【要點】：此勢在起鷹捉時要全身合勁，從上往下捋拽時要有恨天無把之勢。天若有把，我抓住天的把柄能將天拽下來，有雄霸天下的英雄氣概。鷹捉虎撲一把，看似是用手臂之力，實在是全身用力。打此勢時頭要前頂勁，肩有下栽勁，手有抓攫勁，可謂三處在一個落點時間上，而三處有三打也。

7. 小龍形

圖 5–3–7

接上式。左腳向前上一步，落地後屈膝，五趾抓地，腳心含空；右腳跟進上，用膝蓋頂近左膝彎內處，落地後也屈膝，五趾抓地，腳心含空成左雞步。身體稍右轉。在左腳上步的同時，左手自左胯前掌心向內，虎口向上，五指自然揸開向右後方，用肩帶動左臂向右肩部裹護去。眼向前方視去。（圖 5–3–7）

接著右腳向前進一步，落地後屈膝，五趾抓地，腳心含空；左腳跟上，用膝蓋頂近右膝彎內處，落地後屈膝，也五趾抓地，腳心含空成右雞步。然後身體左轉。右手掌心向內，虎口向上，五指自然揸開向左後方，用右臂向左側裹護至左肩部。頭頂項豎，下頜裡收，閉唇叩齒，舌頂上腭。眼向前方視去。（圖 5-3-8）

圖 5-3-8

接上式。左腳再向前上步，要超過右腳，落地後屈膝，五趾抓地，腳心含空；右腳跟上，用膝部頂近左膝彎內處，落地後也屈膝，五趾抓地，腳心含空成左雞步。然後全身右轉 180°，帶動左臂屈肘由下向上、向前挑打，掌高於頭部；右臂隨轉身屈肘上抬於頭頂，兩掌在頭部上方如抱圓球狀，掌心均向下，虎口相對，兩手五指均自然揸開相對，顧於頭頂。頭頂項豎，下頜內收，閉唇叩齒，舌頂上腭。眼向左肘尖前視。（圖 5-3-9）

圖 5-3-9

【要點】：此形要以腰部勁帶動全身。在進步轉身、擰胯、挑肘時動作要連貫一氣，雙手如抱，轉身發勁力點在肘尖，圓順沉著。此形的靈意在於束展，在龍的盤旋中展示龍的左盤右旋的威力，並體現出龍在空中的翻轉、繞曲的靈意。

圖 5-3-10

8. 轉身大劈

接前式。左腳向右腳後撤步，隨撤步身體向左擰轉，左腳落地後屈膝，五趾抓地，腳心含空；右腳在前不動屈膝，左膝蓋頂近右膝彎內處，成雙屈步。此時身體已經由前整個回轉成面朝正後方。右掌掌心朝外，五指自然揸開向左肩外推格去；左掌掌心也朝外，五指自然揸開往身體右下處劈去，成五指朝下，虎口朝前。頭頂項豎，下頜裡收，閉唇叩齒，舌頂上腭。眼向前視去。（圖 5-3-10）

【要點】：此勢在轉身時速度要疾快，右掌護左腮，肘要貼身；下劈要用整個左前臂肱部，速度也要疾快，劈下後左臂橫斜在整個胸腹部。下部要屈膝扣襠，穀道要上提。全身要有整體合力。

9. 蛇出洞（一）

接上式。右腳繼續向前進半步，落地後屈膝成弓步，五趾抓地，腳心含空；左腳在原地不動，左腿挺直成牮柱

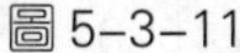
圖 5-3-11

圖 5-3-12

步。在進右腳的同時，右掌從左腮處落下，右臂屈臂成肘；左掌握住右手腕助力，用右肘向前頂擊。頭頂項豎，下頷裡收，閉唇叩齒，舌頂上腭。眼向右肘前視去。（圖 5-3-11）

10. 蛇出洞（二）

接前式。左腳向外調步，左腳掌向前，左腳上前一步，要超過右腳，落地後屈膝成弓步，五趾抓地，腳心含空；右腳在後，腿部挺直成牮柱步型。在進左腳的同時，左臂屈臂成肘，右手變掌，用掌握住左手腕助力，用左肘尖向前頂擊。頭頂項豎，下頷裡收，閉唇叩齒，舌頂上腭。眼隨左肘尖前視。（圖 5-3-12）

11. 蛇出洞（三）

接前式。右腳向前進一步，要超過左腳，落地後屈膝成弓步，左腳原地步動，左腿挺直成牮柱步型。同時，右掌從左手腕處鬆開，向右畫一圓圈後屈臂成肘；左掌握住右手腕助力，用右肘尖向前頂擊。頭頂項豎，下頜裡收，閉唇叩齒，舌頂上腭。眼向前視去。（圖 5-3-13）

圖 5-3-13

【要點】：此三式為連環向前進擊，是一式為三，三勢合一；轉畫手圓圈不能太大，向前頂肘速度要疾毒緊快。此勢有顧有打，是連打帶顧，顧中有打的勢法之一。

12.搖閃把

接前式。左腳上前一步，同時兩手成掌往前塌去。腳掌落地後五趾抓地，腳心含空；兩掌往前塌要掌心均向下，十指均向前；然後右腳再向前進一步，要超過左腳，落地後屈膝成弓步，五趾抓地，腳心含空；左腳在原地不動，左腿要挺直，整個身體要成牮杆之箭式。隨右腳進步，右臂屈臂成豎肘，右掌成豎掌，掌心朝內，五指自然揸開向上；左掌掌心朝外，用虎口卡在右肘尖處助力，向前搖頂去。頭頂項豎，下頜裡收，閉唇叩齒，舌頂上腭。眼向前方視去。（圖 5-3-14）

【要點】：此式由塌為裹，為縮合之勁。進步為踐，

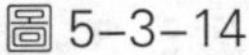

圖 5-3-14　　　　圖 5-3-15

有認踩之勁；而前搖為蹪，肘尖要前頂，要有鑽撞之勁。心意拳的裹、踐、蹪三勁在此式有淋漓盡致的表現。

13. 燕子抄水

接前式。身體左轉，右腳不動，右腿屈膝成弓步；左腳尖向前，左腿挺直，五趾抓地，腳心含空，成左仆步；隨身體左轉，右前臂右旋，右掌由掌心向裡轉成掌心朝左，虎口向上，五指揸開仍向上。然後以右腳為力的支點，身體向左下方下刺。（圖 5-3-15）

身體矮下，用左掌向左腿順大腿往前刺去；右掌由原在頭部右上方也隨身體下式而在身體右部畫一大圓圈後向左肘尖運轉去，一直到與左肘尖相遇，用虎口卡在左肘尖；左前臂豎起，左掌心向上，五指揸開向後。隨身體前起，左腿屈膝成弓步，右腳跟上，用膝蓋頂近左膝彎內處，落地後也屈膝，五趾抓地，腳心含空成左雞步。頭頂

項豎，下頜裡收，閉唇叩齒，舌頂上腭。眼往前方視去。（圖 5-3-16）

【要點】：此式下刺時身體不能過低，要保持中正、中和而不能有偏有倚，這樣對敵實戰格鬥時起身快。身體上起時，身子要輕靈快捷，兩手兩臂要有螺旋勁。

圖 5-3-16

14. 雲遮月（一）

接上式。左腳向前上步，落地後五趾抓地，腳心含空；右腳向前進一步，要超過左腳，兩腿交叉成剪子股式。同時右掌從左肘尖向上向右外畫去，在身體右面畫一大圓圈後又到左面與左肘相合；左掌掌心向外，五指揸開向上，從左向外畫撥去，也在左前方畫一圓圈後，左肘尖與右掌相合，在右手的助力下，左掌向頭額左部顧去，護住頭額左部，掌心向內，五指自然揸開向上。

左腳再進一步，落地後五趾抓地，腳心含空；右腿跟上，用膝蓋頂近左膝彎內處，落地後也屈膝成左雞步。頭頂項豎，下頜裡收，閉唇叩齒，舌頂上腭。眼向左肘前視去。（圖 5-3-17）

15. 雲遮月（二）

接上式。身體右轉，右腳向右前斜方進一步，落地後

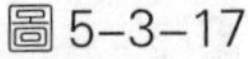
圖5-3-17

圖5-3-18

五趾抓地，腳心含空；同時右掌從左肘部離開，掌心向外，往右前斜方畫去；左腳再上前一步，落地後五趾抓地，腳心含空，要超過右腳，兩腿交叉成剪子股式。左臂屈臂，左掌從頭部往外再向下往右，從懷中向左外畫在左面一大圓圈。右腳繼續向右前斜方進步，落地後屈膝，五趾抓地，腳心含空；左腳立即跟上，用膝蓋頂進右膝彎內處，落地後也屈膝成右屈步。隨右腳進步時，左掌從左向右雲轉時與右肘尖相遇，左掌助力，右掌向頭額右部顧去，掌心向內，五指自然揸開向上。頭頂項豎，下頜裡收，閉唇叩齒，舌頂上腭。眼向右前斜方視去。（圖 5-3-18）

16. 雲遮月（三）

接上式。練法如雲遮月（一）式。

17. 猴　形

圖 5-3-19

接上式。左腳向前進一步，落地後屈膝，五趾抓地，腳心含空；右腳立即跟上，用膝蓋頂近左膝彎內處，腳掌落地後也屈膝，五趾抓地，腳心含空成左雞步。同時，左掌先向左前塌去，掌心向外，五指揸開向上，豎臂立肱；右掌掌心也向前，五指向上，從左掌上穿過，左掌從右掌再上穿，然後兩掌一齊下按，一直到左膝蓋前落下，雙掌掌心均朝內，十指均向下。頭頂項豎，下頜裡收，閉唇叩齒，舌頂上腭。眼向前上方視去。（圖 5-3-19）

【要點】：此式為猴形靈意，因此，兩手成爪，反覆抓攫，有猴爪抓人之勁意。身體縮束，兩肩裡扣，胸部要含，全身裹縮。兩眼視人要活，有猴子靈活的一切動意。

18. 馬　形

接上式。左腳上前半步落實，五趾抓地，腳心含空；右腳向前跟進，用膝蓋頂近左膝彎內處，落地後也屈膝成左雞步；同時兩肘裡滾並相靠合勁，兩掌變拳，拳眼向外，拳心向上；二拳相併，一齊向前噴打而出，成夜馬奔槽式。頭頂項豎，下頜內收，閉唇叩齒，舌頂上腭。眼向左拳前方視去。（圖 5-3-20）

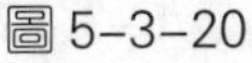

圖 5-3-20

圖 5-3-21

【要點】：練馬形前柔後剛，前靜後勇，有前踏後踐之本能。我們在練馬形時，表現的是提腳為馬蹄前蹬、膝貫的靈意；而且提膝則要收腹，丹田前翻，命門後貼，兩肘貼肋，全身縮勁，不但可以蓄力，而且能內養。

19. 虎出洞

接上式。右腳向右前斜方進一步，落地後屈膝，五趾抓地，腳心含空；左腳立即跟上，用左膝蓋頂近右膝彎內處，落地後也屈膝，五趾抓地，腳心含空成右雞步。同時，右掌在前，左掌在後，用虎口靠在右掌的大拇指處，兩掌掌心均向前，從小腹部向右前上方猛然抖擊出。頭頂項豎，下頜裡收，閉唇叩齒，舌頂上腭。眼向右前方視去。（圖 5-3-21）

【要點】：此式兩肩要扣，胸部要含，兩肘貼肋，兩掌要合勁，向前擊出要猛勇、要疾快。

20. 鷂入林

圖 5-3-22

接上式。左腳往左前斜方進一步，落地後屈膝，五趾抓地，腳心含空；右腳立即跟上，用膝蓋頂近左膝彎內處，落地後也屈膝，五趾抓地，腳心含空成左雞步。在左腳上步的同時，左掌由右向左格擋，當撥到頭部左額上方時停住，掌心斜向上，五指自然揸開斜向上；右掌從左肘下向前斜方穿掌，後捋到頭面部右方，掌心斜向上，五指自然揸開斜向前。頭頂項豎，下頜裡收，閉唇叩齒，舌頂上腭。眼向左前方視去。（圖 5-3-22）

【要點】：在練此式時要有鑽穿斜側之功，腿部要合襠扣膝，穀道上提；當成穿鑽式時要鼻尖、右手尖、左足尖三尖照。穿鑽時要有螺旋勁。要眼隨手走，步隨手進，手隨眼走。

21. 貓洗臉

接上式。上右步，落地後屈膝成弓步，五趾抓地，腳心含空；左腳在後不動，腿部挺直成牮柱步型。在上右腳的同時，右臂屈臂，手掌掌心向裡，五指自然揸開向上，從面部畫一圓圈後往額頭右面部抱去，然後從頭面右部畫過，就像貓洗臉一樣（圖 5-3-23）。然後右掌落下，左掌

圖 5-3-23

圖 5-3-24

掌心向裡，五指自然揸開，向上往額頭左面部抱去，然後從頭面左部畫過，就像貓洗臉樣（圖 5-3-24）。然後左掌落下，右掌掌心向裡，再往額頭右面部抱去，再從頭面右部畫過；如此三次，就像人洗面一樣，為貓洗臉。（圖 5-3-25）

圖 5-3-25

【要點】：此式要兩前臂相互穿鑽，名為貓洗臉，實為心意拳的顧法。如果要主動攻擊敵人，兩手相抱，兩前臂相互穿鑽，實為撥格敵方進攻的來手，是為心意拳的迎門三不過的技法，也就是反覆三次手撥、肘頂而強行打進敵方的防守門戶，所以又名「迎門三不過」。

22. 虎觀山

圖 5-3-26

接前式。重心後移，向身後轉身，左腳調步，腳掌向前（原來的後方，此時頭面已經轉向身後方了），左腿屈膝成弓步，五趾抓地，腳心含空；右腳轉成腳掌向左後方（現為右前方）。同時，左掌掌心向內，五指自然揸開向下，用掌根向左前方撩去（原身後），一直到左膝內側停住，左肘前頂；右掌掌心也向內，由前從頭面部向下順左肘尖向右後方撩去，一直到右胯旁停住，虎口朝前，右肘後頂；兩肘均外頂，兩虎口相抱。要沉肩墜肘，頭頂項豎，下頷內收，閉唇叩齒，舌頂上腭。眼向左前方視去。（圖 5-3-26）

【要點】：此形是練的縮、展二意，但有前後轉展疾速的螺旋勁。常練則身體自然縮而為蓄、展而為放，前後左右，動轉靈活。這種靈意的鍛鍊可以使人骨節收縮和開放，久練之，人的身體多具柔韌性和彈性。其形有霸王觀陣、猛虎觀山之勁意。

23. 迎面鐵臂

接上式。身體前起，左腳原地不動，右膝上貫，腳掌上提，左腿獨立成左獨立式。同時，左掌握成拳，往右肘尖下運轉去，用拳眼頂住右肘尖；右拳與右腳上提、右膝

圖 5-3-27

圖 5-3-28

上貫一道進行，往上頂擊，拳眼向右。頭頂項豎，下頷裡收。閉唇叩齒，舌頂上腭。眼向前方視去。（圖 5-3-27）

【要點】：此式是用拳面向上頂擊勁，練的是心意拳的鑽翻意。前臂肱部有貼人胸腹部之勁意，下面提膝貫敵襠，擊打敵人陰部，敵退還可用腳踢擊敵人。

24. 斬　捶

接前式。右腳向前一步，落地後屈膝，五趾抓地，腳心含空；左腳立即跟上，用膝蓋頂近右膝彎內處，腳掌落地後也五趾抓地，腳心含空。同時右捶向右下方擊打，拳面向地，拳眼朝前；左拳變掌附在右肩部，護住右腮。頭頂項豎，下頷裡收，閉唇叩齒，舌頂上腭。眼向右下方視去。（圖 5-3-28）

【要點】：此式為縮式。全身有縮合勁，右拳向敵方襠部擊打，同時，左掌要護住右腮處被敵方反打。所以，

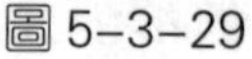
圖 5-3-29

圖 5-3-30

此式有打中有防、防中有打、打顧結合的勁意。

25. 龍形橫

接上式。身體左轉，上左腳，落地後屈膝，五趾抓地，腳心含空；右腳向前跟上，用膝蓋頂近左膝彎內處，落地後也屈膝，五趾抓地，腳心含空，成左雞步。同時出右掌，掌心向外，五指自然揸開，向左前下方插去；左掌掌心向右，五指揸開向上，往右肩臂貼去成合勢（圖 5-3-29）。然後再上右腳，落地後屈膝，五趾抓地，腳心含空；左腳立即跟上，用膝蓋頂近右膝彎內處，落地後也屈膝，五趾抓地，腳心含空成右雞步。同時，右臂屈臂，肘部貼身，前臂放平直，右掌掌心向上，五指自然揸開向前；左掌從右肩臂處滑下，掌心向右，用掌指扶住右肘部，身體在腰的帶動下向右轉去。頭頂項豎，下頷裡收，閉唇叩齒，舌頂上腭。眼往前方視去。（圖 5-3-30）

【要點】：此式轉身要快，右掌下插肩要下沉，左掌貼右臂，要屈肘貼左肋，右手要與左腳相合，襠部要扣，穀道要提。在向右裹時要腰部擰轉，練習龍腰的勁力。

圖 5-3-31

26. 手托頑石

接上式。重心前移，上左腳，落地後屈膝，五趾抓地，腳心斜向前；右腳在後，兩腿均屈曲成坐盤勢，右腿在下，臀部坐在右腳跟上；同時，兩臂屈臂，兩前臂肱部放平，兩掌再從臀部兩旁順兩大腿向前抄起，到左膝前收住，兩掌掌心均向上，虎口均向外，十指自然揸開向前，如從地上抄抱起一塊頑石一樣。頭頂項豎，下頜微收，閉唇叩齒，舌頂上腭。眼向右前方視去。（圖 5-3-31）

【要點】：此式由展到縮，身形由高變矮，是心意拳的縮展勁意。先展而展中有縮，但兩肩沉，兩肘垂，兩臂屈，由展收合；而此式縮時又兩臂先伸開，再貼身體下畫，坐盤後兩手掌就像從地上把石條抄起托在兩掌一樣，有向上拋起勁意。

27. 虎　撲

接上式。上動不停，身體起立；右腳向前踩出，落地後五趾抓地，腳心含空；左膝也上提起，腳掌要平，再落地後屈膝成弓步；右腳原地不動，右腿挺直成牮杆之箭式。兩掌隨身體前栽一齊向下撲，左掌掌心向右，虎口向上，五指自然揸開前頂，自左膝前向前上方撲出；右掌自襠前也向身體的中線撲擊；左掌下撲，掌心向下，虎口向前，撲按到左膝內側，指尖前頂；右掌也掌心向下，虎口向前，五指揸開朝前，按捋到襠前護襠，五指前頂。同時打雷聲「噫」結束。頭頂項豎，下頜裡收，閉唇叩齒，舌頂上腭。眼往前上方視去。（圖 5–3–32）

圖 5–3–32

【要點】：此形的勁意在於虎撲食時是兩爪先向前、向上有拋弧線的前擊，然後再向下落，具有先縮、後展、再縮的三部曲，但整個動作要在一剎那間完成，乾脆、快速，決不拖泥帶水，這就是虎撲的靈性所在。

28. 輕步站（收式還原）

收式同動作 1。圖同圖 5–3–1。

第三趟　硬開三簧鎖

「硬開三簧鎖」，顧名思義，是在與敵方實戰格鬥時有硬打硬進的強攻意思。心意拳在實戰戰術中，敵人封住門戶，我若攻敵意識弱，攻擊手段不強，很難將敵人打倒，只有攻擊意識強，攻擊手段狠毒，硬打硬進，才能將敵人防守陣線攻破，才能將敵人打倒。

「硬開三簧鎖」是古老的六合心意拳門派中的一個小套路，它脫胎於心意拳的實戰搏擊格鬥術，是綜合了六合心意拳十大精靈中的一些實戰搏擊動作的組合。

六合心意拳中除了有盤練單式和內養功法的練習，更主要的內容是戰術技法的練習，因此，像「橫開三簧鎖」「迎門三不過」「三開三讓」「守而攻、攻而守」等等都是心意拳的實戰搏擊格鬥必不可少的戰術。

此趟套路是將心意拳的戰術技法的一個小套路，具有短小精悍、實戰技法強的特點。由於六合心意拳套路少，只練十大靈法，有些初學者容易感到枯燥無味，所以，六合心意拳的先賢們就創編了這套拳法，用以彌補此門拳法套路少的遺憾。雖然它是套路，但實際上可以說是實戰動作的組合，久練精熟以後，用在實戰中，同樣可以連續不斷擊打敵方，具有連貫性。在傳練的過程中，可能有與其他傳人傳承不同的地方，大家可以相互補充、相互完善、共同提高。

1. 輕步站

以「輕步站」開始。左手左腳在前，右手右腳在後，左肩領前。左手成掌，掌心向裡，五指揸開，虎口向右，置在襠前上方；右手也成掌，掌心也朝裡，五指揸開，虎口朝前，放置在右胯前。身體站立要自然，左腳掌五趾朝前，右腳掌五趾向右。全身放鬆，虛靈頂勁，下頜裡收，閉唇叩齒，舌頂上腭，兩眼前視。此勢是心意拳的陰陽、虛實、動靜的開始。是以靜制動、以逸待勞的守勢，也是心意拳拳術擊技格鬥的開始勢。（圖 5–4–1）

【要點】：此勢要注意上面的鼻尖、手指尖、腳趾尖三點一線在一個立體平面上。輕步站有「不動如山岳，難知如陰陽」的內涵。

圖 5–4–1

2. 熊出洞

接前式。兩腳前虛後實不動。右掌從右胯前，由掌心向裡豎掌成掌心朝左前方，五指揸開向上，往前推埸，一直到左肩前停住；左掌也豎掌，掌心先向外，兩手有先向胸前抱起之勢。

當左掌從懷中由右臂內向前穿出時，豎肘立掌，當左肘尖到右手掌虎口時，左掌向前推場，掌心朝裡內含，五指揸開向下垂，垂於襠前護襠；同時右掌從左肘下後抽，順勢落到胸腹前停住，掌心朝裡，五指揸開也向下垂，虎口向左方，掌心微含。頭頂項豎，下頜裡收，閉唇叩齒，舌頂上腭。眼往左肩前視去。（圖 5–4–2）

【要點】：此勢名叫「熊出洞」，實取熊的莊重、沉穩之形為拳。熊有豎項之力，其物心寧靜而富有含蓄之勁。熊的兩膀健壯，有千鈞之力，其直立時壯如山岳，其

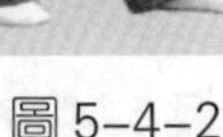
圖 5-4-2

圖 5-4-3

行走時雄健穩當，威猛異常。所以，心意拳取熊為象，是其為守勢之冠也。

練習此勢，一定要頭有上頂之勁，兩肩沉下有雄渾之力，體態安詳有靜定之力。兩肘護肋不露形跡，動靜相宜，使敵不知從何下手。

3. 斜橫打肘

接上式。左腳由原地向前移動半步，落地後五趾抓地，腳心含空；右腳向前斜形刮地打刮地風，落地後與左腳相併，也五趾抓地，腳心含空。同時，右臂屈肘，向左斜方橫打；左掌握住右腕部助力。頭頂項豎，下頜裡收，閉唇叩齒，舌頂上腭。眼向前方視去。（圖 5-4-3）

【要點】：此勢為進斜打正、進正打斜的擊法。下面進腳，打刮地風腳，踢敵人下部迎面骨七寸處。上面撥手斜打肘，痛擊敵人胸肋部。拳諺說：「寧挨三拳，不挨一肘。」可見心意拳肘擊的厲害。

4. 硬開三簧鎖

圖 5-4-4

接上式。右腳向右前方進一步，落地後五趾抓地，腳心含空；左腳向前跟進，與右腳併齊，五趾抓地，腳心含空。同時左手從右手腕處離開，先向上抄起，反掌成掌心向前，再向前做兩次環繞，在身體前畫一大圓圈後，到右肩前停住，掌心向外，虎口向上，五指揸開也向上；同時，右臂屈肘，用手掌也在面前畫圓圈做兩次環繞後向左腮處顧去，掌心向外，虎口向後，五指揸開向上豎起，兩肘要貼兩肋。頭頂項豎，下頜裡收，閉唇叩齒，舌頂上腭。眼往左斜方視去。（圖 5-4-4）

【要點】：此勢在練時，兩掌要有環繞勁，先後環繞三次，意謂鎖簧難開，我有硬打硬開的意思。左臂環繞有攔格敵手的作用；右手掌環繞上顧左腮，有上格擋勁。兩臂均屈臂成垂肘，有護胸的作用。

5. 卸鎖式（斜掛）

接前式。左腳上前半步，落地後屈膝，五趾抓地。左臂由右向左上方高架起，掌心向外，五指斜向右方。右腿由原處向右前方、向右後方斜掛。同時，右手從左臂內抽

圖 5-4-5

圖 5-4-6

出，先向後再往前推，掌心向下，五指揸開向前方。頭頂項豎，下頜裡收，閉唇叩齒，舌頂上腭。眼向右前方視去。（圖 5-4-5）

【要點】：此勢左手高架，右手低掛，就像我已經將鎖簧打開，再從門上把鎖卸下來一樣。作為戰術技法，就是敵人已經被我打開，我再上一步乘勝追擊，再將敵人掛倒於地一樣。

6. 捲地風

接前式。身體轉正，先上左腳，落地後五趾抓地，腳心含空；用右腳鏟地，做刮地風動作，向前踢出，腳落地後，五趾抓地，腳心含空。同時，左手由左上方下畫；右掌從右下方由掌變拳，拳心向裡，用拳面向上沖擊。右腳是向正前方踢出，為正捲地風。頭頂項豎，下頜裡收，閉唇叩齒，舌頂上腭。眼向正前方視去。（圖 5-4-6）

【要點】：做捲地風向前踢擊時，右拳往上頂擊，要與右腳打捲地風動作一致，不得有先後。左掌從上往下畫說虛則實，說實也虛，意在引敵注意，以觀敵之動向耳。當右拳上打時，左掌要運到右臂肘內彎處扶住右臂助力。右拳要有鑽打之力，腳前踢要狠要毒，要有一擊必殺之決心才行。

7.插步下打

接上式。右腳落地斜橫放，腳心斜向前，五趾抓地，腳心含空；左腿向右腿下插去，兩腿成剪子股式，臀部坐在左腳跟上。右掌向左膝旁下方插去，掌心朝外，五指揸開向下；左拳變掌，從右臂上部往右肩推格去護腮，掌心朝外，虎口向上，五指揸開也上頂戳。頭頂項豎，面轉向左方，眼往左前上方視去。（圖 5–4–7）

【要點】：此勢是為打而後顧的縮勁。前勢一腳捲地風，敵若被擊，迎面骨處疼痛難忍，必用雙手去抱、去揉，這是人的本能自然反應，我正好縮身下打，用拳捶擊敵人的頭部。如果敵人沒有被我擊中，而是左腿後退，我下縮也正好可以用拳捶擊敵人的右腿迎面骨處。可以靈活而用之，不必拘泥於某一點也。

8.韌　勁

接上式。身體左轉，右腳向右前進一步，腳落地後屈膝，五趾抓地，腳心含空；左腳立即跟上，用膝蓋頂近右膝彎內處，兩腿均屈曲成左雞步。在轉身的同時，左掌掌心向內，五指揸開向下，虎口向右前方，用掌跟往外撩

圖 5-4-7

圖 5-4-8

擊；同時，右掌也掌心向內，五指揸開向下，虎口向前，用掌往右胯處後捋，掌根有往右外方撩擊之勢，肘尖有後頂擊之勢。兩虎口相對，兩手小指均向外。頭頂項豎，下頷裡收，閉唇叩齒，舌頂上腭。眼往左前方視去。（圖 5-4-8）

【要點】：此勢包括了心意拳的縮、展二字，先縮後展開；縮為顧，展為打。

9. 鷹捉把

接前式。右腳上前一步，落地後五趾抓地，腳心含空；左腳提膝上貫成右獨立勢。右掌心向內，由右胯旁向上撩起成掌心朝外，五指揸開向上；左掌反掌心向內，由右臂內向右手上穿出，一直到右掌的虎口穴位置，用掌根置右手虎口上，向上豎起成豎掌，掌心向右方，五指揸開上頂。頭頂項豎，下頷裡收，閉唇叩齒，舌頂上腭。眼向

正前方視去。（圖 5-4-9）

【要點】：此勢由前勢相變，兩手有內抱之意，勁法有由展而縮，為合勁。提膝上貫，有獨立之勢。全身上下垂直，不偏不倚。兩掌豎起，兩臂不能挺直，肘尖下垂。上貫的膝部要膝尖向上，腳掌要平。

圖 5-4-9

10. 虎　撲

接上式。身體前栽，然後雙掌一起握拳，就像用手抓住天上垂下來的把柄一樣，用力向下捋拽，當兩臂屈臂成墜肘時，左腳向前進一步，屈膝成弓步，右腿在後蹬直，成犁柱步型，打成虎撲把。左掌掌心向下，五指揸開前頂，置左膝彎內處；右掌掌心也向下，五指揸開前頂，放在襠部護襠。頭要前頂，肩要下沉，下頷裡收，閉唇叩齒，眼向前上視。（圖 5-4-10）

圖 5-4-10

【要點】：此勢在起鷹捉時要全身合勁，從上往下捋拽時要有恨天無把之意，鷹捉虎撲一把，看似是用手臂之力，實為全身用力。打此勢時頭有前頂勁，肩有下栽勁，手有抓攫勁，可謂三處在一個落點時間上，而三處有三打也。

圖 5-4-11

11. 虎觀山

接前式。右腳上前半步，落地後五趾抓地，腳心含空；左腳向身後退一步，重心前移，落地後屈膝成弓步，也五趾抓地，腳心含空，右腿在後挺直，成牮柱步。在轉身後退的同時，左掌掌心向裡，五指揸開向下，虎口向內，順左腿內側向外撩起去；同時，右掌掌心向裡，五指揸開向下，虎口向前，用掌根向右腿內撩去；兩掌小指均朝外。面順左肩，頭頂項豎，下頜裡收，閉唇叩齒，舌頂上腭。眼向左前方視去。（圖 5-4-11）

【要點】：此勢是正要往右前方進擊時，突然轉身向後，是心意拳的動轉之靈也。意在背後有敵人，我用此勢以截打之。此勢又謂「霸王觀陣」，有霸王站在山頭觀察敵方之動態之意。

這是心意拳的突然閃轉之法，兩掌有撩擊之意，兩肘有撐打之意。

12. 迎面貼臂

接前式。左腿站立，右腿提起，屈膝上貫，成左腿獨立勢。右掌握成拳，隨提膝的同時用拳面向上沖擊，拳心朝裡，拳面朝上，高與嘴平；在右拳上沖時，左臂內旋，掌握成拳，從左膝彎內往右肘下鑽去，用拳眼頂在右肘尖下。頭頂項豎，下頷裡收，閉唇叩齒，舌頂上腭。眼往前平視。（圖 5-4-12）

圖 5-4-12

【要點】：此勢在提右膝時膝尖要上頂，右腳要平。上沖鑽右拳時，是全身右束合勁，右拳有上沖勁，右前臂肱部有前貼靠勁，下面提膝有膝貫打勁。

13. 斬　手

圖 5-4-13

接前式。右腳上前一步，落地後五趾抓地，腳心含空，重心移在右腿上；左腳立即跟於右腳後。同時，右拳往右下方栽捶，拳面朝下，拳眼向前；左拳變掌；朝右肩外推格，掌心向外，五指揸開向上，虎口朝內，護住右太陽穴。仍要頭頂項豎，下頷裡收，閉唇叩齒，舌頂上腭。眼要向右方斜視去。（圖 5-4-13）

【要點】：此斬手為單手斬。此勢下蹲，我可下海底撈月，撈取敵方的來腳，將其從根擊倒。

圖 5-4-14

14. 懷抱頑石

接上式。身體站起，左腳斜橫，右腿在下，兩腿交叉成剪子股坐盤式。兩掌隨身體站起而向上端起，兩掌掌心均向上，十指均揸開向前，兩掌小指相對，虎口均向外，再上順身體兩側下捋，從下往上托起。兩掌心均朝上，十指揸開均向前，兩手虎口均朝外，有從地上把石條抱起的感覺。頭頂項豎，下頜裡收，閉唇叩齒，舌頂上腭。眼向右前方視去。（圖 5-4-14）

【要點】：此勢在似從地上抄起石條以後，兩掌有上托之力，腰部要有挺力，兩肘貼兩肋部，不得離開，離開則無力。

15. 龍形裹橫

接上式。身體前起，右腳向前進一步，腳落地後屈膝，五趾抓地，腳心含空；左腳向前跟半步，用膝蓋頂近右膝彎內處，腳掌落地後也屈膝成右雞步。左手掌心朝外，五指插開向右下方、向右膝前外處插去；右掌心朝內，五指揸開向上，靠向左臂肘彎處。全身成捆綁勢。頭頂項豎，下頜裡收，閉唇叩齒，舌頂上腭。眼向左前方視去（圖 5-4-15）。

左腳再往前上一步，落地後五趾抓地，腳心含空；右腳跟上，用膝蓋頂近左膝彎內處，腳掌落地，也五趾抓地成左雞步。左臂屈臂，肘尖貼左肋，前臂平直，掌心向上，五指揸開向前；右掌掌心向下，五指揸開向前，扶住左臂肱部，在腰的旋力帶動下向左後擰轉去。頭頂項豎，下頜裡收，閉唇叩齒，舌頂上腭。眼向左方視去。（圖 5-4-16）

圖 5-4-15

圖 5-4-16

【要點】：此勢在做左手前插時要沉肩。右手上格時要右肘貼肋，手肘部與身體均要有束合勁。在轉身裹橫時全身要有擰勁。主要練習腰部的旋轉力量。

16. 虎出洞

接上式。身體再向右轉正，有回顧之勢。右腳向右斜方進一大步，腳落地後屈膝，五趾抓地，腳心含空；左腳立即跟上，用膝蓋頂近右膝彎內處，腳落地後也屈膝成右雞步。同時，左掌翻掌心向下，往右反蓋去；右掌也掌心向下，從左肘尖下往右方畫一圓圈後，再到腹前與左掌相會合，左掌虎口卡在右掌大拇指處，兩掌合力向右前斜方猛然推擊。頭頂項豎，下頜裡收，閉唇叩齒，舌頂上腭。眼向右前斜方視去。（圖 5-4-17）

圖 5-4-17

【要點】：此勢為心意拳的左右對稱練習。轉身速度要快，先向左擰腰為左擊，迅速向右轉身再右擊。這一左一右是身體靈勁的練習。要眼觀六路，耳聽八方，動轉自如。這是靈活應敵必不可少的式子。

17. 鷹捉把

接上式。身體向左轉，右腳不動，左腿提起向上貫膝，左掌在左腳向上提起的同時從右手腕處上穿，當穿到右掌虎口上時，右掌豎掌，掌心向前，五指揸開向上；左掌掌心向右，五指揸開向上，用小指側的掌根落在右掌虎口處；指尖高不過眉，兩掌低不過口；全身凌直，頭往上頂，項要豎起，下頜裡收，閉唇叩齒，舌頂上腭。眼從兩掌前視。（圖 5-4-18）

【要點】：此勢身體要垂直。但鷹捉時兩臂不能伸直，要肘部微垂，兩肩裡扣，頭有上頂之力，右腳前掌五趾要有抓地之力，眼要有前視洞察之力。

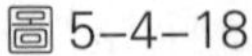
圖 5-4-18

圖 5-4-19

18. 雷　聲

接上式。身體前栽，左腳向前進一步，腳落地後五趾抓地，腳心含空，屈膝成弓步；右腳在原地不動，右腿挺直，成牮柱步。兩掌一起下落，左掌掌心向下，五指揸開向前頂戳，落到左膝蓋內側，指尖前不過膝；右掌也掌心向下，五指揸開向前，落在襠部陰前護襠。隨兩手下落，身體下栽時發一雷聲「噫」，聲出自口，氣發自丹田。整個身體成虎撲把落地式。（圖 5-4-19）

【要點】：此勢仍是「恨天無把」之勁意。前栽打落肩勁，雙手握拳有下拽勁。頭有向前頂撞勁。仍要頭頂項豎，下頜裡收，閉唇叩齒，舌頂上腭。

19. 收勢輕步站

同動作 1「輕步站」，圖同圖 5-4-1。

第六章
經典古譜釋義

第一節　心意拳練功十六字解

心意拳的古譜是每一位真正想練好心意拳的人必須要熟讀的，它是指導你練好心意拳的重要理論根據。所以，要想練好心意拳，必須先要認真地研究它，讀好、讀懂。可是古譜是用古文撰寫的，而且基本上都是手抄本而缺少正式出版物，因此，在傳抄中一些方言、土語、同音不同義的字較多，後人無法參照學習，有解釋者也大多帶有個人偏見，這就給現代人的閱讀帶來一定的困難。

本人手頭有好幾種抄本，閑時參照，累積成章，為便於讀者學習參照，現將古今版本中就「心意拳的踐�十六字論」進行淺釋，以幫助初學心意拳的人有章可循。當然，我的解釋可能過於簡單，體會和理解也是有限的。因此，結合自己平日練功體悟，也將個人淺見羅列於下，其中難免有不當之處，請大家給予斧正。

【原文】　一、寸之法：寸是步也，步要急快，成其步也。

【釋義】 所謂寸者，不光是寸步，這裡也包括寸勁。寸勁是武術中的一種勁法，心意拳當然也有。所以，我個人認為，這裡的一寸之法，並不是單純地指「寸是步」，而是心意拳的寸步和寸勁。

心意拳的寸步也就是快步。寸之法是說練心意拳的人，在對敵實戰格鬥時，是要發寸勁；這裡既包括手的發寸勁，也包括步的移動方法等。在防守時，要寸步不發，與敵人保持一定的距離；攻擊時，要按敵我雙方的距離，近了就發寸步（即快步），遠了就發過步。所以，《心意拳譜》上說：「遠打一丈步為疾，兩頭回轉寸為先；早知回轉這條路，盡在眼前一寸中。」《拳譜》又說：「近打只在一寸間。」「寸步快，以寸為先。」這就是腳上的一寸之法。

如果手發寸勁，是距敵人近時，發寸勁，發力快，殺傷力也更強，這是心意拳手上的一寸之法。所以，單純地將一寸之法說成是「寸是步也」是不全面的。也有人把它說成「一存之法」，當然有些牽強附會了。所以，在練習心意拳時，一定要多練習發寸勁才好。

【原文】 二、踐之法：踐是腿也，腿要猛勇，成其踐也。

【釋義】 踐和踏是同義詞。在這裡，我們可以將「踐之法」理解成：心意拳的演練在進步時腳要用力向前、向下踩踏。當然，踐勁是腿上的勁，腿要健壯才能有勁。心意拳在動意時其踢、踩、踏仍然要用腳。有人單純把「踐」說成是腿是不全面的。

心意拳古譜上有「馬踏虎踐」之說，但真正在動意時還是既要「腿要勇猛」，還要速度疾快才行，踩而踐之，才能練而有功，動意時，也才能擊敵必勝。

【原文】　三、躦之法：躦是身也，身要強壯，成其躦也。

【釋義】　此處所說的躦，是指人的身體有向上、向前沖擊的意思。心意拳在進攻敵人時，身體呈螺旋狀前進。《拳譜》上說：「腳起而躦，腳落而翻；不躦不翻，武藝不管。」所以，單純地說身要強壯是不行的，身體強壯不等於武藝高強。

也有人將「躦」字說成「鑽」。心意拳的身法包括裹、踐、躦三者是合一的，因為躦是用在拳法上，而不是用在工具上，當然應是足旁的躦而不應是金字旁的鑽了。

【原文】　四、就之法：就是束也，上下束為一，成其就也。

【釋義】　這裡的「就」有兩種意思：一是指「就」有往前的意思，有貼近敵人的術法；二是「就」有束縮的意思。往前就是進攻，盡量靠近敵人，便於狠狠地打擊敵人；束縮就是進攻前的準備，就是蓄勁，先束身蓄勁，然後再展開打擊敵人。

《拳譜》上有「長身而起，束身而落」和「就如蛋」的說法，就是指心意拳的「就」。

【原文】　五、夾之法：夾剪之夾，即穀道上提，兩股夾緊也。

【釋義】　這個夾，有夾剪之形和夾剪之力兩種意思。所以拳譜上說：「夾剪之力，牮柱之勢。」夾剪之形是指身體的上部可以兩臂交叉成十字形，或者下部兩腿交叉成麻花步。而夾剪之力則是指上部的兩臂由十字形交扭發力，即兩臂由開而合，再由合而旋扭而展開。下部也如此，由兩腿交叉成十字的夾剪之形再用力展開，將力發出，這兩種都是指夾剪。

原來的「穀道上提，兩股夾緊」只是指形體要求其中的一部分而已。

【原文】 六、合之法：合是內三合，外三合；心與意合，意與氣合，氣與力合；此內三合存於內。外三合手與足合，肩與胯合，肘與膝合，成其外三合，現於外也。

【釋義】 此處各家解釋基本相同。但要注意的是，六合是心意拳的靈魂，只有做到六合才能使自己身體強壯、武藝上乘。

【原文】 七、齊之法：齊是疾也，內外合一，成其齊也。

【釋義】 我們反覆熟讀拳譜，譜上說：「手腳齊到方為真。」心意拳要求在進攻對方時，手和腳要一齊擊到，使對方顧上不能顧下，顧下不能顧上，有顧此失彼之態，只有這樣才能打敗對手而自己立於不敗之地。要做到這一點，就必須內外合一、上下一致才行。這種齊也要做到七疾才行。

古譜說：「疾上還加疾，打倒還嫌遲。」所以，七齊也應是七疾之法。七疾者，眼要疾，手要疾，身要疾，足要疾，意要疾，進攻要疾，退步要疾是也。

另外，心意拳在實戰搏擊時，它的要求是：手到腳不到或者腳到手不到，都不行，只有手到、腳到、身到，才算是心意拳上乘的名家高手。

【原文】　八、正之法：正是直也，看正卻有斜，看斜卻有正，是八正也。

【釋義】　所謂正，是對心意拳練習者的身法和姿勢的要求。所謂「看正卻有斜」，是心意拳的身法，要求練習者所站的姿勢帶有一種螺旋形。如人的正面對著敵人，則受打擊的面積就大；如側面對著敵人，則自己只有一面可以對敵，難以發揮雙手雙腳的作用。所以，練心意拳的人身形姿勢要求是「看正似斜，看斜似正」的半側面而站。拳譜中說的牮柱式，確實要從腳跟到頭頂成一斜直形，這是身形的直，但又是「一斜直形」。這種「牮柱步式」是當與敵搏擊時的發力身形。

如遇敵方反擊力過大，或者敵方也已經成「牮柱式」時，我該怎麼辦？還要「直對直」嗎？

當然要以橫斜之式化解之。心意拳的身法要點是機靈多變，而不是一成不變，隨心所欲，才是取勝之道。但不管自己是怎樣的身形姿勢，身體的上下一定不能前俯後仰，必須要尾閭中正才行。

【原文】　九、脛之法：脛是足脛相摩而行也，即兩足橫勿使開張也，磨脛而走，內五行心意相連，成其徑也。

【釋義】　關於這一點的說法和解釋很多。很多人都引用「脛摩脛，意響連聲」。按現代生理解剖學的觀點來看，小腿有兩條骨：脛骨和腓骨。脛骨在小腿的內側，腓骨在小腿的外側，脛骨和腓骨在小腿上是併行的。人的兩脛骨雖在內，但卻是不可能相摩的，因為上有膝關節，下有踝關節，都凸於脛骨，人在行走時首先是膝骨相摩或兩腳踝骨相摩。

筆者認為，原文講是「足脛相磨而行」，只能解釋為「提踵摩脛」或者「膝脛相摩」，而兩脛決不可能相摩。練習心意拳的人在行走時，要嘛是提腳的時候，用腳靠近脛骨，足脛相磨；要嘛一腳提起時，要用脛去磨膝。古人遣詞造句應是很精確的，但畢竟缺乏科學性。

心意拳先輩們旨在要後學者能「合襠」「扣膝」，這是本意，只有這樣才能合乎外六合的標準。人在行走時足踝和脛部相摩，襠部就必須要合，敵方想進攻我的襠部就不容易了。

【原文】 十、警之法：警是驚起四梢也，四梢並發。驚起四梢，火機一發物必落，成其警也。

【釋義】 所謂警者，是高度警惕之意。人在猝然遇到異常事變而導致精神上突然緊張，比如遽然遇到險惡、突臨危難、目擊異物、耳聞巨響等都可出現驚駭，而這種驚駭可能使人致病，這是由於一般人的心理素質較差所導致的，甚至有的人遇驚而內動心神，由神驚而導致氣亂，氣亂又反過來導致神經失常。所以，掌握警之法，經常進行三性調養，經常進行心理素質的訓練，才不會遇事發生驚駭。

另外，說在遇敵時，要四梢警惕，就像火機（槍炮）一樣，一旦發動，對方之物（人）必會應聲倒下。這裡要求心意拳家必須時時刻刻保持一定的高度警覺感，只有這樣才能遇敵攻擊時而不會被擊垮。

【原文】 十一、起落之法：起是去也，落是打也。起也打，落也打，起如水之浪翻，落如水之浪決，成其起落也。

【釋義】　此處是說心意拳的打法。起也打，落也打；起的打法，就像水的浪湧一樣，就是說我的打法過去，敵人就像被浪拋起一樣被我擊打出去；落的打法，就像敵人被浪又從高空摔下一般被擊打倒下。

總之，心意拳要求動意時要「抖身而起，束身而落」，要「起為橫，落為順」，「起為風，落如箭，打倒它，還嫌慢；起似箭，落如風，追趕日月不放鬆」。但是，不管是起還是落，最好做到「起無形，落無蹤」，這才是心意拳的最高境界。

【原文】　十二、進退之法：進是步低也，退是步高也。當進則進，當退則退，成其進退也。

【釋義】　心意拳要求，與敵實戰，能攻時一定要抓緊時間進攻，不能攻取時，要及時地退回防守，不能莽撞，不能盲目，要會抓住戰機。當進則進，一戰而制敵；處於不利地點、時機時，必須及早退出攻擊而轉入防守，不然徒勞無功。

故古譜曰：「知進者必勝，知退者必不辱。」「知進知退要學藝，不知進退枉學藝。」

【原文】　十三、陰陽之法：看陰而有陽，看陽而有陰；天地陰陽交合能下雨，拳上陰陽交合成為一塊才能打，皆為陰陽相交之氣成為陰陽也。

【釋義】　陰陽是中華民族古老而又樸素的唯物辯證法觀點，古人常用這一觀點來看待和處理日常的事物。它是把一切事物都看成是對立而又統一的「一分為二」的方法。

心意拳也是用陰陽的觀點來對待敵人和運用實戰方法的。心意拳認為人的拳是有陰陽的，是和天地陰陽相通的，這就是心意拳的「天人合一」的理論。只有掌握了拳上的陰陽，才能練好心意拳，只有掌握了心意拳的陰陽，才能戰勝敵人。

【原文】　十四、五行之法：五行是內五行要發，外五行要遂，發而即遂，成其五行也。

【釋義】　此處的五行是指人的內五行，即心、肝、脾、肺、腎，外五行是指人的眼、耳、鼻、口舌、人中。人的內五行發動，表現在外五官上。而從心意拳的動作上講，「內五行要發，外五行要順」，是指內五行要發動，外五行要順從，才能做到內外如一，不然就不能做到「內三合，外三合」。

具體是：如心動如火焰，指外部動作要像火一樣地轟轟烈烈有氣勢；肝動如飛箭，指外部動作要像箭射出一樣疾快；肺動成雷聲，指外部動作要像雷鳴電閃一樣，驚天動地；腎動快如風，指外部動作要像狂風驟雨一樣，鋪天蓋地；脾動力加攻，指外部動作要堅強有力，還要力上再加力才行。

總之一句話，就是內部五行的發動要和外部動作緊密地配合起來，才能做到內外一致。古譜曰：「明瞭四梢多一精，明瞭五行多一氣。」這也說明心意拳是內外兼修的上乘拳法。

【原文】　十五、動靜之法：動靜是為本體，動為作用。若言其靜，未露其機，若言其動，未見其跡，動靜將發而未露，為之動靜也。

【釋義】　此處是說心意拳的高妙就在於要能掌握動靜、掌握顧打、掌握攻守的規律才能穩操勝券。靜為本體者，是以靜制動；動為作用者，其心意拳的動意在乎一動而無有不動，一靜而無不靜也。

高明的心意拳家在處於靜時，不會暴露自己的一點兒動的意思，敵方也別想從任何地方窺測出一點破綻來；如我動意時，又不能讓敵方發現我一點兒要動的痕跡來。

所以，古拳譜中說到：「可以動則動，可以止則止，凡事皆要得其中和美。」要做到這一點，就必須掌握心意拳的動靜之法。

【原文】　十六、虛實之法：虛是精也，實是靈也，精靈為之玄妙之至，成其虛實也。

【釋義】　此處是說心意拳的虛實，也是在講辯證法。在練法上，心意拳則要求「虛胸實腹」，這是符合老子《道德經》的要求的。

在手法上，我出手，敵方招架，我則為虛手；敵方不招架，我則為實手。敵出手，我要做到不招不架，只是一下，即一招制敵於死地。

在用法上，我手與手之間有虛實，腳與腳之間也有虛實，三節九竅也有虛實。這種虛實是有精靈的，不是呆板的、教條的。學習心意拳的人要進行體悟和研究。

故古拳譜上曰：「拳打三節不見形，設若見形不為能；能要不是莫要停。能在一思前，莫在一思後；能在一氣先，莫在一氣後。」

第二節　心意拳九要論

一、解讀《岳武穆心意拳九要論》

《岳武穆心意拳九要論》是心意拳的經典古譜要論之一，一直在心意拳界朋友的手中秘密流傳。後由於武術交流的擴大以及練武朋友交往的增多，《岳武穆九要論》得以與其他拳種以及門派進行交流。《岳武穆心意拳九要論》由於流傳的地方不同，拳種的不同，語言的不同和傳抄者的學養水準不同，有些詞句和文字有差別，有的出現同音不同義的字，所以，一部《岳武穆心意拳九要論》變成若干個版本。

為了使這一重要的古典文獻能原始地供心意拳界的朋友們閱讀，使之對自己練功有幫助，所以，我以《岳氏意拳五行精義》（以下簡稱《董本》）為母本，在多家抄本的對照下，進行校對、篩選，並直譯出來，這就是今天的這個樣子。因為抄本多誤字，所以，難免有謬誤的地方，歡迎大家批評指正，以期共同提高。

二、《岳武穆心意拳九要論》釋義

【原文】　器上而通乎道，技精而入乎神，惟得天下之至正，秉天下之眞精者，乃能窮神而入妙，察微而闡幽。心意之用，器也、技也。心意之體，道也、神也。器技常人可習，而至神道，大聖獨得而明。岳武穆王精忠報國，至正至剛，其浩然之氣，誠霈①然充塞於天地之間。故心意之精，非武穆不能道其詳。然全譜散佚，不可得而見。而毫芒流落，只此九要論而已。吾儕②服膺③心意，得以稍涉藩圉④，獨賴其此耳。此論共九篇，理要而意精，詞詳而論辨明。學者有志，朝夕漸摹，而一芥之細，可以參天，濫觴⑤之流，泛為江海。九論雖約，未始不可以通微，何莫造室升堂也。

【注解】

① 霈（pèi，音沛）：雨多的意思。在這裡則說氣像大雨一樣遍布天地之間。

② 儕（chái, 音柴）：同輩、同類人。有的版本印成「濟」，字誤。

③ 膺（yīng，音英）：承受、承當，討伐、打擊。

④ 圉（yǔ，音雨）：養馬的地方。有的版本把此字印成「國」，字誤。

⑤ 濫觴（shāng，音商）：古代稱酒杯。意思是江河發源的地方，水少只能浮起酒杯，今指事物的起源。

【釋義】 器者，器具也，也可以說成長的意思，如人的大器晚成。在這裡可以作為人的才能理解。人的才能學到上乘就可以通乎於大道，技術精絕就可以進入神明。心意拳練至上乘境界是可以通於道的，而心意拳的搏擊技術練到了精絕的地步就可以通神明了。

練習心意拳惟有得到天下的最正，而能夠兼天下之真正精通者，才能盡得神靈而進入妙境，雖然從細微處有一點可察，我也能闡述其幽境。

心意拳的妙用，就是器、就是技；心意拳的體，就是大道、就是神明。一般的才能和技術，平常人都可以學習得到，要想達到通神入道的境地，那是非常神聖的人才能獨得而明瞭的。

宋朝的岳武穆王能夠精忠報國，其為人正正派派、只知報國，不管自己，所以，他的浩然正氣可以充塞於天地之間。所以，心意拳的精妙非岳武穆不能解釋清楚。

雖然全譜已經散失了，今天的人已經不能見到，但卻有一部分傳流下來，這就是我們今天仍在讀的「九要論」部分。我們所以願意學習心意拳，能夠讀到的經典，全在此九篇。雖然共計九篇，其中道理至關重要，而意義也非常精深，詞語議論非常明白，如果學習的人胸懷大志，早晚循序漸進，自然可從微小的地方看到另一片天地。從水的源頭，雖少而終能匯成江海的。這九論雖說少，但起始可以通微妙，讀精熟以後還怕不能登堂入室嗎？

一要論　一氣

【原文】　從來散之必有其統，分之必有其合也。故天壤間四面八方，衆類群儔⑥紛紛者各有所屬，千匯萬品⑦，擾擾者自有其源。蓋一本可散萬殊，而萬殊咸歸一本，乃事有必然者。且武事之論，亦甚繁矣。而要之詭變奇化，無往非勢，即無往非氣。勢雖不類，而氣歸於一。夫所謂一者，從首至足，內之有五臟筋骨，外之有肌肉皮膚、五官百骸，連屬膠聚而一貫者也。擊之不離，牽之不散，上思動而下為之隨，下思動而上為之領，上下動而中節攻，中節動而上下和，內外相連，前後相隨，所謂一貫，乃斯之謂，而要非強致襲為之。適時為靜，寂然湛然，居其所而穩如山岳；直時為動，如雷如崩出也。忽而疾如閃電，且靜時無不靜，表裡上下全無參差牽掛之累；宜無不動，左右前後概無逃遁猶豫之部。洵若水之就下，沛然莫禦，炮之內發，疾不掩耳，無勞審度，無煩酌辨，誠不期然而然，莫之致而致是，豈無故而云然？乃氣以日積而見益，功以久練而方成。揆⑧聖門一貫之傳。必俟多聞強識之後，豁然之境，不廢鑽仰前後之功，故事無難易，功惟自盡，不可躐⑨等，不可急遽，歷階以升。循序而進，而後官骸肢節自能貫通，上下表裡不難聯結。庶乎散者統之，分者合之，四體百骸，終歸一氣而已。

【注解】

⑥ 儔（chōu，音抽）：伴侶。

⑦ 千匯萬品，有的版本為「千頭萬緒」。

⑧ 揆（kuí，音魁）：推測揣度，準則。

⑨ 躐（liè，音劣）：超越，踐踏。

【釋義】　世界上的事物，看起來是散亂無章的，但有其散亂也必然有其統一，好像是分開的，但分之必有其合。只要用心，就可以整理出一個眉目來，多種不同的行為，往往可以歸納到一點。所以說天地自然、宇宙之間的萬事萬物，看起來是千頭萬緒的，似乎混亂不好理順，實際上，各有其運行的規律，它們是各有歸屬的，事實上都可以找到它們的根源。世界上的事物就是這樣，一可以化生為萬，而萬也同樣可以歸合為一。

拿心意拳來說明，那就不是一句話可以解釋清楚的。

但有一條，心意拳說起來簡單，練起來就比較複雜。心意拳的千變萬化都離不開由形生勢，由勢生形，它們都離不開虛實、動靜的形與勢的變化，只有虛實、動靜的變化才能產生氣力。心意拳的氣與力是根本的、主要的。不管你形與勢如何變化，但對練功是一樣的。

所謂一，是心意拳的要求從頭到腳，從五臟到六腑、筋絡骨骼，到皮膚肌肉，一直到人本身的五官百骸，前後、上下、左右、內外都是相互連貫一體的，是相互合一的，不能扯開，因此，您想破之不開，撞之不散。

心意拳的內三合和外三合，把人聯成一個整體，所以，上節要動，下節自然相應；下節要動，上節也自然會有反應。上下如動時，中節自然呼應，中節動時上下也會自然地配合。因此，心意拳的內外相連，前後呼應，心意合一，所謂一貫就是這樣的狀況。

心意拳的內外合一、心意一貫的狀態是平時鍛鍊出來的，心意拳沒有刻苦的鍛鍊，哪來這樣神奇的功夫？心意拳的靜，猶如天地，一切都靜；而人的靜就像一座山一樣的巍然不動，但動起來時，又如雷鳴、似閃電。練習心意拳的人在靜時，一靜無有不靜，從內到外，從心到體；當動的時候又一動無有不動，身體的內外、前後、左右、上下不會產生一絲一毫的扭曲、牽制、抽扯、牽扯的不順的情況。這種動，就像長江、黃河的水一樣，一瀉千里，滔滔不絕，這種浩浩蕩蕩的氣勢什麼也抵擋不住；又像炮火的爆發燃燒，騰的一下子燒起來，讓人捂住耳朵都來不及一樣地急速快猛。

心意拳就是這樣，但它動起意時，一切反應都沒有，它該打時已經把你打倒了。因為心意拳的氣力是平時修練得來到，是日積月累的結果，日久功成，豁然貫通，這就是功到自然成。因此，心意拳的修練要靠平時的日積月累，靠平時的一手一足的鍛鍊，不急不慌、不溫不燥，按部就班，循序漸進，這才是心意拳的練功之道。

二要論 陰陽

【原文】 天地間森羅萬象新陳代謝，未有一往而不返者也，亦未嘗有直而不曲者也。蓋物有對待，勢有回還，今古不移之理也。常有世之⑩論捶者而必兼論氣。夫氣主於一，實分為二。所謂二者，即呼吸也，呼吸即陰陽也，陰陽即清濁也。捶不能無動靜，氣不能無呼吸，吸則為陰，呼則為陽，靜者陰，動者陽，上升為陽，下降為陰，蓋陽氣上升而為陽，陽氣下降而為陰。陰氣下行而為陰，陰氣上行而為陽，此陰陽之分也。何為清濁？升而上者為清，降而下者為濁，清氣上升，濁氣下降，清者為陽，濁者為陰。要之，陽以滋陰，陰以滋陽，統言為氣，分言為陰陽。氣不能無陰陽，即人不能無動靜，口不能無呼吸，鼻不能無出入，乃對待循環者。然則氣分為二，實主於一，學貴神通，慎勿膠執⑪。

【注解】

⑩ 前56字《董本》無。

⑪ 此二句有版本為：「有志於斯途者，慎勿以是為拘拘焉。」

【釋義】 （天地之間，從天上到地下，包羅萬象，都有新陳代謝，沒有一直往前而不返轉的，也沒有光直而不彎的，正所謂物有對待，而勢又有回轉，這是古今不變的道理。）我們平常一聽到論說盤捶，就要大講其氣，心意拳練的就是丹田氣。我們心意拳所說的氣，原為一，就是一氣之說。但這個一可以分成二。

所謂二，就是呼吸，呼吸也就是陰陽。心意拳的陰陽就是動靜，氣不能沒有呼吸。吸就是陰，呼就是陽；談到動靜時，靜就是陰，動就是陽；而上升就是陽，下降就是陰；如果再說的詳細一點，陰氣上升就是陽，陽氣下降就為陰。這就是心意拳對氣的陰陽區分。

什麼又是清濁呢？高揚而上升的就稱為清，低沉而下降的則稱為濁；清輕者則為清，粗重者則為濁，所有這些，清的就為陽，濁者就為陰。這種陰陽是不能孤立地存在的，因此，在人體，陽氣下行而滋陰，陰氣上升以扶陽；這種陰陽二氣合起來就為一氣，而氣一分開就又成了陰陽二氣。因此說氣不能無陰陽，也就是說心意拳不能沒有動靜。人的鼻子不能沒有呼吸，嘴巴不能不說話、不吃飯，推而演之，這就是事物的兩重性，也就是說心意拳是辯證的、唯物的、科學的。

練心意拳的人要懂得這些道理，知道了世界事物變化的規律，並且順應這些規律，就能把心意拳修練好。

三要論　三節

【原文】　夫氣本諸身，而身之節無定處，（可分為三）⑫三節者，上中下也。（按吾人之三節）⑬，身則頭為上節，身為中節，腿為下節。頭則天庭為上節，鼻為中節，海底⑭為下節。中節則胸為上節，腹為中節，丹田為下節。下節則足為梢節，膝為中節，胯為根節。肱則手為梢節，肘為中節，肩為根節。手則指為梢節，掌為中節，掌根為根節。足例是。故自頂至足，莫不各有三節也。要之，若無三節之所，即無著意之（要）處。蓋上節不明，無依無宗，中節不明，渾身是空；下節不明，動輒⑮傾跌，顧可忽乎哉？故氣有所發，則梢節動、中節隨，根節催。然（其）此乃按節分言者，若合而言之，則上至頭頂，下至足底，四體百骸，總為一節，夫何三節之有？又何各有三節之足⑯（分）云乎？

【注解】

⑫《董本》無此4字。

⑬《董本》無此6字。

⑭ 海底在人身的會陰處。此處的海底應為地閣，也就是人的下頜。這是從頭面部分三節的說法。

⑮ 輒（zhé，音者）：總是。

⑯「足」：恐為「分」字之誤。

【釋義】 氣本來在人的身體內部就有的，而且在身體的每節中是相互傳導的。身體的論節畫分是有一定道理的。但心意拳卻將人體畫分為三節，說是上中下三節。在身體上，頭為上節，身體軀幹胸腹為中節，腰胯以下之腿為下節。如果再細分，則人的三節中又各有三節。

頭部上的三節是：天庭就是額頭，是為上節，鼻子為中節，海底（下頜）為下節。對於身體的軀幹來說，再分為中節的三節，那麼胸部為上節，腹部為中節，小腹部丹田為下節。對於腿部來說，下部的三節則腳是梢節，膝為中節，胯為根節。對於人的手臂來說，再細分為三節，則手為梢節，肘為中節，肩為根節。而對於手來說，再細分三節，則指為梢節，掌為中節，掌根為根節。人的足部也如此，在此就不再贅述了。

所以，人體從頭到足總體如此。如果沒有三節，那麼就沒有意和氣的著落的地方。不明白上節，就不懂心意拳的要義，上節就會失會控制；不明白中節，你不知道中節的關鍵所在，無法保護這部分要害，也就沒有功夫可言；不明白下節，練習心意拳的人就沒有根基，若與敵人搏擊時，不用敵人打我，我也會自己跌倒。

所以，練習心意拳的人要知道身體各部的關節竅要，在練習的時候，就要梢節動、中節隨、根節追。這是按人體的上中下來區分的，但這些合起來還是一個整體。兩手兩腳，四肢百骸還為一體，又何必分三節呢？又何必每節又再細分三節呢？

【補文】　三節既明，而內勁發動之脈絡即可知矣。蓋指力源於掌，掌力源於掌根，故掌根催掌，掌催指而勁乃出。手之力源於肘，肘之力源於肩，故肩催肘，肘催手，而勁可行。足之力源於膝，膝之力源於胯，故胯催膝，膝催足，而勁乃通。然肩胯之勁源於全身，全身之勁源於丹田，故丹田為內勁之總淵源也。至於丹田之有勁與否在於氣之貫與不貫耳，果能氣貫丹田，則丹田之勁足，其他各節之勁均能催而出也。至於催勁之法即某節用勁而心意之間即由丹田貫氣循其脈絡至某節也，至氣之貫丹田也，亦是將呼吸之氣心意間走到丹田耳。

【注解】　此段補的文字，為《董本》沒有的，現錄於此，以作補充、備考。

【釋義】 既然心意拳要將身體分為三節，就有它的用處。如果知道了三節，其內勁發動就可以脈絡分得明白了。如指力來源於掌，掌力來源於掌根部，所以，是掌根催掌心，掌心催指頭。而手的力量來源於肘部，肘部的力量來源於肩部，所以是肩催肘，肘催手部。

足之力來源於膝部，膝部的力量來源於胯部，所以，胯催膝，膝催足走。而肩胯的力量又來源於全身，全身的力量來源於丹田。因此，丹田是身體力量的總來源。

丹田的力量又是從哪裡來的呢？那就是平常練拳時配合呼吸練氣得來。丹田氣足，貫通全身，全身氣通，所以催到各個關節，全身氣通，所以都有勁了。

四要論　四梢

【原文】 試於論身、論氣之外，而進論夫梢者焉。夫梢者，身之餘緒也。言身者初不及此，言氣者亦屬罕論。捶以內而外發，氣由身而達梢，故氣之用，不本⑰諸身，則虛而不實，不形諸梢，則實而仍虛。梢亦烏可不講。然此特身之梢耳，而猶未及乎氣之梢也。四梢為何？髮其一也，夫髮之所繫，不列於五行，無關乎四體，似不足立論。然髮為血之梢，血為氣之海，縱不必本論諸髮以論氣，要不能離乎血，而生氣不離乎血，即不得不兼及乎髮，髮欲沖冠，血梢定（足）⑱矣。抑舌為肉梢，而肉為氣之囊，氣不能形諸肉之梢，即無以充其氣之量，故必舌欲催齒，而後肉梢足矣。至於骨梢者，齒也；筋梢者，指甲也。氣生於骨，而聯於筋，不及乎齒，即未及乎筋之梢，而欲足乎爾者，要非齒欲斷筋（金）⑲，甲欲透骨不能也。果能如此，則四梢足矣，四梢足而氣自足矣，豈復有虛而不實，實而仍虛者乎？

【注解】

⑰《董本》為「不本」，其他本為「本不」。

⑱《董本》為「定」字，聯繫下文，應為足。

⑲《董本》為「筋」字，參看《六合心意拳老譜》應為齒能斷「金」，恐字誤。

【釋文】　如果要論起身體和氣的關係，就不能不談氣，談氣又要談身體的末梢。什麼是梢呢？梢是身體的盡頭部分的一點。光說身體還不足以談梢，但一談起氣來也就不能不談到了。心意拳拳術的勁力是由內向外發出的，而氣也是由身體達到梢節的，所以，氣的運用如果不以身體為根本，就會虛而不實，不表現於梢節，就會雖實而實虛。這樣，梢就不能不講。

我所講的梢是身體特殊的梢，還沒談到氣的梢呢？四梢是什麼？全身毛髮，是其中一梢，然而這還不在五行之例，不與身體的手腳發生關係，似乎不難去議論它，但是髮為血梢，血為氣的海和洋。縱然不以此來討論全身毛髮而論氣，總不能離開血去談氣，人體離開血怎麼能生氣呢？但又不能離開血，就不能不兼論到毛髮。人生氣的時候會怒髮衝冠，就證明毛髮是血梢的理由充足了。

再說舌為肉梢，肉是血液的囊袋，如果氣不能達於肉之梢——舌頭，就不能說明氣把舌頭充滿；所以，舌要催住牙齒，說明肉梢是氣充足了。牙為骨梢，筋梢是指甲，氣充到骨，再達到筋，不到牙齒，也就沒到筋的末梢，要想這兩梢氣都充到，並且氣非常充盈，不然，要想讓牙齒咬斷金屬，指甲能透過骨頭，那就不容易。如果能夠這樣，血梢、肉梢、骨梢、筋梢充滿，四梢的氣自然是充足的，難道還會有虛而不實的狀況嗎？

五要論　五行

【原文】　拳者，即捶以言勢，即勢以言氣。人得五臟以成形，即由五臟而生氣。五臟者，心、肝、脾、肺、腎是也，乃性之源，氣之本也。心為火，而象炎上；肝為木，而形曲直；脾為土，而勢乃敦厚；肺為金，而有從革之能；腎為水，而有潤下之功。此乃五臟之義，而有準於氣者，皆各有所配合焉。乃論武事所不可離者，其在內也。胸位為肺乃五臟之華，故肺動而內諸臟不能靜。兩乳之中位為心，而護以肺，蓋心居肺之下，胃之上，心為君火，心動而相火無不奉合焉。兩肋之間，左為肝，右為脾。⑳背脊骨十四節，皆為腎位，分五臟而總繫於脊，脊通身骨髓，而腰為兩腎之本位，故腎為先天第一，尤為諸臟之源，故腎水足而金木水火土咸有生機。然五臟之存於內者，雖各有定位，而機能又各具於周身。領頂腦骨皆背腎也。兩耳亦為腎，兩唇、兩腮皆脾也。兩髪（鬢）㉑則為肺。天庭為六陽之首，而萃五臟之精華，實頭面之主腦，不啻㉒為一身之座督矣。印堂者，陽明胃氣之沖，天庭性起，機由此達，生發之氣，由腎而達於六陽，實為天庭之樞紐也。兩目皆為肝，細繹㉓之，上包為脾，下包為胃，大角為心經，小角為小腸。白則為肺，黑則為肝。瞳則為腎。實為五臟精華所聚，而不得專謂之肝也。鼻孔為肺，兩頤為腎，耳門之前為膽經，耳後之高骨亦腎也。鼻為中央之土，萬物資生之源，實為中氣之主也。人中乃血氣之會，上沖印堂，達於天庭，而為至要之所。兩唇之下為承漿，承漿之下為地閣，上與天庭相應，亦腎位也。領頂頸項者，五臟之導途，氣血之總會，前為食氣出入之道，後為腎氣升降之途，肝氣由之而左旋，脾氣由之而右旋，其繫更重，而為周身之要領。兩乳為肝，肩窩為肺，兩肘為腎，四肢為脾，兩肩膊皆為脾，而十指則為心肝脾肺腎。膝與脛皆腎也，兩足根為腎之要；湧泉為腎穴。大約身之各部，突者為心，陷者為肺。骨之露處者皆為腎，筋之連處皆為肝，肉之厚處皆為脾。象其意，則心如猛虎肝為箭，脾氣暴發似雷電，肺經翕㉔張性空靈，腎聚伸縮動如風。其用為經，制經為意，臨敵應變，不識不知，手足所至，若有神會，洵非筆墨所能予述者也。至於生剋治化，雖有他編，而究其要領，自有統會，五行百體，總為一元，四體三心，合為一氣，奚必斷斷於一經一絡，節節而為之哉？

【注解】

⑳ 按後文和現代醫學，此處應為左脾，右肝。

㉑ 《董本》作「髮」，其他版本為「鬢」。兩髮則為肺，不知從何說，暫存異於此。有的版本把「兩 」誤為「而」。如果聯繫上文，則應為「兩」字。這裡，結合上文，我們應該這樣理解，即「肺合皮毛」。《靈樞》說：「太陰者（手太陰肺經），行氣溫於皮毛者也。」如果從這個角度來看，鬢（或者髮）為皮膚外之毛，「皮毛者肺之合」，以及「肺主一身之皮毛」，或者能夠讓人理解。但這也是我個人的膚淺看法。

㉒ 啻（chi，音赤）：但，不只。

㉓ 繹（yi，音益）：抽出，理出頭緒。

㉔ 翕（xi，音習）：合或者和順的意思。

【釋義】 心意拳，又叫六合捶法，拳法由動態的勢子組成，但拳法又是以動態勢子來說明氣的，這就是我們用捶這個動詞來說明心意拳氣的重要。

人有五臟，五臟能生穀氣。這五臟是心臟、肝臟、脾臟、肺臟、腎臟，是人類性命的根源，是氣的根本。心，在五臟中屬火，象徵著能燃燒上升；肝，在五行中屬木，木可曲可直；脾，在五行中屬土，而勢乃敦厚，所以可以生萬物；肺，在五行中屬金，金有從革之能，可以發出響聲；腎，在五行中屬水，有滋潤潤下的功能和作用。這就是五臟在身體內的重要意義。

如果再講氣，就各有各的配合了。如果說到心意拳一事，就更離不開氣了。因為心意拳是內外兼修的上乘拳法，所以，五臟均在人的身體內。

如胸內有肺臟在其位，所以人一呼吸，就有動靜，肺一動，則胸部也就動了。肺一動，其他各臟不能不動啊！兩乳中為心，在肺的包圍和保護之中，心在肺的下面，胃的上面，是心的所在。

心為君火，又為君主之領，所以，心動而沒有不相合的。兩肋間右部有肝，左部有脾，背後有脊骨十四節，都是腎的位置。五臟都與脊骨有聯繫，脊骨關係人的全身骨骼。而腰是兩腎的正常位置所在，所以，腎是先天第一，尤其是各臟的本源。因此，腎水充盈，而金、木、水、火、土所屬器官都有旺盛的生命機能，五臟在人體內部雖然有固定的位置，但機能則分別具有，統屬頭頂、腦骨、脊背都是腎的位置。兩耳也屬於腎。上下嘴唇和左右腮部都屬於脾。各部毛髮都屬於肺。上部天庭額部是六陽經絡運行的高位置，集中了五臟的精華，確實是頭面部的主要部位，可以算得上全身的統領了。

兩眉之間的印堂，是人體經絡足陽明胃經的沖穴，是人的本性發生的契機，由這裡可以通達生化發生之氣，氣從腎到達六陽經絡，確實是上額部的樞紐機關所在。

兩眼屬肝，細分上部屬脾，下部為胃，內大角連於心經包絡，外側小角聯於小腸經絡。眼白屬肺經，眼黑屬肝經，瞳仁屬腎經，實為五臟精華所積聚，而不能把眼睛獨指屬於肝。

鼻孔屬肺，兩頰屬腎，耳門的前面屬膽經，耳後的高骨屬腎經。鼻居面部中央，鼻尖為五行中央之土，喻為萬物滋長化生的源頭，確實是人為中氣的主要流注部位。鼻下人中為血氣交會所在，向上直通兩眉之間的印堂，達到額部而為最重要的地方。

唇的正下方凹處為承漿穴，它的下面為下頜，稱地閣，它上面與額部天庭相呼應，也是腎經的地方。領頂是後頸上部，頸頂是前頸的上部，是五臟經氣的傳導途徑，也是氣和血的總會會合的處所。

前面有食管和氣管在，屬於食物和氣息出入的通道，後面為腎經經氣的升降的途徑。肝氣由這裡向左旋，脾氣由這裡右旋，他們更重要的作用是為全身的重要領屬之地。兩乳聯屬於肝，肩窩聯屬於肺，兩肘聯屬於腎，四肢聯屬於脾，兩臂也都聯屬於脾，而十指則分屬於心、肝、脾、肺、腎；膝和小腿都屬於腎。兩腳跟為腎經緊要部位，足心湧泉穴為腎經的井穴。

身體的各部位，凸突者多聯繫於心經，凹陷者多聯繫於肺經，骨之凸隆部位多屬於腎經，筋的相互聯接處都屬肝經，肉的肥厚處都屬於脾。

用具體的東西表現和象徵它們的作用，就是心是猛虎，肝像飛箭，脾氣的發作就像雷電，肺的一開一合能空闊靈動，腎氣的開合伸縮快如風。他們的運用如正常，可以對敵來意而隨之變化，客觀和主觀都能自然而又恰當地應付。知道這些，與敵相搏，手腳所到，自然就像有神靈之會。所有這些，非筆墨文字所能說清楚的。

至於五行的相生相剋，他們之間的關係，還有很多的道理。關鍵一句話，五行的變化之道，在於人體，總是為身體的全體，四肢的配合，三心歸一，合為一氣。我們何必去一點一處地分析呢？

六要論　六合

【原文】　心與意合，意與氣合，氣與力合，內三合也。手與足合，肘與膝合，肩與胯合，外三合也。此為六合。左手與右足相合，左肘與右膝相合，左肩與右胯相合，右之與左亦然。以及頭與手合，手與身合，身與步合，孰非外合。心與眼合，肝與筋合，脾與肉合，肺與身合，腎與骨合，孰非內合；豈但六合而已耶？然此特分而言之也。總之，一動而無不動，一合而無不合，五行百骸悉在其中矣。

【釋義】　心意拳的六合是心與意合，意與氣合，氣與力合，這是心意拳的內三合。而手與足合，肘與膝合，肩與胯合，這是心意拳的外三合，總稱六合，也可稱作順式之合。

除此以外，還有左手與右足合，左肘與右膝合，左肩與右胯合；反過來也一樣，這樣的合是合式之合。還有，人的頭部與手足合，手與身體合，身體與步法合，這是勢合。除此以外，心意拳還有心與眼合，肝與筋合，脾與肉合，肺與身合，腎與骨合，這些難道不是人體的內合，所以說心意拳豈止六合。這只是大致分開的說法而已，總的一句話，心意拳是一動全身無有不動，一合無有不合，人的五官百骸都在其中了。

七要論　進法

【原文】　頭為六陽之首，而為周身之主。五官百骸，莫不惟首是瞻。故身動頭不可不進也。手為先行，根基在膊，膊不進，則手卻而不前矣。故膊貴於進也。氣聚中腕（脘）㉕，機關在腰，腰不進，則氣餒㉖而不實矣，故腰也貴於進也。意貫周身，運動在步，步不進，而意則膛然無能為矣。故步尤貴乎進也。以及上左必須進右，上右必須進左，其為七進，孰非為易於著力者哉。要之未及其進，合周身而毫無關動之意，一言其進，統全體而無抽扯游移之形。

【注解】

㉕《董本》作腕，此腕是手腕，恐為「脘」字誤。而脘是中脘，即胸中部分。

㉖ 餒（nei，音內）：失掉勇氣的意思。

【釋義】　頭是人的一身之主，居於身體的上部位置，身體的五官百骸沒有不以頭為主的，所以，心意拳在練習時，身體動頭不可能不動的。

人的手雖然為先行，但根基卻在臂膊，如果臂膊不進，而手也是不可能進的，所以關鍵在膊要主動進。人的氣如果聚在中脘，則機關竅要卻在腰部，所以，腰不進則氣餒不會實，所以，腰貴在主動進。

心意拳的意貫周身時，運動在步，步法不動，意徒守胸膛沒有一點用處，所以，心意拳的步法更貴在主動進。因此，心意拳的進法是上左必須要進右，上右必須進左。心意拳的進法，要練好不是容易的事情。沒動時不能顯露一點動的意思，如果要動，則頭部自會統領全身皆進，沒有一絲一毫抽扯牽落游移的形態啊！

八要論　身法

【原文】　身法為何？縱橫、高低、進退、反側而已。縱則放其勢，一往而不返；橫則裹其力，開括而莫阻；高則揚其身，而有增長之意；低則抑其身，而有撲捉之形。當進則進，殫㉗其身而勇往直沖，當退則退，領其氣而因轉伏斂。至於反身顧後，後即前也。側顧左右，左右豈敢當哉，而要非拘拘焉為之也。察乎敵之強弱，運用吾之機關。有忽縱而忽橫，因勢而變遷，不可一概而推。有忽高而忽低，高低隨時以轉移，不可執格而論。時而宜進，故不可退而餒其氣，時而宜退，即當以退而鼓其進，是進固進也。即退而亦實賴以進，若反身顧後，而後也不覺其為後。側顧左右，而左右亦不覺其為左右矣。總之，機關在眼，變通在心，而握其要者，則本諸身，身而進，則四休（體）㉘不令而行矣。身而卻，則百骸莫不冥㉙然而退矣。身法顧法可置而不論哉！

【注解】

㉗ 殫（dan，音但）：盡，竭盡。

㉘ 《董本》寫作休，恐為「體」字筆誤。

㉙ 冥（min，音明）：昏暗，糊塗。

【釋義】 心意拳的身法是什麼呢？無非是縱和橫、高和低、進與退、反和側。縱是放開而展其勢，勇往直前；橫是裹縮而蓄其力，能打開敵人的防守，而敵人無法阻擋；高是進身，有增長之意；退者低，要掌握好自己的身形，但卻有撲捉敵人的形態。所以，心意拳是當進一定要進，竭盡全力而勇往直前，向前沖擊；當退的時候，一定要退，要會蓄氣而轉為收斂。

至於反身顧後面，後面也就是前面。側身顧左右，左右的敵人豈能擋得住，不要拘謹和過分的小心。這就要觀察敵人的強弱，再運用我的智慧。

有忽然縱跳忽而橫進之者，要因當時的形勢而定，不可一概而論。有時忽高而忽低的，要高低隨時以轉移，不可死板。有時要看機會而進，這時就不能退卻而自己失掉勇氣。有時要退，是以退為進，在退的時候再進，如我翻身顧後面，實際我並不會把後當作後，側身顧左右時，這就是左右偏門的問題，你說哪裡是左？哪裡是右？總的一句話，要眼觀六路，心想八方，抓住主要的，再進身，身體一進，四肢百骸不進也進了。如果自己身體向後退卻，這時身體四肢百骸糊裡糊塗就退了。所以，心意拳的身法、顧法難道可以置之而不去理論它嗎？

九要論　步法

【原文】　身之動也以步，步乃一身之根基，而運動之樞紐也。以故應戰對敵本諸身，所以為身底柱者，莫非步。隨機應變在於手，而所以為手之轉移者亦在於步。進退反側非步何以作鼓蕩之機，抑揚俾㉚（伸）縮，非步無以操變化之妙。所謂機關在眼，變化者在心，而所以轉彎抹角，千變萬化，而不至於窘迫者何？莫非步為之司命也。而要非勉強以致之也。動作出於無心，鼓舞出於不覺。身欲動而步為之周旋，手將動而步亦為之催逼，不期然而然，莫之驅而驅，所謂上欲動而下隨之也。且步分前後，有定位者步也。然而無定位者亦為步，如前步之進，後步之隨，前後自有定位。若以前步作後，後步作前，更以前步作後之前步，後步作前之後步，則前後也自然無定位矣。總之，拳乃論勢，而握要者為步，活與不活固在於步，而靈與不靈亦在於步，步之為用大矣哉！

【注解】

㉚ 俾（bi，音筆）：使。對照全句，此處恐為「伸」字之誤。

【釋義】　心意拳身法是重要的，但身法移動的快慢主要在步法上，步法是心意拳的基礎，也是身體運動的樞紐。因此，在與敵人實戰格鬥中，步法是最主要的。與敵人周旋時關鍵在手，而手的靈活也還是在乎步法靈活與否。在進攻和防守時，沒有靈活的步法也是不行的。

心意拳的攻防之道，其機關在眼睛，其變化卻在心，所以要眼明心靈。不管你是拐彎抹角，千變萬化，要想不處在背勢，不處在窘迫境地，是什麼原因呢？一定是步法為關鍵。

如果動作出於無心，向前奮進又處於無意，身體要動，步法為之周旋，手要動，步法為之催逼，自然會不到而到，不打也打，此正是上面要動，下面隨之。步法也分前後，站立不動者在步，動而不分定位與否也在步。像前足進，後足隨，前後總有一步為定點的，如果前步作後，後步作前，這些變化全都在於步法，因此，心意拳的步法活與不活在於步，靈與不靈也全在於步法，所以說，心意拳的步法的用處是多麼大啊！

特別說明：以下部分，很多拳家在各自引用時皆刪去，各門拳術皆按各門解釋。為恢復原貌，今按原文補出，以供心意拳愛好者參考。

（馬琳璋補《九要論》遺文）

【原文】　捶名心意。心意者，意自心生，拳隨意發，總要知己知人，隨機應變。心氣一發，四肢皆動。足起有地，膝起有數，動轉有位，合膞望胯，三尖對照，心意氣內三相合。拳與足合，肘與膝合，肩與胯合，外三相合。手心、足心、本心三心一氣相合。遠不發手，捶打五尺以內、三尺以外。不論前後左右，一步一捶，發手以得人為準，以不見形為妙。發手快似風箭，聲如雷鳴。出手如兔，亦如飛鳥投林。應敵似巨炮摧薄壁之勢。眼明手快，踴躍直吞，未曾交手，一氣當先，既入其手，靈動為妙。見孔（空）不打見橫打，見孔（空）不立見橫立。上中下總氣把定，身足手規矩繩束，既不望空起，亦不望空落，精明靈巧，全在於活。能去能就，能柔能剛，能進能退。不動如山岳，難知如陰陽，無窮如天地，充實如太蒼，浩瀚如四海，炫耀如三光。察來勢之機會，揣敵人之短長。靜以待動有上法，動以處靜有借法。借法容易上法難，還是上法最為先。交勇者不可思悟，思悟者寸步難行。起如箭攢落如風，手摟手兮向前攻。舉動暗中自合，疾如閃電在天，兩邊持搗，防左右，反背如虎搜山。斬捶勇猛不可擋，斬梢迎面取中堂。搶上搶下勢如虎，好似鷹鷂下雞場，翻江倒海不須忙，單（丹）鳳朝陽才為強，雲蔽日月天地交，武藝相爭見短長。步路寸開把尺劈面就去，上右腿進左步此法前行。進人要進身，身手齊到是為眞。發中有絕何從用，解明其意妙如神。鷂子鑽林莫著匙（翅），鷹捉小鳥勢四平。取勝四梢要聚齊，第一還要手護心。計謀施運化，霹靂走精神。心毒稱上策，手狠方勝人。何謂閃？何謂進？進即閃，閃即進，不必遠求。何謂打？何謂顧？顧即打，打即顧，發手即是處。心如火藥拳如彈，靈機一動鳥難飛。身似弓弦手似箭，弦響鳥落見神奇。起手如閃電，閃電不及合眸；打人如迅雷，迅雷不及掩耳。五行本是五道關，無人把守自遮攔，左腮手過，右腮手去；右腮手過去，左腮手過來。兩手束拳迎面出，五關之門關得嚴。拳從心內發，向鼻尖落。足從地下起，足起快時心火作，五行金木水火土，火炎上而水就下。我有心肝脾肺腎，五行相推無錯誤。

【釋文】　此捶原名心意。心意是人的大腦，屬於高級的指揮系統，心意拳的意仍是由心生出來的，但拳是由意發出來的。因此，此拳一定要知道敵方，還要知道自己，要隨機應變才行。

心意拳藝要由心意一發動才能四肢皆動。腳起於地，膝起時才能有數，動轉有一定的位置，在合膊的時候就要望著胯，上中下三尖相照。內裡的意氣力才能相合。至於拳與腳合，肘與膝合，肩與胯合，這是外三合。除此以外，還有手心、足心、本心三心也要一氣相合。

心意拳的技法要求是遠去不發腳，拳只打五尺以內、三尺以外。與敵動戰時，一定要不論前後、左右，要一步一捶，一定要捶捶以打到敵人為準則，以不見形為奧妙。與敵搏擊時以發手疾快，出手像風又似箭，聲音如雷鳴，出手又如兔脫一般，也像鳥兒投林一樣快捷。應敵就要像巨形大炮打穿薄薄牆壁一樣容易。

心意拳就是要眼明手快，踴躍向前，與敵相戰，要一氣當先，既然入手進去，就要以靈動為妙。心意拳是見空不打見橫打，見空不立見橫立。全身上下總要把氣定住。身、手、腳都要有規矩，既不望空起，也不望空落，其中精明靈巧全在於要活泛。

練習心意拳要練到能去能就，也就是能離得開，也能跟隨住敵人，能柔弱能剛強，能前進也能後退。身形站定，不動的時候就像一座山一樣堅固，當我的陰陽變換你也揣摩不到，像陰陽的不斷變化一樣，我的技法無窮，就像天地一樣神秘難測。但我又充實得像太蒼一樣，浩瀚就像大海，炫耀就像三光（日光、月光、星光）。但我能觀察到敵人的來勢，而乘其機會，又能揣摩到敵人來勢的短和長。因而我以靜對待動有上乘拳法對待之，我也能以動對待靜有借力之法而應之。

心意拳還是借法容易上法難，但實戰搏擊起來還是上法占先。心意拳與敵交戰時要不能思悟（失誤），思悟（失誤）起來你寸步都難行。不如遇敵時起如箭攢快如風，手摟手往前攻。其一舉一動自然暗中合乎道理，要疾快如閃電，提防左右，反背要像虎搜山一樣。

心意拳的斬捶勇猛勢不可擋，斬梢卻是取敵人的中堂。不管強攻上或者下部，都要氣勢如虎一般，也要像老鷹落到雞場一樣，翻江倒海都不要忙，實用丹鳳朝陽才為強。雲遮住天空的日月，天地會交合，武藝相戰時才爭短和長，用步的規矩是要寸要尺劈面就打，不管上右步還是上左步，這種技法均行。進人一定要先進身，手腳齊到方為真。發中有絕何處用，我把道理解釋清楚你就明白了。如打鷂子入林不要讓敵人沾住我的翅膀，打人就要像鷹捉小鳥一樣，毫不費力才行。與敵相戰，四梢要齊內勁出，防守第一還要以手護心。

心意拳是計謀智慧指揮運化，動轉起來還是要像霹靂一樣，抖擻精神才行。心要毒、手要狠，這樣與敵搏擊才是上策，才能戰勝敵人。什麼是閃？什麼是進？進就是閃，閃就是進，為什麼還要向遠處去尋。什麼是打？什麼是顧？打就是顧，顧就是打，發手就是打。心要像火一樣，拳就是子彈，靈勁意動鳥難飛掉。身法就像箭弦響，鳥掉落下來時，你就會感到非常神奇了。起手就像閃電一樣，其快不及閃目。打人就像迅雷，迅雷不及掩耳。

五行本是五道關，無人把手自己遮攔。兩掌要在左右腮旁招架，兩拳在中心線守住，自然就能守住自己的門戶。發拳要從心中發出，向鼻尖前落下。腳從地上起，腳起快時就像心中的火起一樣。

五行就是金木水火土，火向上而水流下，我有心肝脾肺腎，知道這內五行，並順應他們自己的運行規律，自然就不會出現無謂的錯誤。

馬琳璋注：此譜原為心意拳家所存留，秘不外傳。近期已有人撰文揭出，此文原傳自河南汜水萇乃周家，為河南回族丁兆祥阿訇與萇乃周友善，丁從萇家所得，又充實進很多心意拳的秘傳和口訣，所以心意門歷來秘之。今為弘揚心意拳武術文化，自將該手抄本並參照《萇氏武技論》和《心意門秘籍》（李新民編著）重新校注。現予列出，供廣大心意拳武術愛好者研究、探討。錯誤之處在所難免，望知識高深者指正。

第三節　陰符經

「古為今用，洋為中用」，這是借鑒、充實、發展心意拳的最好途徑。我國古代許多經典文獻都是我們心意拳練習者應該好好學習、好好研究的。《陰符經》就是很好的一部經典著作。

今天，我們把它借鑒過來，希望給學習心意拳的人一些理論上的幫助。原文引自《諸葛亮文集》，以我個人的淺見，認為是比較全面、比較系統的一篇，故以此為藍本進行釋義。

一、《陰符經序》

【原文】　所謂命者，性也。性能命通，故聖人尊之以天命，愚其人而智其聖，故曰：「天機張而不死，地機馳而不生。」觀乎《陰符》，造化在乎手，生死在乎人。故聖人藏之於心，所以陶甄天地，聚散天下，而不見其跡者，天機也。故黃帝得之，以登雲天，湯、武得之，以王天下，五霸得之，以統諸侯。夫臣易而主難，不可以輕用。太公九十非不遇，蓋審其主焉。若使哲士執而用之，立石為主，刻木為君，亦可以享天下。夫臣盡其心，而主反怖有之，不亦難乎？嗚呼！無賢君，則義士自死而不仕，莫若散志岩石，以養其命，待生於泰階。世人以夫子為不遇，以秦、儀為得時。不然，志在立宇宙，安能馳心下走哉？丈夫所恥。嗚呼！後世英哲，審而用之。范蠡重而長，文種輕而亡，豈不為泄天機？天機泄者沉三劫，宜然。故聖人藏諸名山，傳之同好，隱之金匱，恐小人竊而弄之。

註：諸葛亮（公元 181～234）字孔明，山東琅琊（今山東沂南縣）人。被劉備三顧茅廬請出，輔助劉備取得三分天下。諸葛亮是歷史上傑出的政治家、軍事家，被民間稱為智慧的化身。

此篇與《道藏》本《陰符經》七家注同。原文引自《諸葛亮文集》，標為諸葛亮作。有人認為可能是依託所作。它本為道家、陰陽家談論人生命運的哲理方面的書籍，今天，我們引用到心意拳的練功和養生方面也有一定的指導意義。

【釋義】　我們所說的命運，在這裡是指人的本性，所謂性能通命，就是此說。如果一個人天生聰明，能順應天命，可能就命運通達，所以，古時大聖之人就會遵崇天命而待其時。愚魯的人不遵天命，或者明知道而故意不按天道之理去行事，就沒有聖人聰明，也沒有聰明人的那種智慧。所以說：「先天聰明的人，能掌握天機而修練保命長生，愚魯的人，糊裡糊塗活在世上，不懂得修練、不會珍惜自己，所以就難以長壽。」

今天我們學練心意拳的人看了《陰符經》以後，知道了人的一切造化都可以自己把握，生死存亡也取決於人類本身。因此，大聖之人把這個秘訣藏在心裡，如果用來改造天地，治理國家，絕不露出痕跡，就在於大聖之人的聰明之處。古時候黃帝曾經憑借《陰符經》，用它來修練，最終可以升天入道。而商湯和周武王憑借《陰符經》，用它就可以統治天下；而五霸憑借《陰符經》，用它就可以雄霸天下而號令諸侯。

做一個賢臣容易，但明主卻很難求到，不然就不能隨便地運用它。周朝的姜太公九十歲時還沒出道，只是他沒有遇到周武王，他是等待賢明的君王來聘用他啊！如果讓聰明的人掌握並能運用它，即使是一塊石頭也能把它扶做盟主，就是一段木頭，也能扶它做君王而享有天下，但要臣子盡其心。如果君王害怕大臣，不就使大臣感到為難嗎？哎呀！如果沒有賢明的君主，則高明的臣子義士寧願老死也不會出山做官的。與其這樣，聰明的人還是隱藏其智慧，寧願歸隱山林，頤養天年，等待機會，到了太平年代再講。世俗之人總認為孔老夫子沒有遇到賢明的君王來用他，而蘇秦、張儀倒遇到了賞識他的君王。其實並非如此，孔夫子的志向是拯救天下萬民眾生，他怎能懈怠雄心大志而不去努力呢？這是大丈夫所感羞恥的事情。唉 ！後世英明的賢哲之士，一定要審慎地運用它。

春秋的范蠡就因為重視它，得以生存，而文種就因為輕視它而因此喪命。這難道不是因為泄露天機？天機泄漏的人就會因此而遭受許多苦難，理應如此。所以聖人將它藏在深山，等待機會再傳給志同道合的人，放在，金屬做的盒子裡，惟恐被不仁不義的人盜去而玩弄它。

二、《陰符經》註解

【原文】 觀天之道，執天之行，盡矣。

【釋義】 意思是說，要善於觀察天道的變化，按照自然規律之道去進行習練，才能做到盡善盡美。那麼，天道又是什麼呢？道者，理也；也可認為道者，盜也。道理者，遵守的法則也；盜者，奪取也。

在這裡，我們應該理解為：練習心意拳要遵循自然界的天、地、人的理法，在天理者，其上有日、月、星；在地理者，其下有水、火、風；在人理者，要有精、氣、神。但所有這些，它們的正常變化都有一定的規律。人要學習心意拳，一定要懂得「天人合一」的道理，按照這些道理去修練才能達到完美的效果。

【原文】 故天有五賊，見之者昌。

【釋義】 天上有五賊，這五賊就是自然界的五行：金、水、木、火、土。這五種物質是天地萬物的總稱。如果懂得這五行的運行規律，就會掌握和運用，用在心意拳上，就能按照這五行的相生相剋變化規律來練習和運用，修練成上等功法。如果不懂這五行的變化規律，就不能很好的練習和運用，反而會適得其反。

故《心意拳譜》上有：「拳法意來本五行，生剋裡邊變化精；學者要知真消息，只在眼前一寸中。」又曰：「五行本是五道關，無人把守自無遮攔。」因此，心意拳的修練要順應五行的相生規律，與之相適應就能成功。

【原文】　五賊在乎心，施行乎天。

【釋義】　心意拳的五行，分內五行和外五行。內五行者，心、肝、脾、肺、腎也。外應人的口舌、眼、人中、鼻、耳，此五行著於外者。知道了內、外五行，還要知道它們各自的修練方法和用意，關鍵在於心，心和氣順，心燥火生；只有平心靜氣地用心去修，才能修練出上乘武功。這裡，口舌通於心，心屬火，心急勇力生；肝通於目，肝屬木，肝動火焰生；人中通於脾，脾動大力攻；鼻通於肺，肺屬金，肺動成雷聲；耳通於腎，腎屬水，腎動快如風，此五行通於內也。人的外五行是，口舌通於心，目通於肝，人中通於脾，鼻通於肺，耳通於腎。修練時內五行要動，外五行要隨。這些修練均在人的上部，即是人的天部。

【原文】　宇宙在乎手，萬化生乎身。

【釋義】　心意拳的功夫是心意支配一切的。而「天人合一」的修練，就是對人體的總體修練。這就是「天為一大天，人為一小天」。這些修練主要在入手開始，入手修練得順，修練功夫就能達到，入手基礎差，到最後也修不成正果。人的身體就是一小天，練功的千變萬化，一切成果也都表現在你的身體上。

【原文】　天性，人也。人心，機也。立天之道，以定人也。

【釋義】　天性即是人的本性，人的本性是率真的。人心的變化是後天形成的。所以，人要練好心意拳，首先要修好心性，心要像天道一樣公平，只有按照天之道，順應人心，掌握好時機，才能修練好心意拳術。

【原文】　天發殺機，龍蛇起陸。人發殺機，天地反覆。

【釋義】　如果是老天發了殺機，整個宇宙空間都會發生混亂，天道不常，龍蛇就會在天地間橫行，天地不得安寧，這是天發了殺機。如果人發了殺機，也會把天地搞混亂，天道無常，人心混亂。如果我們要從心意拳的修練說起，此處的龍蛇也可指心意拳中的龍蛇二行，表示龍在上，為在天之物，應該在上面行走；蛇在下，為在地之物，應該在陸地行走。如果發生異常變化，龍落在地上，蛇反飛到天上，這樣就會上下倒置不清，前後不利。

心意拳的龍是盤練人的腰部以上的；而心意拳的蛇行是練腰部以下行走的，所以，一定不能搞亂，不然訓練混亂，就會天地反覆，產生不良後果。

【原文】　天人合法，萬變定基

【釋義】　既然心意拳練的是天人合一，所以在練習時一定要知天性、合天法。這個「法」就是心意拳的「手與足合，肘與膝合，肩與胯合；心與意合，意與氣合，氣與力合」的法則，並且心意拳的每式都要做到雞腿、龍腰、熊膀、鷹爪、虎抱頭、雷聲六藝上身，每形都要做到上對鼻尖、中對指尖、下對腳尖的三尖相照，並且要三彎相套，「步步不離雞步，把把不離鷹捉，勢勢不離虎撲」等，只有按照心意拳的這些法則去修練才能成功。心意拳的千變萬化都有一定的定數，這就是心意拳的根基。

【原文】 *性有巧拙，可以伏藏。*

【釋義】 人的本性是率真善良的，但人的性能也有巧拙。而在學習心意拳的時候也要靠人的悟性。聰明的人，大智若愚，顯得愚笨，能虛心求教，所以學得透徹，精通，這是真正的聰明；愚蠢的人，自以為聰明，不踏實，學習如蜻蜓點水，不能深入，剛學一點就自滿、就驕傲，反而是真正的笨了。這就是聰明人藏而不露的伏機和愚蠢人的淺薄的區別。

【原文】 *九竅之邪，在乎三要，可以動靜。*

【釋義】 心意拳的九竅是：身上三竅為頭頂百會穴、胸部膻中穴、腹部丹田穴；手臂部三竅為肩部肩井穴、肘部曲池穴、手掌部勞宮穴；腿部三竅為胯部環跳穴、膝部陽陵穴、腳底湧泉穴，這是身體上的九竅。九竅是心意拳練氣的重要關口。也是外邪入侵人體的門戶，一定要修練好。

人體的三要，就是三性。三性的修練要從眼、耳、口去修，這就是心意拳的三性調養。其三性是眼為見性，耳為靈性，口舌通心為勇性。眼為見性，能見到物體，能洞察萬物，敵方的一舉一動皆在我的監視之下；耳為靈性，能聽到聲音，敵方的一動一靜皆在我的聆聽之下；心為勇性，能感知，所以會產生勇敢，敵方的一手一腳對我進攻，我均要進行截擊。能調養好三性，掌握好三要，心意拳的實戰搏擊就會邁入上乘的境界。修調好三性，身體的精、氣、神就充足，再掌握動靜、虛實、進退、顧打，心意拳的真諦得矣。

【原文】 火生於木，禍發必克。奸生於國，時動必潰。知之修練，謂之聖人。

【釋義】 心意拳的五行相生的規律是：水生木，木生火，火生土，土生金，金生水；生生化化，無有終時。其五行的相剋規律是，木剋土，土剋水，水剋火，火剋金，金剋木，互相制約，循環不已。這就是五行的相生相剋的規律。按照五行的學說，火生於木，但反過來火又可以焚木，這就是禍。

心意拳的五行一定要調養好，要順其性，遵其勢，不能違背五行的運行法則，不然就會產生自傷。所以，心意拳的修練要做到：五行順一氣，五勁合一身，才能練到上乘功夫。人的一身的修練，也就像治理一個國家一樣，如果違背了相生的道理，這種禍亂可以殃及一個國家。能夠知道這個道理，掌握好修練的層次，才是最大的聖人。

【原文】 天生天殺，道之理也。

【釋義】 天地能夠生養萬物，也能夠殺害萬物，這是宇宙間的生滅規律。練習心意拳的人，首先要「心意」相合，修練好人的「天部」，這樣頭腦就清醒，按照現代科學的說法，就是調節好人的腦部神經和人體的中樞神經系統，人就健康，就強壯。按照這個道理去做就不會錯。

【原文】 天地，萬物之盜；萬物，人之盜；人，萬物之盜。三盜既宜，三才既安。

【釋義】 天地的陰陽靈氣能被萬物所盜，人也一樣；但天地萬物也會被人奪取。心意拳的養氣練氣，也就是在奪取天地之精華之氣來培補人類自身的健康。如果人類不修練，就會短壽，人的精靈之氣也就會被萬物奪去。天、地、人以及宇宙萬物，是既矛盾又和諧統一的，只有人類與天地萬物達到和諧統一，天、地、人三才就會相安無事。心意拳的修練就是要和天地，宇宙萬物達到和諧統一，才是心意拳的「中和之道」的修練。

【原文】　故曰：食其時，百骸理。動其機，萬化安。

【釋義】　所以說，心意拳的修練一定要重視服氣調食，這樣才能人體四肢百骸得到正常的調理，只有用服氣調食調理好自己，才是掌握了修練的天機。只有掌握了調理人體的天機，人才相安無事，才會健康長壽。

【原文】　人知其神而神，不知其神所以神也。

【釋義】　練習心意拳的人一定要知道，現代的人只知用什麼醫學來治理人體的病變，不重視用心意拳內功等練氣養氣的方法去修練，豈不知，內功練氣養氣也是一種科學，這是我們東方神秘的科學。

練習心意拳只要按照內功的練氣養氣進行修練，就可以達到養神益神的境界。這是西方人或者不相信東方科學的人所不懂的高深的學問和智慧。

【原文】　日月有數，大小有定，聖功生焉，神明出焉。

【釋義】　自然界，宇宙空間的日、月、星的運行都有自己的軌道。而人體的精、氣、神的集聚和運行也有一定的時間和規律，這都是數理。心意拳的內功修練，就是調養這種時間和規律的，懂得了這些道理，並按照它們的規律去修練，高級功夫一定會出來。

【原文】：其盜機也，天下莫能見，莫能知。

【釋義】：意思是說：《陰符經》就是一部指導你去學習「盜機」的好書，可是，你不懂它，不知道它，所以引不起你的重視。用在心意拳上，其內功修練，就是在「盜機」，也就是在奪取天地的靈氣，取萬物之精華。可是，一般的人哪裡懂啊？所以，心意拳的內功對一般人是不傳的。

【原文】 君子得之固躬，小人得之輕命。

【釋義】 練習心意拳的人，只有有道德、人品好、講孝道的徒弟，老師才傳給他，忠誠老實的學生得到教誨，就能修練成功，由練武而入道。

對於不忠不孝，不仁不義，偷、搶、扒、拿的小人和社會痞子等樣人，你教也白教，他們沒有這種品德和氣質，練也練不成功；即使有一點點也是出去騙人錢財，這樣的人總是要走火入魔的，自己練不好，搞不好還會丟掉自己的性命。

【原文】 瞽者，善聽；聾者，善視。

【釋義】 眼睛瞎了的人，因為看不見世界上的東西，所以，其精力都集中在耳朵上，因此，他們的聽覺倒好；耳朵聾了的人，因為聽不到別人說什麼，所以，他的精力集中在眼睛上，因此，他的視力特強。這就是事物的兩重性，各有所短，也各有所長。心意拳說：「丈有所短，寸有所長」，也是講辯證法的。

【原文】 絕利一源，用師十倍，三反（返）晝夜，用師萬倍。

【釋義】　練習心意拳的人，如果能夠不對物質欲望過分追求，一心練功，一定能取得十倍的功力，如果能夠每次在一晝夜中三番五次地用心練功，那麼，你在心意拳的功夫上就能取得別人一萬次都得不到的功力。

【原文】　心生於物，死於物，機在於目。

【釋義】　如果人的心用在求物上，就必然會死在物上，但關鍵還是在你怎麼看待。心意拳是以心意合一為主的拳術，如果練習心意拳，專門注重對物的追求，說不定就會因把精力消耗在物上，也許你的生命會葬送在物上，而人所追求物欲，其罪過可能在眼上，能做到「非禮勿視，非禮勿聽，非禮非言」，這樣杜絕物欲。心意拳要求對眼多修練，「心與眼合多明」，也就是對眼的要求。

【原文】　天之無恩，而大恩生，迅雷烈風，莫不蠢然。

【釋義】　天地對人類是有恩賜的。如果你認為天地自然對你沒有恩情的話，而天地恰恰養活著你，對你是有大恩德的。打雷和刮風，你說它是摧殘萬物呢？還是在鍛鍊萬物呢？自己要有個正確的認識和對待才行。

練習心意拳的人，不用時，其拳術分文不值；到了用時，千金難買。也就是說，練習心意拳，無事的時候對你無恩（無用），可是一旦遇到壞人對你實施搶劫時，心意拳對你就有恩（用）了，而且，用起來就像迅雷和烈風一樣，對敵人進行還擊，這種迅雷烈風般的拳術還擊，敵人是無法招架的。這就是拳術的功用。

【原文】　至樂性餘，至靜性廉。

【釋義】　如果你的心不在物欲上，就不會去過分追求，知足常樂。一個練心意拳的人心無物欲，一心修道，就心靈純潔，無欲則心就會靜，性靜而廉潔，如此無欲常修，人就會更廉潔性純，心意拳法的修練功法就會成功更快。

【原文】　天之至私，用之至公。禽之制在氣。

【釋義】　修練心意拳的人，要做一個清淨無為的人，就像上天一樣對待任何人或者物，都是一樣大公無私。心意拳的修練也是一樣，你只要下工夫，它就可以使你功夫上乘而成為一個強者；如果你不肯下工夫練習，在實用時，你就會被對方打倒，這是很正常的道理。而心意拳的修練，主要在練氣養氣，有氣則有力，無氣則無力，所以，心意拳的修練關鍵還在練氣。

【原文】　生者，死之根；死者，生之根。恩生於害，害生於恩。

【釋義】　生是死的根源，死則是生的根源，這是辯證的，恩惠會產生禍害，而禍害也會產生恩惠，這也是辯證的。心意拳的修練道理也一樣，不講科學，不懂心意拳修練法則，不但修不好，反而會短壽；講科學，遵守心意拳的修練法則，修練得好，短壽之人也可能延年益壽，垂暮之人也會延緩死亡；這就是恩惠與禍害的辯證關係。

【原文】　愚人以天地文理聖，我以時物文理哲。

【釋義】　愚蠢的人是以為天地是不會變的，認為這就是聖人的道理，而練習心意拳的人認為天地萬物都是可變化的，所以，用發展的眼光來對待天地和萬事萬物才是科學的。

【原文】　人以虞愚（聖），我以不愚聖。

【釋義】　愚蠢的人以識神不斷地思考諸事物稱聖，修練心意拳的人則不以識神的觀點來思考諸事物，能夠正確的對待。

【原文】　人以期（奇）其聖，我以不期（奇）其聖。

【釋義】　愚蠢的人因為不斷地獲取物質，並錯誤的認為只有這樣才是聰明的人；而修練心意拳的人要有一顆平常的心，即以「不動心」去對待萬事萬物和修練，這樣，你才能成為一個有道德、有功夫的人。

【原文】　故曰：沉水入火，自取滅亡。

【釋義】　所以說：有一些自不量力的人，自以為聰明，卻把自身置於水火之中，就會自取滅亡。沉水入火，也指修練心意拳的人如果不能水火既濟，盲目亂修，只能使自己因胡亂修練而短命。

【原文】　自然之道靜，故天地萬物（生）。

【釋義】　宇宙中，陰陽的變化是有一定的規律的。天地也是動極生靜，靜極生動。要懂得天地萬物的動靜之道，並順應它才能修練好心意拳。

心意拳也是講究動靜的，其內修也是動極生靜，靜極生動。掌握了心意拳的動靜道理，就可以修練成功。掌握了心意拳的動靜之道，在實戰搏擊時會立於不敗之地。以下部分為其他解釋此文所遺漏的。

【原文】　天地之道浸，故陰陽勝。陰陽相推，而變化順也。

【釋義】　天地陰陽是相對平衡的，任何一方出現陰盛陽衰或者陽盛陰衰都會產生偏差。隨著陰陽的相互消長，萬物的變化也就會順利地向前發展了。練習心意拳也要掌握陰陽之道，順應陰陽變化去修練才能成功。

【原文】　是故聖人知自然之道不可違，因而制之。

【釋義】　所以，聰明的人，在練習心意拳的時候能懂得天地自然規律的變化而順應之，不得違背，遵照這個規律去修練，以達均衡人體的陰陽平衡，就會修練成功。

【原文】　至靜之道，律曆所不能契。爰有奇器是生萬象，八卦甲子、神機鬼藏。陰陽相勝之術，昭昭乎進於象矣。

【釋義】　混沌極靜之道是無極的現象，以前是沒有律曆來記載的。身體內的元陽就是一種「奇器」。心意拳是一元生兩儀，兩儀生四象……以至生萬象。而八卦的誕生才有甲子，八卦的天干、地支變化無窮，裡面暗藏神機，人莫能測。心意拳的招式也是千變萬化的，那就在修練者的修練和運用了。而天地的陰陽和心意拳的陰陽是一樣的，修練心意拳的人一定要懂得、要精通才行。

三、諸葛亮的《陰符經》注

（1）【原注】　天性，人也；人心，機也。立天之道，以定人也。

【諸葛亮注】　以為立天定人，其在於五賊。

【馬（琳璋，下同）譯】　要做到按自然運動的規律辦事，並起到安定人心的作用，就一定要精通「賊命」「賊物」「賊時」「賊功」「賊神」這五種道術，並使之付諸實踐。

（2）**【原注】** 天發殺機，龍蛇起陸；人發殺機，天地反覆。

【諸葛亮注】 按楚殺漢兵數萬，大風杳（yao，音要。無影無聲）冥（ming，音明。昏暗，愚昧；深沉，深奧）晝晦，有若天地反覆。

【馬譯】 意思是說：「據史書記載，楚國曾在彭城附近殺死漢軍數萬人，戰場上大風驟起，天地昏暗，白晝猶如黑夜，好像天翻地覆一樣。

（3）**【原注】** 其盜機也，天下莫能見，莫能知。君子得之，固躬；小人得之，輕命。

【諸葛亮注】 夫子、太公，豈不賢於孫、吳、韓、白？所以君子、小人異之。四子之勇，至於殺身，固不得其主而見殺矣。

【馬譯】 孔子、姜太公難道不比孫臏、吳起、韓信、白起更加品德高尚？所以，他們之間確有君子、小人的區分。孫、吳、韓、白四人，有勇有謀，有的卻遭殺身之禍，這都是因為他們不受國主信任而被殺。

孔子，春秋時魯國人。太公，姜望，號太公，周代東海人。孫武，春秋時齊國人，軍事家，著有《孫子兵法》。孫臏，戰國時齊人，孫武的後人。吳起（？～公元前 381 年），戰國時衛人，軍事家。韓信，淮陰人，西漢時名將，建立功名後被呂後誘殺。白起，郿人，戰國時秦國著名將領。他和吳起都被歷史稱為小人。

（4）**【原注】** 爰有奇器，是生萬象。八卦甲子，神機鬼藏，陰陽相勝之術，昭昭乎進乎象矣。

【諸葛亮注】　奇器者，聖智也。天垂象，聖人則之，推甲之，畫八卦，考耆龜，稽律曆，則鬼神之情，陰陽之理，昭著乎象，無不盡矣。八卦之象，申而用之，六十四子，轉而用之，神出鬼入，萬明一矣。

【馬譯】　天下有一種新奇的東西，它就是八卦甲子。自從有了八卦甲子以後，天地萬象都可以由這種奇器測定出來。八卦甲子神機莫測，它飽含有陰陽，可以相勝一切事物。透過八卦甲子，人就可以明明白白地了解天地萬物的原委以及一切發生、發展的象數了。

第四節　心意拳筋經貫氣法

心意拳筋經貫氣法是練習心意拳的必修功課。心意拳是內外家上乘拳法之一，它嚴格遵循「內練一口氣，外練筋骨皮」的武術理論，練氣、養氣對於心意拳非常有必要。但《筋經貫氣法》用文言文寫成，這對一些沒有古文基礎的心意拳練習者來說，要理解是困難的。

有很多年輕的習武者寫信來，要求我能對該經典文章作一些解釋，我也認為這是造福於後人的好事，就試著作一些嘗試。由於個人的學識有限，恐很難如意，望大家諒之。錯誤之處，在所難免，希望給予批評指正。

一、氣論序

【原文】　自古相傳，有文事者必有武備。凡學捶者要明七拳、知三節；身如彎弓，手如藥箭，足蹬起似箭離弦。手起莫往空裡落，遠進一丈步法奇。步位之法，精之到人間，能一思進，莫一思退。進步起勢把、翻身把、左右把如猛虎下山。兩手出洞入洞要隨身，身起足不起是枉然；足落身不下亦是枉然。

【釋義】 盤古開天地以來，國家的安定，人民的平安，有文事也一定要有武備做保障。這個武備，大者是國家專政的武器——軍隊，從小的範圍來說，則是拳學武藝。凡是要學六合心意拳的人首先要明白什麼是七拳，即頭、肩、肘、手、胯、膝、足。要知道人體的三節，就是人的身體從上到下總稱三節，頭為上節，胸腹為中節，胯膝足為根節，這是全身總體三節。

然而三節之中又各分有三節。手為梢節，肘為中節，肩為根節，這是梢節之三節。頭為梢節，胸為中節，丹田為根節，這是中節之三節。足為梢節，膝為中節，胯為根節，這是根節之三節。知道七拳，明白三節，練習時要身體彎如弓，出手要快如帶藥之箭，敵人被擊以後就不要想活命。而腳蹬地向前進擊，就要像弓箭離弦一樣，其速度疾快。

在與敵方搏擊時，我的出手不要往敵方的空處落打，因為心意拳的空就是虛。《拳譜》曰：「見空不打，見空不上。」所以要見手截手，見足截足。離敵方距離很遠時，那是打不倒敵人的，要想打上敵人，就要注意步法運用，遠近距離要掌握好，該進則進，該退就退，要心裡有數。哪怕敵我相距一丈遠，我運動步法就可以到達，這就是步法的精奇。

與敵人格鬥時，要很好地掌握進退的步位法。精明的心意拳家必須精通武術的步法，這樣才能立身於世間。當我能向前進一步的時候，就要搶進一步，不要猶豫，不能思退。進步攻擊的時候，心意拳的起勢把、翻身把、左右把起要像猛虎下山一樣凶猛，兩手要在自己的中心，首先保護好自己，再想法進攻敵人。

在進攻敵人時，身體起了腳不起時枉然，腳落地身子不落也是枉然，身子不落，心意拳的身力發揮不出來，不能對敵人造成威脅。

【原文】　進步踩打莫留情，留情藝不成。剪子股、十字擒，虎撲鷹捉身四平。梢節不明難出變化，中節不明渾身是空，根節不明多出七十二般跌法。本心不明，勢徒勞心。亂行四梢，發施不知，倘遇凶禍難避。

【釋義】　在向敵人進攻時，要腳有踩打，手也有採打，都不能留情。《拳譜》「藝不輕動，動之必靈」就是這個意思。如果要留情，說明你的拳術攻打意識差，還達不到武術的上乘境界。

心意拳的剪子股和十字擒，都是武術動作中的交叉勢子，都是捆綁勁，練起來很費工夫。而心意拳的虎撲把和鷹捉把，是打擊敵方的兩個厲害的招式和兩把勁力，但在平常練習時身體要做到四平八穩，久練才能在與敵方搏擊格鬥中使自己穩如泰山，堅若磐石。

練習心意拳，如果梢節不明白，很難變化，中節不明白，渾身都是空的，根節不明白，會犯站立不穩固的毛病，會遭到敵方七十二般掃腿的打擊，就可能都被敵方打倒。一個練習心意拳的人，如果心裡什麼都不明白，也就是不懂拳理拳法，要想與敵人搏擊格鬥進而戰勝對方是不可能的，是徒勞的。如果你用手腳胡亂地擊打，只能使自己遭到失敗，倘若遇到凶險和禍難，你想避開都難。

【原文】 吾能與人規矩，不能使人進攻得法。明瞭三心多一力，明瞭四梢多一精，明瞭五行多一氣。三回九轉一勢起。把勢不同法同，知其始終。死中反活，活中反死。勢精人間多一精，一精知其萬勢通，萬勢不要盡了終。勢占中間難變化，揉定中門去打人，如蛇吸食閃路徑，勝騰挪而失正者不打，其遠者不打，先打顧法後打空。不見起、落、進打為何？雖有智不如乘勢，又打外合法，又打上、下合法，又打隨機應變合法。一枝動百枝搖，上下相連。雞爭鬥、虎擒羊，轉身四梢行似閃，連環一氣掩之打。

【釋義】 老師只能教給徒弟學拳的道理，以及怎樣做人的規矩，以及拳術的奧秘，但要與敵方進行實戰搏擊，主動進攻敵方，那就要靠自己的悟性和平時練就的功夫高低了。練習心意拳的人，明白什麼是三心，什麼是四梢，明白了五行以及與氣的關係，就懂得了三回九轉原來還是要從一勢開始的。雖然練拳的把勢不同，但其法理相同，知道了就可以知道開始，知道終了。知道了在實戰搏擊的過程中利用死勢變成活勢，活勢中怎樣將敵方的勢子逼成死勢，自然就會制敵勝敵。

《拳譜》說：「沒學拳術先學精。」意思就是說，如果對你學的拳術勢子很精通，這就是一技在身。人世間只要有一技之長，就可以走遍天下，一招鮮，吃遍天。反過來說，如果你有一招精，世界上萬事萬物你都會通門，什麼事情都可以做到善始善終的。

練習心意拳拳術，要知道心意拳的中和之道，我的勢子占在中間，敵方就很難變化了。什麼是心意拳的中間呢？就是進攻時，「要腳踏敵方中門襠裡鑽」「腳踏中門奪地位，就是神仙也難擋」。

在實戰搏擊時要像蛇吸食一樣，讓你躲閃不開。但也要注意，如果在騰挪時，自己失去正勢，就不要再打了，要調整好自己的奇正；離遠了不打，搆不到敵人，白用力又露形；要調整好與敵人的距離。要先打顧法顧住自己，然後再攻打敵方的薄弱的地方。不知道敵方的進攻勢子是起還是落，你怎麼進打敵方？所以，在與敵方實戰搏擊時，雖然有聰明智慧，不如乘機乘勢攻取。在我打時，又要打外合法，又要攻其上下，隨機應變，才能乘機。自己的身法是一動全身皆動，就像大樹一樣，大風一吹，一枝動百枝都搖。

心意拳的技法是上下一齊、全身一貫攻擊，才能使敵人無法防守。兩人的格鬥就像兩雞相鬥，我的出手要像猛虎撲羊一樣凶猛、快速。在走、轉、擰、翻的格鬥中，四梢一齊發，連環一氣打，無有不勝者。

【原文】　花勢雖明，不算好武藝；遠近並濟，用與臨場，不定執勢；隨高打高，隨低打低，或把或拳，望著就打。豈知武藝多術，絕口不談，惟惑亂人心，反悟身能戰，勇而無凶像，心平氣穩，血脈貫通，日積月累，循序漸進，成熟之後，三節、四梢不見，生於自然。

【釋義】　花拳繡腿的武術，勢子雖然好看，但用在實戰中不起作用，就不能算作好的武藝。好的武藝是遠近都能起到作用，如果用到實戰搏擊的場地，沒有一定的勢子，敵來高拳，我用高應，敵來低勢用足踢來，我能低打低接，或者用把，或者用拳，望著就打，自能得心應手。

你怎麼知道武藝的搏擊方法多呢！如果空談，只能亂了練拳的人心，反而錯誤地認為自己有理論，自然能戰鬥，只要心裡勇敢，就能化險為夷。而武術的修練要心氣平和，氣自穩當，身體內的血脈自然就會貫通，這樣，日積月累，循序漸進。武術練成以後，練者的三節、四梢外人是看不見的，這些均生於自然。

【原文】　能交於言，莫交於心。手到不如心到。心為君、四梢為臣；心為將，四梢為兵。君與臣、將與兵，共合一處，自無不勝。學者立志慎哉！

【釋義】　有些東西，是能交於言語，不可能交於心的。所以，練習心意拳首先要懂得手到不如心到，心到一切均到。因為心是身體的主宰，居於君主的位置，而四梢是心的臣子，在實戰搏擊時，心就是將軍，四梢就等於兵勇，只要君與臣、將與兵合在一處，戰鬥沒有不勝的。學習心意拳的人要從這兒立志，要慎之又慎。

【原文】　有歌曰：習藝如登萬重山，老師話語是指南；藝中練得無窮趣，只有功夫不能斷。又曰：武藝眞傳法無奇，起落縱橫立根基；身心難練用苦功，藝法雖深可盡知。

【釋義】　有歌訣道：學習武藝猶如攀登萬重高山，老師的教導就是指南。武藝修練能得到無窮的樂趣，惟一的方法就是練功夫不能間斷。

歌中又唱道：武藝的真傳方法沒有奇妙，起和落、縱與橫是拳術的根本；如果感到困難就要用苦功，這樣，武藝的功夫再深你也可以求得。

【原文】　總之，武藝相傳，必思忠、孝、信、禮、義之人，方可傳授。若逢殺家、捨友、行為不端者，寧可失傳，不可輕傳。傳道得心，願習武藝之人，為身小弱薄者一助可耳。

【釋義】　總而言之一句話，武藝的傳承，一定要考慮傳給忠誠、孝順、講禮貌、知仁義的人，如果是為了殺家報仇、不講朋友、行為不端正的人，寧可失傳，也不能輕傳給他們。所以，傳道要得到學拳人的心，但願學習心意拳武藝的人，首先要考慮那些身體瘦小而又懦弱的人，他們學了，既可以強身健體，又可以自衛，你教這樣的人，就等於幫助他。

二、中氣論

【原文】　中氣者，即先天之元氣也。醫道所謂元氣者，以其居人身之正中，故武備名曰中氣，即先天眞一之氣也。文練之則為內丹，武練之則為外丹，然內丹未有不借外丹而成者。蓋動靜互根，溫養合法，自有結胎還原之妙。俗學不諳中氣根源，（惟務）①手舞足蹈，欲入玄巧（元竅）必不能也。

【注解】

①《萇本》中有此「惟務」二字，其他抄本遺失，現增補之。

【釋義】　中氣，就是人的先天之元氣。醫學家叫做元氣，是因為它居人身體的正中，所以，練武的人就叫中氣，也就是先天真一之氣。練氣養氣如果用溫和的方法，就能練成內丹，而用武的方法練習，就可以成外丹。但內丹沒有不借外丹而能練成的。為什麼？武術的練習，是講動靜的，它們是相互有根源的。如果溫養得法，當然會結胎（成丹的意思），有返璞歸真的作用和奧妙。平庸的學者不懂中氣的根源，光知道手舞足蹈，要想得到玄妙和機巧當然是不可能的了。

【原文】 人自有生以來，稟先天之神以化氣，積氣以化精。當男子以生身之精初凝於丹田、沖脈、帶脈之中②，前對臍，後對腎。非上、非下，非左、非右，不前不後，不偏不倚，正居人一身之正中，稱天樞（根）③，號命門。即（易）所謂太極是也。眞陰眞陽，俱在此中。神志賴之，呼吸依之，十二經、十五絡之流通也。此氣靈明，或盛或衰，非由功修何成諸狀。

【注解】

②《萇本》中此段文字是這樣：「當父母媾精，初凝於虛危穴內，虛危穴。」見《萇本》。

③《萇本》為「根」字。

【釋義】 人生下來是稟先天之神而化氣，由氣而成精。男子的生身之精一開初是凝聚在人的丹田的，在沖脈、帶脈之中，前對著人的肚臍，後面對著人的腎門，不上不下，不左不右，不前不後，不偏不倚，正是人體的正當中，這裡稱作天樞，又叫做命門，是所謂人身的太極部位，人體的真陰真陽都在這裡。人的神志要依賴它，呼吸也要依靠它，人體的十二大經脈、十五絡要流通，都要通過這裡。所以，此氣是很神靈的，人體氣盛或者氣衰，非由此處修練才能修成。

【原文】　今以人功，變弱為強，變短為長，變柔為剛，變衰為盛。易動也，身之利也，聖之基也，蹺④之地也。以氣為主，天地生物，氣之所至。百物生長，內與外對，表與裡對。壯與衰對較，壯可敵也；內與外對較，外可略也。即孟子所謂氣大至剛，塞乎天地之間，是謂浩然之氣也。

【注解】

④ 蹺（qiao, 音翹）：抬起的意思。

【釋義】　今天我們所以練功，能夠將身體由弱變為強壯，內氣也由短變長，身體也由柔弱變柔為剛強，氣血由衰弱變為旺盛，都是易理太極在推動的，對身體大有益處。要想成為聖人，這裡就是修練的根基，從此抬高起來的地方。

以氣為主的話，天地生萬物，都是氣之所至而成。百物的生長，是內與外、表與裡的對稱而成。如果要按壯與衰相比較，勇壯者可以勝敵；如果要按內與外相比較，外面可以忽略而內氣是更主要的。這就是孟夫子所說的「氣至大至剛，能充塞天地之間，就是浩然之氣。」

【原文】　一曰揉有定勢，人之一身左氣右血。凡揉之法，右邊推向於左，是蓋氣推入血，令其通融。又取胃居於左，令胃寬能多納氣。又取揉者，右掌有力，使用無窮。使人而咽之善者，大皆仙去，其法秘密，世人莫知也。初用功也，以輕胃重，心宜意其力平也。功逾百日，其氣盈脯，天地之間，充塞周遍，然後才可迎送於外。蓋以根在內，由中送於外，有存之學也。內外兩全，方稱神勇。其功畢矣，常宜錘練，勿輕逸試。觀林中樹木，有大且茂者，是水土旺盛相之氣於外也。

【釋義】　心意拳的內氣修練，是以輕柔的方法進行的。一開始揉搓時有一定的勢子和規律，人的身體左面的氣右面的血，凡是進行揉搓做功時，要由右向左面推，這樣可以推氣入血中，血入氣中，氣血可以相融。

五臟中的胃偏於左面，可以使胃部多納進氣。如果還要揉搓，一般人右掌比較有力，可以使用無窮。如果人懂得咽氣的方法，善於吞氣養氣，一般都會修成如仙人一樣的健康之體。

這種方法還是保密的，紅塵世界的一般人哪裡能夠知道。在修練的過程中，要從輕到重，心意和勁力都要平和。當練功到百日時，氣就會充滿胸腔，就像天地之間到處充滿一樣，然後就可以把此氣迎送到外面。因為氣的根在內，由中間送到外面，但不能送盡，要留有餘量。自己的內與外都感到氣充的時候，那才是真正的神勇，其時，大功告成了，但還要常常錘練，不要輕易地丟掉。我們平常透過對樹木的觀察知道，凡樹幹粗大而且枝葉非常茂盛的樹，都是因為有水滋潤和土壤肥沃的作用，所以說，樹木的茂盛是水與土的旺盛之氣顯露於外的表現。

三、陰陽轉接

【原文】　天地之道，不外陰陽。陰陽轉接，出於自然。故靜極而動，陰斷乎陽也；動極而靜，陽斷乎陰也。

推而至於四時，春、夏之後接以秋、冬，發生盡而收藏之，陰必轉陽，陽必轉陰，陰陽乃造化之生成也。故有去有生，生生不窮無有歇息。

【釋義】　天與地之道合，無非是陰與陽的作用。陰陽相互調劑，是非常自然的。所以，靜極就會生動，是陰氣斷而生陽；而動極也會生靜，是陽氣斷而生陰。由此及彼地推演到四時，是春季、夏季以後就接著到秋季、冬季，事物發生發展到一定的程度必然先收後而藏之。陰會轉陽，陽也會轉陰，陰陽的相互轉化乃是天地自然造化所生成。所以，有失去的就會有新生出來的，這種生生不已的現象是無窮無盡的。

【原文】　人稟陰陽之氣一生，乃一小天地，其勢惟陰與陽轉接乘受，豈可不論哉。故高者為陽，低者為陰；仰者為陽，俯者為陰；正者為陽，側者為陰。勢高者落之一低，陽轉乎陰也。若高而更高，無可高矣，勢必不相連，氣必不相接。勢低者必起之以高，陰轉乎陽也。若低而更低，無可低矣，勢必不相連，氣必不相實。俯仰側正，曲伸動靜，無不皆然。惟有陽復轉陰，陰復轉陽，其一氣不盡，復催一氣以足之也。非陰盡復轉陽，陽盡復轉陰。明於此，則轉接有一定之勢，接落有一定之氣，無悖謬⑤、無牽拉矣。蓋勢之為快，氣之流利，中無間斷也。一有間斷，則另起爐灶，是求快而反慢，求利反鈍矣。

【注解】

⑤ 悖謬（bei miu, 音背謬）：荒謬，不合道理的意思。

【釋義】　人是稟承陰陽之氣而生，所以，天為一大天，人為一小天。人也是陰與陽轉接相承受的，為什麼不可以討論呢？所以，高為陽，低為陰；仰者為陽，俯者為陰；正是陽，側是陰。到一定的時候，勢高會落下為低，是陽轉化為陰了。如果高者還要再高，到一定的程度不能再高了，那時候陰陽必然就不會相連接，而氣也不會相連。低者要起高，是陰轉陽，如果低者還要再低，已經無法再低了，也是陰陽勢必不相連，而氣也不會相實。所有俯仰側正，曲伸動靜，道理都如此。惟有陽又轉陰，陰又轉陽，這樣，陰陽一氣不盡，再催一氣以接之，並非陰盡再轉陽，陽盡再轉陰。

明白此道理，則氣的轉接有一定之勢，接落有一定之氣，就不會不按道理了，也不會荒謬，而且沒有相互牽拉的原因了。勢的變換很快，氣的流通便利，中間沒有間斷，如果一有間斷，就得另開爐灶，從頭開始，那是求快反而會慢，求順利反而變遲鈍了。

四、行氣論

【原文】　歌曰：任他勇猛氣總偏，此有彼無是天然；直截橫巧橫截直，一氣催二二催三。又曰：任他歸快是路遠，守吾安然自黏連；如問此是何妙訣，只在行氣一動間。

【釋義】　歌訣道：「不管你多麼勇猛，氣總有偏的時候，這處有而另一處無，這是一種天然；直截橫的巧處橫也會截直，一氣分為二（陰陽）氣，二氣也會催出三來。一者，一元；二者，陰陽二氣；三者，三才，天地人。不管氣的歸路有多麼遠，我一定要守住我的本性，氣自然就會相互沾接，連綿不斷。你要問我這是什麼妙訣，我告訴你，練氣養氣只在你的一動之間。

五、陰陽入核（扶）⑥論

【原文】　練氣不外陰陽，陰陽不明從何練起。先始之督脈，行於背之當中，統領諸陽經。任脈行於腹之當中，統領諸陰經，故背陽腹陰。二經上交會陽、下交會陰。一南一北、子午相對。又如坎卦，陽居北之正中。離卦，陰居南之正中，一定而不移也。故俯勢為陰勢，宜俯卻又入陽氣。蓋⑦（益）督脈，領諸陽經之氣，盡歸於會陽上之前也。仰者（首）⑧為陽勢，卻入陰氣，（蓋）⑨（益）任脈，領諸陰經氣，盡歸於會陰上之後也。

【注解】

⑥《萇本》為「扶」字。

⑧《萇本》為「首」字。

⑦、⑨《萇本》為「益」字。

【釋義】　心意拳的練氣也就是陰陽，如果你陰陽都分不清，從哪裡練起呢？現在我來告訴你，先開始於人體的背後督脈，它在人背的正中，是統領一身陽經的。而任脈在人體的前面，行走到人的腹部當中，它統領人的一身陰經，因此，人的身體也就有了陰陽，就是背後為陽，腹前面為陰。督脈和任脈上面交於會陽穴（百會穴）下面交於會陰穴。正好一南一北，在子午的線上，而且相對。如果用八卦的卦象來分的話，坎卦為水，陽居於北方的正中，離卦為火，陰居於南方的正中，這個方位是不會變動的。而武術的俯勢為陰勢，俯時卻是入陽氣的；益督脈，領諸陽經之氣皆歸入會陽上前面。仰頭為陽勢，卻入陰氣，它有益於任脈，領諸陰經之氣，歸入會陰上部的前面。

馬琳璋特別註解：人的練氣，運行路線一定不能錯，錯了不光是練不出功夫的問題，是會出偏差而使人走火入魔，甚至鬧出人命來的。此段的小注時，發現②的「蓋」字應是「益」字，可能在手抄時誤寫錯。

六、入陽附陰，入陰附陽

【原文】 以背為陽，大俯而曲，則督脈交任，過陽入陰，陽與陰相符（扶）也。大仰而曲，則任脈交督，過陰入陽，陰與陽相符（扶）也。陰推陽、陽推陰，循環無端，凡旋轉勢用之。以俯勢入陽也，不將陰氣扶起則偏於陽，必有領拉前跌之患。以仰勢入陰氣，不將陽氣扶起則偏於陰，必有掀翻後倒之憂。故俯勢出者，落點即還之以仰勢，使無偏於陰也。陽來陰送，陰來陽送，不偏不倚，無過不及，落點還原，所云「停」字，即是此法。

【釋義】 人的身體以脊背為陽，在做身體前俯曲折時，背後的督脈會與前面的任脈相交，是過陽而入陰，這時身體內的陽氣與陰氣就會相互扶持了。身體的後仰而曲折時，是任脈交於督脈，是過陰而入陽，這時身體內的陰氣與陽氣也相扶了。因此，陰氣推動陽氣，陽氣推動陰氣，在身體內部循環不已。

心意拳的鍛鍊就是利用這種陰陽二氣進行身體的旋轉

之勢而用的。如果以俯勢入陽，不將陰氣扶起，則氣偏於陽，一定會有前領拉往前摔倒的禍患。如果以仰勢入陰氣，不將陽氣扶起，則氣偏於陰，一定會有身體掀起被翻後倒之憂。所以，當俯勢出時，落點立即以仰勢相佐，使用起來就不會有偏於陰了。這樣陽來陰送，陰來陽送，陰陽二氣相互接應，自然就不偏不倚，沒有過頭和不到的地方，落點還原，就是停字法。

【原文】　推而至於曲者，還之以伸；伸者，還之以曲；高者，還之以低；低者，還之以高；側者，還之以正；正者，還之以側，以及斜歪、縹⑩旋、往來，無不皆然。逐勢練法，則陰陽交結，自有得心應手之妙。其扶氣之源也，通於四梢，氣之注也。如通行之道路，總要無壅⑪滯，無牽拉也，方能來去流利，捷便莫測。故上氣在下欲入上，莫牽其下；下氣在上欲入下，勿滯於上；前氣在後，順其後而前氣自入；後氣在前理其前，而後氣自去；右氣在左，留意於左；左氣在右，留意於右。

【注解】

⑩ 縹（piao, 音飄）：不踏實的意思。

⑪ 壅（yong, 音擁）：堵塞不通的意思。

【釋義】　如果由俯仰推論到曲伸也一樣；身體曲彎時要還回伸直；伸直時又要還回彎曲。高時回到低下，低下時又要再回到高。身體側時要轉正，正時也要有側。當然，當身體有東西歪斜、縹旋不踏實、前進或者後退的動作時，無不像上面那樣進行矯正對稱練習。這樣，身體的每個勢子逐個練習，自然就會陰陽二氣交接，拳術自有得心應手的妙處。這樣扶氣的原理，使氣通行四梢，氣都會通到。就像平常的道路一樣，平時沒有堵塞的現象，練起心意拳勢子和運氣也沒有前拉後拽的現象，這樣，來去自由，流暢便利，身法自會敏捷，身法敏捷，心意拳法也就不那麼神秘莫測了。

所以，人體上面的氣在下時還要往上，練時莫要牽制其下面；下氣在上時仍然要往下，不要讓它停在上面；前面的氣在後面，要順其後面再往前進入；後面的氣在前理順其前，後面的氣自然會去；右面的氣在左時，要留意左面；左面的氣在右，要留意於右面。

【原文】　如直捶，手入氣以前，不勒後手，後肘氣不得自背而入。上沖手，下胸不開，則氣不得上升，而入於後。合抱勢，須勾腳。直蹬勢，須縮項。左手氣在右手，右手氣在左手。俯勢、栽勢、掀其後腳根。墜勢者，坐其臀。起勢者，顚其足。栽勢者，莫蹺腳，恐上頂也。仰者勿伸腳，慮下拉也。擴而充之，勢勢皆然。

總之，氣之路應歸在一處。氣之來，不應自一處。惟疏其氣，其氣源則通，開其道則道流利，自不至步步為營，有牽拉不前之患矣。

【釋義】　譬如打直捶時，手入氣以前，不要勒後面的手，後面肘部的氣不要讓它從脊背進入。打上沖手時，胸部的下面不開，其氣不能上升，其氣進入後面。在練合抱勢時，須勾腳。而練直蹬勢時，須要縮項脖。左手的氣在右手，右手的氣在左手。練俯勢、栽勢時的掀其後腳的根。墜勢要下坐自己的臀部。練起勢，要與腳一起動。而栽勢不能蹺腳，害怕氣上頂也。仰時不要伸腳，防止下拉腳。由此擴展開來說明，勢勢都是這個道理。

七、陰陽併入併扶說

【原文】 此反勢。反勢陰陽，各居其半。故左反勢者，右邊之陰陽併入以左之，左邊之陰陽併入以扶之。故右反勢者，左邊之陰陽併入以右之，右邊之陰陽並入以扶之。

【釋義】 在練反勢的時候，陰陽二氣是各存在一半的。所以，左面的反勢，右面的陰陽二氣一併進入左部，左邊的陰陽二氣一併進入進行扶持。到右反勢時，左邊的陰陽一併進入右面，右邊的陰陽二氣一併進入以扶持。

八、陰陽分入分扶

【原文】 此平轉開合勢。開胸合背者陰氣，分入陽氣。開背合胸者陽氣，分入陰氣。勢分兩邊，故氣也從中劈開分入分扶之。

【釋義】 練習平轉開合勢子，要擴展開胸部以合背的陰氣，讓陽氣進入。當開背部以合胸的陽氣，讓陰氣進入。勢子分兩邊，氣也就自然分開進入以扶持之。

九、陰陽旋入旋扶

【原文】 此平掄勢、紐縹勢、搖晃勢也。勢旋轉而不停，氣亦隨之旋繞不息。陰入陽分，陽入陰分，接續連綿，並無休歇。左旋右旋，陰陽旋相入扶也。

【釋義】　遇到平勢、紐縹勢、搖晃勢時，要勢子旋轉而不能停頓，氣也會隨勢子的旋轉而不停息。陰氣進入陽的部分，陽氣進入陰的部分，兩氣連綿不斷，不會休歇。左旋右旋，陰陽二氣也會隨旋轉而進入相互扶持。

十、陰入陽扶　陽入陰扶

【原文】　此直起直落不偏不倚勢也。直身正勢，陽不得入於陰分，陰不得入於陽分，各歸本分。上歸百會穴而交，下至湧泉穴而合，陰陽之扶在兩穴也。

【釋義】　當練直起直落的勢子時，氣是不偏不倚的。身子正直，其勢也正，陽氣不能進入陰的部分，陰氣也不進入陽的部分，兩氣會各歸自己的部位。往上歸入頭頂百會穴而相交，往下到兩腳底的湧泉穴而合，這時陰陽二氣相扶持在這兩個穴位。

十一、陰陽斜偏十字入扶

【原文】　此斜偏側身俯仰勢也。左斜俯勢，陽氣自脊背右下提於左上、斜入左前陽分。右斜俯勢，陰氣自脊背左下提於右上、斜入右前陰分。斜劈、斜邀⑫手用此。左斜仰勢，陰氣自腹右下提於腹左上，斜入右後分。斜擢⑬、斜提手用此。

【注解】

⑫ 邀（yāo, 音腰）：阻截的意思。

⑬ 擢（zhuó, 音著）：拔的意思。

【釋義】　在身體斜偏側身或者身體俯仰勢子時，如果往左斜而且是俯勢時，陽氣從脊背右部下提到左上，斜進入左部的前面陽的部分。如果是右斜而且是俯勢，陰氣從脊背的左部下面提到右面上，斜進入右部前面的陰的部分。斜劈、斜邀出手會用此。如果是左斜仰勢，陰氣從腹部右面下方提到左上方，斜進入右後部分，斜拔或者斜提出手都會用此。

十二、陰陽亂點入扶法

【原文】　此醉形式是也。醉形者，忽前、忽後、忽左、忽右、忽俯、忽仰、忽進、忽退、忽斜、忽正，勢無定形，氣也隨之亂為扶也。

【釋義】　如果是醉形，其勢可能忽然向前、忽然向後、忽然向左、忽然向右，忽然俯勢、忽然仰勢、忽然前進、忽然退後，忽然歪斜、忽然又正，其勢沒有一定的形態，但身體內部的氣也會隨它的亂形而扶持。拳無定勢，氣有其道。

十三、剛柔相濟

【原文】　勢無三點不落，氣無三點不盡。此陰轉陰中間一陽，陽轉陽中間一陰之謂也。蓋落處盡處氣凝血暢而充實之。所用剛法，則氣撲滿身。而兼陰兼陽，是氣血流行之時，宜用柔法。不達乎此純用剛，則氣撲滿身，牽拉不利，落點必不猛勇。純用柔法，則氣散不聚，無所歸著，落點必不堅硬。應剛而柔，散而不聚；應柔而剛，則聚而不散，皆不得相濟之妙。故善用剛法，落點即如蜻蜓點水，一沾即起。善用柔法，遇氣如風輪旋轉，滾走不停。若是剛柔相濟得宜，方無氣歉不實、澀滯不利之患也。

【釋義】 拳勢沒有三個點（頭、手、腳）不會落，氣沒有三點不會盡。這就是氣的陰轉陰其中必有一陽，陽轉陽時其中間也有一陰的原因。所以是落處或者盡處氣會凝而血通暢並且充實。

所要用剛法，氣就會撲滿全身。如果兼陰兼陽，是在氣血流利的時候，應該用輕柔的方法。不然的話如用純剛，當氣滿全身時自會牽拉對身體不利，就是打擊敵人也不猛勇。純用柔的方法，就會氣散亂而不聚集，也無歸落的地點，打擊敵人其落點一定不會堅硬。應該剛而且柔，散不聚集，如柔而且剛，就會聚而不散開。

以上都是不得相濟的妙法。所以，善於用剛法的，落點如蜻蜓點水，一沾水即起。善於用柔法的，遇氣時就像風車在風中輪轉，滾動不停。如善於剛柔相濟，才不會因氣欠缺而不實，不會因氣澀滯而不利。

【原文】 以上總論：一身之大陰陽，俱以入其扶。至於手背為陽，膊外為陽。三陽經行於手背之外也，太陽經起於手之小指背，少陽經起於無名指背，陽明經起於食指背。皆上循轉外而赴頭也。

手心為陰，膊內為陰。三陰經行於手膊之內也。太陰經止於手大指內，厥陰經止於中指內，少陰經止於小指內，皆循膊內止於指。

足背為陽，腿外為陽。三陽經行於足腿（外）⑭也。太陽經止於足小趾外側，少陽經止於足大趾內及小趾、次趾間，陽明經止於足大趾及次趾背。三經皆循腿外，而止於趾背。

足心為陰，腿內為陰。三陰經行於足腿之內也。足太陰經起於足大趾側下，足厥陰經起於足大趾內側上，足少陰經起於小趾過足心湧泉穴。三經皆循腿內。

【注解】

⑭《蒖本》有「外」字。

【釋義】　以上總結起來而論，人一身的大陰陽，都會進入相互扶持。人的手背為陽，臂膊外面為陽，所以，手太陽經、少陽經、陽明經都行於手背之外面。其太陽經起於手的小指背，少陽經起於無名指背，陽明經起於食指背，都循環於外而往頭部走去。手心為陰，臂膊內為陰，手三陰經均行於手膊內側。太陰經止於手的大拇指內，厥陰經止於中指內面，手少陰經則至於小指內面，而且都循環於手臂膊的內裡面。

腳背也是陽，腿外為陽。所以，腳的三條陽經均行於腳腿外部。足太陽經止於腳小趾外側；足少陽經止於腳大趾內及小趾、次趾間；腳陽明經止於腳大趾及次趾背部。三條經都循環於腿外面而止於腳趾背部。

腳的底下腳心為陰，腿內側為陰。足三陰經均行於腳腿的內部。足太陰經起於足大趾側下，足厥陰經則起於足大趾內側上；足少陰經起於小趾過湧泉穴。三條經都循環於腿部內側裡面。

十四、三尖為氣之綱領論

【原文】　凡事專一則治，以其有主宰，有（統帥）⑮。雖有千頭萬緒之多，而究之總歸一轍也。如行軍有主帥之運動（籌）⑯，治家有家宰（長）⑰之規範⑱（矩），方能同心協力於事。筋經貫氣，動關性命，其氣統領之歸結，不可不究哉。夫頭為諸陽之會，領一身之氣，頭不合，則一身之氣不入矣。如左側俯勢，而頭反右歪，則右半之陰陽不入。右側俯勢，而頭反左歪，則左半之陰陽不入。直起勢，頭反縮，則下氣不得上升。直落勢，頭反頂，則上氣不得下降。旋轉而右，頭反左顧，則氣不得右入。旋轉而左，頭反右顧，則氣不得左入。

【注解】

⑮《萇本》有「統帥」二字。

⑯《萇本》動為「籌」字。

⑰《萇本》宰為「長」字。

⑱《萇本》範為「矩」字。

【釋義】　凡是事情能專一則好治理，因為中有主宰，也有統帥，雖然事情有千頭萬緒眾多，當歸根到底究竟總歸一理，就像行軍打仗主帥在運籌帷幄之中，治理家庭要有當家的人一樣，有規矩可循，大家才能同心協力，事情就能辦好。

心意拳的筋經貫氣，是關係到人的性命的大事情，在研究統領全身氣的走向和歸屬時，不能掉以輕心，一定要慎重。人的頭為諸陽之首，它領人的一身之氣的運行，如果頭部氣不合，一身的氣不會進入了。如果向左方側身俯勢，頭反而向右歪，這樣，身體右半面的陰陽二氣相互不進入。如果是右側身俯勢時，頭反而左歪，這樣身體左半面的陰陽二氣不會相互進入。如果是直起勢，頭反而縮，那麼下面的氣不能上升。直落勢，頭反上頂，這樣上面的氣不能下降。身體旋轉向右面時，頭反而左顧，這樣氣不能從右面進入。身體旋轉向左面時，頭反而向右顧，這樣氣不能從左面進入。

【原文】三陰至於手（之）內，三陽起於手（之）背，為臂膊往來氣血之道路。指法之曲伸，手腕之俯仰、伸翹，（一有不合）⑲則（膊）⑳氣不入矣。如平仰手直出，反掌勾手，氣必不入。（平陰手直出者，而反掌勾手，氣亦不入）㉑陰手下截者，掌蹺則（陽）㉒氣不入。仰手上出者，掌蹺則（陰）㉓氣亦不入。平仰（陰）㉔手前蕩者，腕勾則（陰）㉕氣不入。平陰㉖陽手截打者，腕勾則（陰）㉗氣亦不入。側手直打者，蹺手則氣不入。側手沉打者，蹺手則氣不入。餘可類推。

【注解】

⑲《萇本》有「一有不合」四字。

⑳《萇本》有「膊」字。

㉑《萇本》有以上 15 字。

㉒《萇本》有「陽」字。

㉓《萇本》有一「陰」字。

㉔《萇本》仰為「陰」字。

㉕《萇本》有一「陰」字。

㉖ 陰為「陽」字誤。

㉗《萇本》有一「陰」字。

【釋義】 手的三陰經均止於手內部，手三陽經則起於手的背部，都是人的臂膊氣血流通往來的通道。手指的曲伸，手腕的俯仰、伸出或者翹起，臂膀的氣不得入。如果是平或仰直出，反掌勾手，氣也一定不入。平陰手直接伸出，如果勾手，氣也不會進入。陰手下截時，手掌翹起時陽氣不會進入。仰手上出時，掌翹陰氣也不會進入。平掌陰手往前蕩時，如果手腕是勾的氣不進入。平掌陽手截打時，如果手腕勾起而陰氣也不會進入。側手直接打出，手腕翹起氣也不會進入。側手沉打時，如果翹手其氣也不入。其餘可以照此推理。

【原文】 三陽止於足之背，三陰起於足之下，為腿胯往來氣血之道路。一足之尖、根、棱、掌、腳脖之伸翹，內外一有不合，則腿氣不入。如仰勢，腳尖若伸，則陽氣不入。俯勢，腳尖若翹，則陰氣不入。起勢直躐㉘者，腳尖若伸，則氣不得上升。若落勢下墜，腳尖若翹，則氣不得下降，皆不可不知也。

【注解】

㉘ 躐（lie, 音獵）：超越或者踐踏的意思。

【釋義】 足的三陽經終止於腳的背部，足三陰經起始於腳的下面，它們都是為腿胯部氣血流通往來的通道。腳的趾尖、腳根、腳棱、腳掌、腳脖的伸直和蹺起，其內外如果一有不合，就會使腿部的氣不能進入。

如果是仰勢，腳尖如伸，就會使陽氣不能進入。俯勢腳尖如果翹起，就會使陰氣不能進入。起身直接踐踏，腳尖如果伸出，氣也不得上升。如果是落勢下墜，腳尖上翹，會使氣不能下降。練習心意拳而又重視練拳養氣的人不能不知道這些。

十五、三尖照說

【原文】　練氣不外動靜。動則氣擎㉙不散，靜則如山岳而難搖，方能來去無失。視俗手動靜俱不穩妥，蓋亦未究三尖照與不照耳。

三尖照則無東歪西斜之患，不照則牽此拉彼，必有搖晃之失。如十字勢，左腳前、右手前者，右手正照左腳尖，頭照右手，則上、中、下一線不斜不歪必穩。側身右腳前，右手前之順勢，頭順勢照右手，右手照右腳必穩。餘可類推。又有三尖不能強照者，則與十二節照之，紐縹必用之。

【注解】

㉙ 擎（qíng, 音情）：往上托起的意思。

【釋義】　練氣不外乎在於動靜，動的時候氣就會上托不散，靜就如山岳一樣而難搖動，這樣氣才能往來流動而不失去。平常的人不知道動與靜的關係和作用，不知三尖相照的得氣和不按三尖照就不得氣。如果做到三尖相照，身體就不會有東西歪斜的弊病，也不會受到此牽引彼拉拽，自己身體搖晃而有失。

像十字勢，左腳在前，右手在前，右手正好照左腳尖，這是心意拳的合勢，而頭正照右手，身體的上、中、下在一條直線上，不斜不歪，必然身體姿勢穩當。如側身右腳在前，右手與它順勢，頭也順勢照右手，右手又照右腳，這樣的順勢也很穩當。身法身勢的變化可以照此類推。可是也有三尖不能強照的，但要和身體的十二節相照，在身體紐縹的時候卻是必然要用的。

十六、三尖到論

【原文】 三尖到（者，動靜）㉚則一齊俱到也。不然此先彼後，此速彼遲，互有牽拉而不利也。右手正照右腳尖，蓋氣之著（人）㉛，落點（雖只在一尖）㉜。雖云「一尖二催」，此一尖之氣者在全身。一尖不到，必有牽拉，身氣不入矣。自練不靈快，催（人）㉝不堅剛，皆是此類不照之患。練形者，須刻刻留意此三處，方為中的。

【注解】

㉛《萛本》有此三字。

㉜《萛本》有「人」字。

㉝《萛本》有「雖只在一尖」五字。

㉝《萛本》有「人」字。

【釋義】 心意拳的三尖相照，身法就一齊俱到了。若此先彼後，這裡快那裡慢，必然就有互相牽涉而不利於身法和養氣的進行。右手正照右腳尖，氣有落點只在一尖。但這一尖之氣在全身。如果一尖不到，必有牽拉之弊，身氣就不會進入了。那樣練起來就不會靈快，催人也不會堅強剛烈，這都是三尖不照的禍患。

心意拳在練形時必須時時刻刻留意三尖照與不照，這樣修練才能中的。

十七、十二節、往來、氣落、內外、上下、前後論

【原文】　三尖為氣之領袖，乃氣所歸著之處。人且（但）㉞知此三處，宜堅實勇猛，全體堅（硬）㉟如石，方能不怕人之衝突，不慮我之不敵也。其所以堅硬者，則在逐處之骨節。蓋骨節之空隙乃一人之經脈、神明之所流注此處。精神填實，則如鐵如鋼，伸之不能曲，曲之不能伸，氣貫方全。起手有肩、肘、腕三節；腿有胯、膝、足三節，左右相併共計十二節。手之能握，足之能步，全賴於此。如百沙袋逐層填實，雖軟物可使之堅硬，此雷同氣貫筋經之理也。氣落全勢有前後、內外、上下之分，宜明辨之。如側身直勢雙手前推者，肘心氣填於上、手腕氣填於掌、翅於肩。雙手下劈者，肘心氣填於手腕、氣填於下，前肩脫下，後肩提起。正身前撲，兩手平托、肘心氣填於上，手腕氣填於內。膝翅與臍平，氣實腿外側、腳脖內側、著力胯外間。上下節數隨之起落運動。餘可類推。

【注解】

㉞ 且，《萇本》為「但」字。

㉟《萇本》有一「硬」字。

【釋義】　三尖是氣的領袖，也是氣的歸著之地。人但凡能知道此三處，就會堅實勇猛，全身堅硬如石，就不怕與別人發生衝突，不怕我戰不過敵人。身體所以堅硬如石頭一樣，是對身體的每個骨節都能練到。

心意拳謂練勢為形，無形時為之氣，運有形之勢與無

形之氣會合就是神。人的骨節的空隙處就是人的經脈和神明所流注的地方。精神填實則像鐵像鋼一樣，伸的時候不能曲，曲的時候不能伸，惟有氣來貫通才行。

人起手有肩、肘、手三節；腿部有胯、膝、足三節；左右相合計起來共有十二節。手能握物，腳能走步，全依靠它們。就像用百十條裝滿沙石的沙袋逐層填滿夯實一樣，雖然沙袋是軟的，一旦填滿夯實以後就會堅硬，此比喻和氣貫筋精於身體的道理是一樣的。氣落全勢有前後、內外、上下之分，應該明白辯證它。如像側身直勢雙手前推的時候，肘心氣會填於上，手腕氣填於掌，抬起到肩部。雙手下劈的時候，肘心氣填於手腕，氣填於下，前肩沉肩落下，後肩提起上揚。正身前撲的時候，兩手平托，肘心氣填於上，手腕氣填於內。膝蓋抬起與臍平的時候，氣會充實在腿的外側、腳脖的內側，著力於胯的外部。上下節數隨之起落運動，可以依此推理。

十八、檠（qing）停成論

【原文】 歌曰：天地交會萬物生，不偏不倚氣均停；千秋萬載氣停聚，惟有和合一氣通。

【釋義】 歌訣道：「天地陰陽交就會產生萬物，不偏不倚氣自然會均勻停走；哪怕它千秋萬載氣都有停聚，惟有陰陽的和合一氣才能順利通暢。

【原文】 此交手法也。檠者，非交手先將中氣吸入中宮，滿腹堅硬如鐵，全體振動，勃然莫過㊱。如行軍未對敵之先，予將士鼓其勇氣，以待敵至，使其根非空洞虛殼也。停者，已交手也，落點不前不後，不偏不倚，陰陽均停，不多不少也。成者，已交手至落點之後，仍還俟㊲再發也。落點氣不還原，氣散不聚，後不可繼，再發發甚矣。故陰勢陽出者，仍還之以陰。陽勢陰出者，仍還之以陽。成住不散，生生不窮。雖千手萬手，氣總不散敗，更兼內丹，素成食氣不絕，即不得食，而眞氣充之，自無餓餒㊳之患。歷數古之名將，愈戰愈猛、勇增百倍者，皆是此訣作用無窮也。

【注解】

㊱ 遏（e, 音阿）：阻止、禁止的意思。

㊲ 俟（si, 音四）：等待的意思。

㊳ 餒（nei, 音內）：因饑餓而失掉勇氣。

【釋義】　這是心意拳的交手方法。托氣的時候，並非在交手中才將中氣吸進中宮，而是在交手之前，這樣就會滿腹堅硬像鐵一樣，全身震動，氣突然發動無法阻止。就像軍隊行軍，敵人還未到的時候，就要先鼓舞將士們的勇氣一樣，一旦敵軍到來，能夠個個勇敢殺敵，並不是空有其表為了好看。在已經交手戰鬥的時候，氣的落點不前不後，不偏不倚，陰陽均衡，不多不少。這樣交手至落點之後，就會成功，還要等待其氣再發嗎？落點的時候氣已經化成勁力，發散到敵身，這種氣用得正好，後不需要繼續，再發氣就會過頭了。所以，陰勢時陽氣出，仍還以陰氣。陽勢時陰氣出，仍還以陽氣。陰陽循環，生生不已，無窮無盡。雖然用千手萬手，氣源源不斷，氣就不會散敗，更加上修練內丹，平素就在養氣服氣不間斷，就是不吃飯也沒有饑餓的困擾。從歷史上看，古代的名將，在作戰時越戰越勇，勇氣百倍增長，都是養氣練氣的成果，所以，此妙訣的作用是無窮無盡的啊！

《行氣論》

馬琳璋補注：此段文字本來在前，不知是萇家保守，還是丁兆祥在傳抄時漏掉，對學習者打法或者行氣均有益處。現將這一段錄進，以保完整。

【原文】　此交手認路法也，手一出，氣著一面，不能四面俱著，力直出者無橫力，我截其橫；橫出者無直力，我截其直；上出者無下力，我挑其下；下劈者無上力，我打其上。斜正屈伸，無不皆然。此搗虛之法。攻其無備也。我出手，他若用此法，我不回手，惟轉手催二氣以打之。他再變，我再轉手頭催三氣以打之。此埋伏之法，出其不意，但須占其行氣，方能入彀（注）。蓋彼氣方來，其氣未停，我乘而催之，則可東可西，無不左右逢其源，其機只在一動，他動我即動，他自不暇為力，若待他不動我方動，他反乘我之行氣矣，其間不容毫髮，學者宜留心。

注：彀（gou, 音夠）：使勁張弓。此處比喻牢籠、圈套。就是入我圈套的意思。

十九、點氣論

【原文】　詞曰：似夢地著驚，似悟道忽醒，似皮膚無意燃火星，似寒浸骨裡打戰凍。想情形，快疾猛，原來是眞氣泓濃，震雷迅發，離火焰烘，俗（學）㊴不悟元中窮（竅）⑩，丟卻別尋那得醒，（此）著人脇膚，堅剛莫敵形，而深入骨髓，截斷營。

【注解】

㊴《萇本》有一「學」字。

㊵ 窮，《萇本》為「竅」字字誤。

【釋義】　歌詞說：好像做夢時受驚，好像悟道時忽然醒來，又好像無意間被火星燒了一下，也好像在寒天裡被冷水浸泡，身體打了一個冷戰一樣。想到此情形，速度就快而疾猛，原來是身體內的真氣聚深了，像雷霆迅發震動，又像南方的烈火烘烤（火燒身）一樣的感覺。所有這些說明是內氣衝開阻礙的穴道，內氣已經貫通了。一般的人不會體悟這其中的元竅，等丟掉了再到處尋找，那時才睡醒，已經晚了。內氣的修練就是這樣，一旦耽擱就得重新開始。此氣著人兩肋肌膚，能使人堅剛莫敵，要深入人的骨髓可以截斷人的營衛氣的營運。

人的一身中，氣為衛，血為營。營者，水穀之精也，調和五臟，滋潤六腑，能入於經脈。其生化於脾，總統於臟，受於肝，宣於肺，施泄於腎，貫注全身。所以，眼睛得之能視，耳朵得之能聽，雙手得之能拿，手掌得之能握，足得之能行步，臟腑得之能生血液，以及腑得之能夠生氣，就是這個原因。

【原文】　已剛在於氣所著，未有疼痛。疼則不通，通則不疼，理應然也。能隔斷氣血之道路，使不接續；能壅塞㊶氣血之運轉，使不流通。可以粉骨絕筋斃性命於頃刻。氣之為用大矣哉，但須明其方、知其發、神其用、方能入殼。如射之中，得先正形體，不偏不倚。如矢之端正，簇㊷羽之停，習勻中氣，神凝氣充。再如開弓馳、張弓圓、斬滿而其中得之神勇可於此，可穿七扎，乃在放散之靈不靈耳。故氣之發也，當如炮之燃火，弓箭之離弦，陡然而至。熟玩此詞，自然會得心應手，切勿作閑話略過也。

【注解】

㊶ 壅塞（yong sai, 音擁塞）：堵塞不通。

㊷ 簇（cu, 音粗）叢聚和聚集成的團或者堆。

【釋義】 練氣中已經知道過剛是氣的原因，未有疼痛就好，如有疼痛，就說明疼就會氣血不通，氣血通了就不會發生疼痛。這個道理一定要知道。剛能阻隔斷氣血的道路，使氣前後不接續；能堵塞氣血的運轉，使氣血不流通。也可以使人粉身碎骨絕筋斃人性命於頃刻之間，所以，氣的作用太大了。但是，如果明白養氣練氣的方法，知道它的發生而能神其用，才能入彀之中。就像要射中靶子的道理一樣，首先身體要不偏不倚，加上持弓矢也要端正，箭的簇羽擺放停當，射前要吸勻中氣，精神集中而凝氣充實，再加上開弓時放鬆，張弓要圓，其神勇可以在此顯露，所以，一箭發出可以穿透七扎，這就在於放散時力氣靈與不靈。所以，氣的發放一定要像炮的點火，弓箭的離弦，陡然而到。熟玩此詞，自然會得心應手，要想練好心意拳，就一定不能把它當作閑話而忽略。

二十、過氣論

【原文】 落點堅硬，猛勇莫敵，賴全身之氣盡握一處也。然有用之，而氣不至，氣去而牽拉不利者，未知過氣之法也。蓋人身之氣，發於命門，氣之源也，著於四梢，氣之注也。而其流行之道路，總要無壅滯、無牽拉，方能手法流利，捷便莫測。故上氣在下，欲入上莫牽於下。下氣在上，欲入下莫滯於上。前氣在後順其後，而前氣自入；後氣在前理其前，而後氣自去。左氣在右，留心於右；右氣在左，留心於左。

【釋義】　知道氣有落點就會身體堅硬，戰鬥猛勇，敵人不能抵擋，全在一身的氣能夠都集中掌握在一起。如果用時氣不到，還會氣去而牽拉不利，是因為不知過氣的方法所致。人一身之氣發自身體中的命門，它是氣的源頭，而著點於四梢，氣都能注到。

氣的流行道路，沒有壅堵塞住，沒有牽拉，方能手法流利，身法靈敏便捷，神鬼莫測。所以，上氣在下面時，它要往上，千萬不要牽於下。下氣在上時，其氣要往下時，就不要滯留於在上面。前面的氣在後時要順其後，前氣自會進入；後氣在前要調理前面，而後氣會自去。左氣在右要留心於右；右氣在左，要留心於左。

【原文】：如直撞手，入手氣於前，不勒後手掌，後肘氣不得自背而入。上沖手，下手不下撞（插）㊸，肩不下脫，氣不得自筋（肋）㊹而入。分擺（注）手，胸不開，則氣不得入手後。合抱者，背不開，則氣不得理於前。直起勢，須勾其腳；直落勢，須縮其項。左手氣在右腳，右手氣在左腳。

俯勢、栽勢、前探勢，掀起後腳跟也。墜勢，坐其臀。舉勢，踮㊺其足。栽蓋莫翹腳，恐上頂也。仰蓋莫伸腳，慮下拉也。擴而充之，勢勢皆然。

總之，氣落也，歸著一處。氣求（來）㊻也，不自一處。惟疏其源，通其流，則道路滑利，自不致步步為營，有牽拉不前之患矣。前敘二十法論，乃為筋經貫氣之秘訣。望後學者熟讀之。

【注解】

㊸《萇本》：撞為「插」字。

㊹ 筋為「肋」字。

㊺ 踮（dian, 音電）；抬起腳後跟，用腳尖站地。

㊻《萇本》求為來。

【釋義】 如運練直撞手，入手時氣在前面，不能勾勒後手掌，後肘的氣不能從背後進入。上沖手，下手不下插，肩不下脫，氣不能從肋部而上升。分擺手，胸部不開，氣不會進入後面。合抱者，背不開氣不能理於前。直起勢，需要勾其腳。直落勢，必須縮項頸。左手的氣在右腳，右手的氣在左腳。俯勢、栽勢、前探勢，要掀起後腳跟。墜勢要下坐臀部。舉勢要踮起腳。栽時莫翹腳，恐怕有上頂。仰莫伸腳，思慮有下拉。由此擴展開來，勢勢都是如此。

總之，氣落要歸著一處，氣來不自一處。惟有疏通其氣源，流通其道路，如道路滑利通暢，自然不會步步為營造成有牽拉不前行的禍患。

以上所敘述的二十條方法理論乃是我們學習心意拳筋經貫氣的秘訣，希望後來的學練者，能夠多熟讀而運用到心意拳拳術中去。

我隨馬老師學心意拳

張文藝

我叫張文藝，安徽省泗縣人。因自幼體弱多病，農村又比較貧困。聽說武術可以強身健體，我開始對武術痴迷起來。於是我購買了很多武術書籍，刻苦研究、照書本學習，什麼泰拳、拳擊、截拳道、空手道、跆拳道等域外武技我都學習。結合自己所學和體會，我也曾整理出十多篇體悟性的小文章在《搏擊》《拳擊與格鬥》《精武》等雜誌上發表。但我對中華傳統武術的認識仍很膚淺。

武術究竟是什麼？我不知道。後來我由武術雜誌上文章的介紹，了解到心意拳是中華民族的上乘傳統武術，以其獨有的理論和完美的功法，蘊含著很深的人文理念，它深深地吸引著我。特別當我看到心意拳名家馬琳璋先生的廣告：「窮人富人一樣是人，有錢沒錢照樣學拳」以後，我就再也按捺不住心中的非分之想，懷著忐忑不安的心情叩開了馬先生的家門。

開門的就是慈祥而又陌生的馬先生。他面相和善，一副儒家長者的容貌和風度。他紅光滿面，神采奕奕，精神矍鑠，文文縐縐，從外表你根本看不出這是一位練武者。我說明來意後，馬先生很熱情地接待我。他向我談起心意拳的歷史淵源及心意拳的文化內涵。從言談中我知道馬先生是真心宣傳和弘揚心意拳的人，他的文章、他的學問是尊重史實的，對有待考證的地方，千方百計地去考證，需要質疑的作了質疑。馬先生對心意拳這種實實在在的科學態度和求實精神深深地感染了我。

馬老師是開明之師，當我說明要求拜他為師時，他毫不猶豫地接納我為他的入室弟子。入門的第一課，馬老師便對我進行了武德教育。

馬老師告訴我說：「練武首要的是重德，練武的人沒有武德，你也學不好武術。」他接著說：「山東有一個人，是從事房地產的小老板，曾請我去教拳，沒學三天，就想打人。由於他抱著不正確的態度，想借手去打人，被我識破，我斷然拒絕了此人的要求。」他對此人說：「練武不是為了打人，學心意拳是為了正當防衛的。」接著馬老師對我說：「心意拳是養生與技擊並重的拳術，所以，練心意拳的人要有口德、手德、品德，透過學拳練拳要逐步養成與人友善的高尚品德，要諄厚立世，寬以待人。練習心意拳之人要有包納萬物的胸懷……」

馬老師的語言雖樸實，但意義卻深刻，使我受到了很深刻的教育。馬老師還在他送給我的《六合心意拳》譜上題寫了「自強不息，厚德載物」八個大字，這不只是一種期望，更是一種重托。

隨馬老師學習心意拳，他並不保守，他把自己對《拳譜》的研究，並結合個人對心意拳練習各個階段的體悟和盤托出，傳授給了我。馬老師常說：「自古心意拳不輕傳，但心意拳又不會失傳，惟有緣有德者才能夠全盤繼承它。當今，國家這麼支持弘揚中華傳統武術，我們還留一手幹什麼？有了德才兼備的好徒弟，一定會都傳出來。」

我可以這樣說：初學心意拳，你識別不了馬老師的心意拳術的真正含義，更理解不了馬老師心意拳的拳法精髓所在，看也看不出什麼名堂和奧妙。可是，當你隨他學練了幾年以後，有了一定的基礎再看馬老師練拳，真可謂是一種藝術享受，就可以知道馬老師所練的心意拳是順而不拗，和而中正。我反覆觀察馬老師練拳術。快練時，其拳練起來不剛而柔，和而帶旋，多走圈帶圓，其勢法就像平地裡刮起的一陣陣旋風，越刮勢越凶，越刮勁越大，其勁力發如炮彈，快如閃電。在馬老師走動的拳勢中，你可以體悟出，其拳若響晴天的龍捲風，像驟雨中的龍絞水，威力無窮。慢練時又像太極，以心行氣，以氣運身，以力合拍，輕若抽絲，緩如行雲，心意相連；又像大河流水，隨曲就圓，快慢相間，連綿不斷。

隨馬老師學習心意拳久了，才知道他老人家知識淵博，涉獵廣泛，有很深的知識積澱，他不光出版了《心意拳》《心意拳真諦》兩本對中華武學有重要貢獻的著作，在詩歌上還有造就，他寫的詩歌被選編進《出水芙蓉》一書中，並獲得全國優秀詩歌獎；還有詩歌《榴花情思》《三月雨》等詩被選進《淮水流韻》《蚌埠詩選》等書中，專門列為「馬琳璋的詩」。

在傳授心意拳術上，他還是一位教學能手。當我跟他開始學拳的那一刻便有這種感覺。在教學中，馬老師對心意拳的每一動作都結合拳理講解得詳盡透徹。

我初學心意拳時，動作做不到位，總不能符合心意拳的「裡外三合」和「三尖照」的要求，身上總找不到裹束和開合感，馬老師就不厭其煩地給我講解、示範、掰架子，並且把他的身體當作「靶子」，讓我體悟心意拳的每一招一式的作用，有時他還結合實際生活中的例子打比方，使我很快地掌握動作要領。如當我學習「龍調膀」時，馬老師就要求我把自己的身體當作毛巾，他說「做螺旋動作時就要像給毛巾擰水」，讓我懂得了心意拳的螺旋勁；當我學習「鷹登枝」時，我兩肘總遠離肋部，這是不符合心意拳拳理的，馬老師就說：「兩肘不離肋，肘和肋就像兩塊面團，輕輕地黏貼在一起，而不是將兩塊面團緊緊地、死死地按在一塊，要黏而不死，按而要活。」經馬老師巧妙地打比喻，使我很快地體悟兩肘不離肋的道理，理解了肘離肋不對，肘夾緊也不對。

跟馬老師學拳，他像慈父般地在生活中照顧我。記得去年冬天，正遇冷空氣南下，蚌埠的天氣冷到有史以來的最低點。我到淮河堤上去晨練，刺骨的寒風直往我肉中鑽，身上的棉衣無法擋住寒冷，我正要回去時，馬老師從家裡把他自己穿的呢子上衣給我送來了，我穿上呢子上衣，擋住了嚴寒，身上暖和了，心中的暖意更像爐火一樣升騰。從這一件小事上，體現了馬老師對我這個學生的關懷。這件呢上衣至今仍放在我的櫃子裡保存著，這不光是一件呢上衣，這是老師對徒弟的一種關懷和愛呀！

馬老師常說：「我的目的就是要將祖國優秀傳統武術——心意拳發揚光大。你們只要好好學習，用心體悟，能將心意拳傳統文化繼承下去，這就是我最大的願望。」

後記

人生到這個世界上來，總是要有理想、有追求、有愛好的，要做一點什麼，才覺得不會枉生人世，虛度歲月，不然你到這個世界上來幹嗎？我自幼就喜愛武術，雖然胡亂學了一點，但總不得其要。自從投心意拳門派以後始摸到一點竅門。思想起來，我學習心意拳幾十年，苦苦追求，終有所悟，學有所成，因此，我覺得習武練武，很有意義，沒有虛度光陰。

年輕時，練武確實愛用剛勁，只知苦練，認為這樣出功夫。中年以後，將《古拳譜》置於床頭，有空就翻一翻，對照平日所練，才知拳術除熟能生巧、巧能生精、精能生神以外，少年所用剛勁不入拳術上乘之流，因此，才又改為剛柔相濟的練法，自己體悟很深。自己年少時，雖然有幸得遇名手高師，總是自以為是，因此，進步較慢。中年以後，時時練拳對照《拳譜》，對斯術有感頗深。今日所以有時間將《心意拳》等書稿出版，正是體悟以後的心語。

初隨褚衍玉老師習心意拳，他對我期望很大，師徒相識相知，配合默契，因此所學直指心意拳之精髓，少走多少彎路；到上海以後，拜解興幫老師、巧遇馬孝凱老師，從蚌埠到上海，可謂不為不巧，然而古人云：「師父領進門，修行在個人。」古人又云：「人投三師藝必精！」今日思之，確實是有道理。三師中，褚衍玉老師的疾快，確有名家風範；解興幫老師的功力，確實藝高功絕；馬孝凱的謹嚴，其行拳走勢，確實規範。三位老師均給我留下了千古不變的教導，我所以時至今日仍能有自己的練拳風格，皆是三師的諄諄教導有方耳。

心意拳武術文化是傳承文化，是老師口傳身授、徒弟牢記傳留下來的。心意拳是中華傳統文化之瑰寶，它應該世代傳留下去，任何人包括我都無權將它丟棄，我們只有權利將它發揚光大。因此，在有生之年，我盡最大的努力將它整理出來，出書作學問，傳留給後人，為人類作出應有的貢獻，我心方安。

一個人的能力總是有限的，所以我自己所撰書籍總會有這樣那樣的不足，其間同門師兄弟多給予鼓勵和支持，使我增加了許多信心，我感謝不已。特別是師弟葉玉超、徐雲階等，更是給我精神上、道義上以極大的支持和幫助。因此，我在這裡對我有過幫助的人都表示衷心的感謝，是他們給了我信心，給了我勇氣，使我清醒、使我敏銳，不是他們，我也難有此書的出版。

在這裡我還要特別感謝北京的書法大師李廣財兄，他在 2002 年的時候就給我寄來「一代宗師」的書法贈品，但我不敢收受這麼高的餽贈，也不敢印在書中；北京齊（白石）派畫家、北京東城區公安局副局長林萍先生，專門給我的書籍中作了 10 幅插圖，為我的書籍內涵更具有藝術性和文化品味增添了色彩，在這裡我一併表示謝過。因此，當此書和廣大讀者見面的時候，也希望明家高手多給指點，以便使斯術更全面、更系統，更能滿足後學者們的需要，這也是我的希望所在。

馬琳璋於蚌埠

2004 年 10 月

國家圖書館出版品預行編目資料

心意拳練功竅要／馬琳璋　著　馬天巧　整理
——初版，——臺北市，大展，2006〔民95〕
面；21公分，——（武術特輯；78）
ISBN　957-468-444-x（平裝）
1.拳術—中國
528.97　95000753

心意拳練功竅要　ISBN 957-468-444-x

著　　者／馬琳璋
整　　理／馬天巧
責任編輯／張建林
發 行 人／蔡森明
出 版 者／大展出版社有限公司
社　　址／台北市北投區（石牌）致遠一路2段12巷1號
電　　話／（02）28236031・28236033・28233123
傳　　眞／（02）28272069
郵政劃撥／01669551
網　　址／www.dah-jaan.com.tw
E－mail／service@dah-jaan.com.tw
登 記 證／局版臺業字第2171號
承 印 者／高星印刷品行
裝　　訂／建鑫印刷裝訂有限公司
排 版 者／弘益電腦排版有限公司
授 權 者／北京人民體育出版社
初版1刷／2006年（民95年）3月

定　價／300元

大展好書　好書大展

品嘗好書　冠群可期